KB160931

대한제국의 양전

한국학
총 서 근대전환기의 국가와 민 04

# 대한제국의 양전

### 김건태 지음

경인문화사

# 책을 내면서

안동시청 지적과에 문의해 보니 우리 마을 경지 정리가 1967년에 있었다고 한다. 나는 이 해에 지적도를 처음 보았다. 우리 집 대청에서 낯선 아저씨 여러 명이 생전 처음 보는 컴퍼스와 삼각자를 비롯한 각종 신기한 기구를 가지고 커다란 종이에 선을 긋는 모습이 지금도 어렴풋하게 내 머릿속에 남아있다. 커서 생각해보니 그 때 그려진 그림이 바로 경지 정리로 새로 생긴 경계선이 반영된 지적도였다. 어릴 때 기억을 지금까지 간직할 수 있었던 것은 경지 정리 때 받은 문화적 충격이 매우 컸기 때문이다. 나는 그때 불도저와 덤프트럭을 처음 보았다. 그 모습이 마치 괴물 같아 가까이 가기 무서웠다. 그런데 인심 좋은 기사분이 여러 차례 옆자리에 태워주어 괴물 같던 중장비도 나중에는 꽤 친근해졌다.

커서는 경지 정리가 많은 변화를 가져왔다는 사실을 깨달았다. 정리가 된 들판의 전답 경계는 마치 바둑판처럼 반듯했지만 괴물같은 중장비가 지나가지 않은 계곡 전답의 경계는 예전처럼 구불구불했다. 농업사 연구를 하면서 경지 정리의 또 다른 특성을 알 수 있었다. 경지 정리가 된 논은 3~4두락이 되어도 대체로 한 배미[야미]인데, 옛 모습을 그대로 간직한 골짜기 논은 2~3두락만 되어도 3~4배미를 훌쩍 넘는 경우가 많다. 추상화를 연상케 하는 다양한 선의 조합으로 이루어진 전답 경계와 조각보처럼 내부가 좁게 나누어진 논을 보고 자란 경험은 광무양전 당시의 논밭 모습을 연상하는 데 많은 도움이 되었다.

조선시대 어린도(魚鱗圖)에 대한 갈증도 경지 정리와 관련된 기억을 오랫동안 간직하도록 만들었다. 나는 약 20여 년 전 1720년에 작성된 경상도 용궁현 양안을 활용하여 경자양전에 관한 연구를 진행하였다. 용궁현 7개 면 양안을 데이터베이스 프로그램에 입력하여 몇 가지 분석을 시도했다. 개인적으로는 많은 공력을 쏟은 연구였지만 학계에 새로운 견해를 제출하지는 못했다. 문제의식이 분명하지 않았기 때문이었다. 그때는 관심의 초점이 민(民)에 집중되어 있었기 때문에 국가는 시야에서 벗어나 있었다. 그래서 양안을 활용하여 농업문제와 관련된 연구만 진행하고 부세문제를 연구할 생각을 하지 못했다.

용궁현 양안 연구를 통해 얻은 것도 있었다. 양안만 가지고는 양전 당시의 실상을 제대로 알 수 없다는 사실을 깨닫게 된 것이다. 예컨대, 용궁현 7개 면 양안에 올라있는 대(垈)의 필지수와 1760년대에 만들어진 것으로 추정되는『여지도서(輿地圖書)』에 기재된 용궁현 호수는 큰 차이가 있다. 양안 분석에서 1개 면이 빠진 사실을 감안하더라도 양자의 차이가 매우 크다. 후일 안 사실이지만『여지도서』에 실린 용궁현 호수도 당시 실재하던 호수의 일부에 지나지 않았다. 아무튼 용궁현 양안은 실재하던 대를 누락시켰거나 전(田)으로 기재했을 가능성이 있다는 사실을 알게 되었다. 경자양전 당시 왜 어린도를 작성하지 않았는지 더욱 궁금해졌다.

그 후 경자양전에 대한 연구를 잠시 접어두고 단성호적 전산화 작업 및 호적 연구를 진행했다. 호적 연구를 통해 양안 연구를 다시 시작할 수 있겠다는 용기를 얻었다. 호적도 당시의 '자연가(自然家)'와 인구에 대해 극히 제한된 정보만 전하고 있다는 사실을 알았기 때문이다. 조선후기 호적에 기재된 호는 '자연가'를 여러 가지 형태로 편제한 일종의 부세단위였다. 그리고 호적은 '자연가'를 편제하는 과정을 보여주지 않고, 그 결과만 전하

기 때문에 인구사 연구 자료로는 그 한계가 뚜렷하다. 호적도 양안처럼 당
시 실상을 일정 정도 가공하여 기재했다는 사실을 확인한 것은 큰 수확이
었다. 양안도 호적처럼 부세문제와 관련된 연구의 기초 자료가 될 수 있다
는 사실을 깨달은 것이다.

당시 실상을 파악할 수 있는 자료가 있다면 양안을 활용하여 국가[부세
문제]와 민[농업문제]을 아우르는 연구를 진행할 수 있을지도 모른다는 생
각이 들었다. 이 때 광무양안과 토지대장을 비교한 미야지마 히로시 교수
의 예전 연구가 떠올랐다. 컴퓨터의 도움을 받으면 두 장부를 쉽게 연결할
수 있을지도 모른다는 생각이 들었다. 호적 전산화 작업과 연구를 통해 컴
퓨터의 위력을 실감했기 때문이다. 얼마 지나지 않아 광무양안과 토지대장
연결 작업을 도와주는 컴퓨터 프로그램을 만들 수 있는 기회가 왔다. 2009
년 김인걸 교수가 연구비를 주선해 주었다. 호적 전산화를 해본 경험에 비
추어 볼 때 광무양안과 토지대장을 연결할 때 활용할 수 있는 프로그램을
만들기 위해서는 먼저 두 장부에 대해 자세히 알아야 했다. 나를 비롯하여
박현순(현 규장각한국학연구원 교수), 김종진(현 충주교육대학교 교수), 이
민우(현 규장각한국학연구원 학예사) 등 4명이 연구팀을 결성하고, 충청도
한산군 계곡 지역에 위치한 4개 마을의 광무양안과 토지대장을 연결해 보
았다. 1년 정도 걸린 작업 과정에서 두 장부의 특성을 어느 정도 파악할
수 있었다.

수작업으로 두 장부를 연결할 수 있음을 확인한 다음 프로그램 개발에
착수했다. 2010년 김인걸 교수에게 부탁해서 서울대학교 컴퓨터공학부 서
진욱 교수를 소개받았다. 이번에는 서진욱 교수가 연구비를 마련하였다.
우리는 두 방향으로 연구를 진행했다. 이민우, 정희찬(현 국사편찬위원회
학예사), 이재경(현 서울대학교 국사학과 강사)은 수작업으로 한산군 평야

지대에 위치한 3개 마을 광무양안과 토지대장을 연결하고, 나와 김소라(현 가톨릭대학교 국사학과 강사)는 서진욱 교수 연구실 팀원과 함께 컴퓨터 프로그램 개발을 시작했다. 대략 반년 정도 걸려 JigsawMap이라 이름 붙인 프로그램이 완성되었다. 이 프로그램을 활용하여 수작업으로 연결해 둔 여러 마을의 광무양안과 토지대장을 다시 연결해 보았다. 짧게는 1주일 길게는 보름 정도 걸려 한 마을 작업을 마칠 수 있었다. 그때 기쁨은 이루 말할 수 없었다.

　이 책은 나 혼자만의 작업물이 아니다. 김소라군은 내가 두 장부를 연결하고 나면 그 내용을 검토하고 자신의 의견을 개진했는데, 나는 그 대부분을 수용했다. 연구조교였던 김한빛군은 내가 입력한 광무양안과 토지대장 엑셀파일을 JigsawMap 프로그램에 앉혀주었다. 이 책에는 컴퓨터 그래픽으로 그린 산뜻한 그림이 여러 장 들어있는데, 모두 원에스원 허윤정 대표 작품이다. 경인문화사 편집부에서 복잡한 원고를 깔끔하게 편집해 주었다. 김인걸 교수 이하 여러 분들께 감사 드린다.

2018년 5월

푸른 관악산이 바라보이는 연구실에서

# 차 례

x

서 론

1894년 봄 부세문제를 해결하기 위해 일어선 동학 농민군은 힘들이지 않고 전라도 남부지역을 수중에 넣었다. 농민군의 기세에 놀란 고종은 지방관을 징계하고 민폐를 시정하겠다는 윤음을 내렸지만 효과가 없었다. 농민군은 고종의 말을 듣지 않고 전주성을 함락한 여세를 몰아 서울로 향했다. 고종은 농민군의 행동보다 그들의 생각과 주장에 더 큰 충격을 받았다. 전봉준은 명망 있는 선비들이 정치권력을 장악하고 서로 협의하여 정국을 운영하는 일종의 연합정권과 유사한 정부 체제를 구상하고 있었다. 농민군들은 '대원군을 받들어 나라를 맡기자'라고 외쳤다.[1]

농민군의 주장은 갑오개혁에 반영되었다. 개혁의 일환으로 국왕의 인사·재정·군사·재판권 등이 박탈 내지 축소됨으로써 국왕은 '군림하되 통치하지 않는' 군주로 그 지위와 권한이 크게 약화되었다. 이러한 상태에서 1895년 8월 27일 국호를 대조선제국으로, 왕의 호칭을 황제로 칭할 것을 청하는 주본이 결재를 받았다. 그러나 고종은 대조선제국 황제에 즉위하지 않고 꾸준히 왕권강화를 추구했다. 이러한 고종의 의도와 국가주권을 확보하고 대내적 통합을 상징할 수 있는 황제를 필요로 했던 독립협회의 이해관계가 결합함으로써 1897년 10월 12일 대한제국이 수립되고 고종이 황제에 즉위했다.[2] 대조선제국 황제에 비해 대한제국 황제의 권한이 훨씬 강했

---

1) 배항섭, 1997, 「전봉준과 대원군의 '밀약설' 고찰」, 『역사비평』 겨울호 ; 배항섭, 2010, 「19세기 지배질서의 변화와 정치문화의 변용 - 仁政 願望의 향방을 중심으로 -」, 『韓國史學報』 39.
2) 도면회, 2003, 「황제권 중심 국민국가체제의 수립과 좌절(1895~1904)」, 『역사와 현실』 50.

기 때문에 고종이 즉위식에 나아갔다고 볼 수 있다. 대조선제국 황제가 입
헌군주였다면 대한제국 황제는 전제군주였다.

광무양전은 고종과 밀접하게 관련된 사업이었다. 1898년 6월 23일 내부
대신 박정양(朴定陽)과 농상공부대신 이도재(李道宰)는 전국 토지를 조사,
측량할 것을 건의하는 청원서를 의정부에 제출했지만 갑론을박 끝에 회의
참석 인원 10명 중 6명의 반대로 안건은 부결되고 말았다. 그런데 고종이
이례적으로 '청의대로 시행할 것'이라는 비답을 내림으로써 양전 시행이
전격 결정되었다. 인민들을 도탄에 빠뜨린 무능한 임금은 뒷전으로 물러나
라는 농민들의 외침이 이때까지 고종의 귓전을 맴돌고 있었을 것이다. 비
답에 이어 고종은 7월 2일에 양전 담당 아문과 그 처무 규정을 마련하라는
조칙을 내렸다. 이에 따라 1898년 7월 6일 양지아문(量地衙門)이 정식 출범
하였다.

곧이어 주요 보직에 대한 인사가 이루어졌다. 총재관에 박정양·심상훈
(沈相薰)·이도재, 부총재관에 이채연(李采淵)·고영희(高永喜)가 임명되었다.[3]
이들 대부분은 성리학을 공부하고 과거를 통해 관직에 진출한 사람들이었
나. 박정양은 1866년, 이도재는 1882년, 이채연은 1894년에 각각 문과에 합
격했다. 1901년에 지계아문(地契衙門)이 설립되는 데 결정적인 역할을 한
김중환(金重煥) 또한 1888년 문과 합격자였는데, 그는 지계아문 부총재를
역임하였다. 이같이 광무양전과 관련된 주요 인물들은 서양 사회와 문물에
대해 깊이 공부한 사람들이 아니었다. 이러한 사실은 서양 제도에 대한 이
들의 이해 수준이 매우 낮았음을 의미한다. 광무양전에 서양 제도가 가미
될 가능성이 극히 적었다고 할 수 있다.

---

3) 양전시행 논의과정, 양지아문 설립과정, 지계아문 설립과정 등에 대해서는 다음 글
참조. 왕현종, 2017, 『대한제국의 토지조사와 토지법제』, 혜안.

성리학자뿐만 아니라 전통적인 제도와 사상[道=理]은 지키되 근대 서구적인 기술[器=氣]은 받아들이자고 주장했던, 즉 동도서기론(東道西器論)을 주창한 관료들 중에서도 광무양전 사업을 지지하는 사람이 있었다. 바로 신기선(申箕善)이다. 그는 1901년 10월 20일 지계아문과 관련된 칙령안(勅令案)을 심의하는 의정부 회의에 참석하였다. 의정부 회의에서 신기선을 포함한 7명은 양전시행에 대해 찬성 의견을, 1명은 반대 의견을 냈다. 사실 대한제국의 관료조직과 행정체제는 서양인 기술고문 한두 명에게 휘둘릴 정도로 엉성하지 않았다. 대한제국의 경제 실무를 담당하고 있던 직업관료[중인]들은 부세로 매년 수십만 석의 쌀을 수취하고, 이를 지출하는 시스템을 정교하게 구축해 놓았다. 또한 훌륭한 임금을 잘 보필하여 대동사회를 구현하는 것을 신하의 최고 덕목으로 여기는 유교사상에 대해 해박한 지식을 가지고 있던 관료들이 중앙정계를 가득 메우고 있었다.

광무양전이 나아갈 방향은 사업 실시가 결정될 때 이미 정해졌다고 해도 과언이 아니다. 새로운 양전을 반대하는 대신들의 의견을 물리친 고종은 양전에 앞서 『경세유표(經世遺表)』를 참조하라고 지시했다. 정약용은 중앙정부가 강력하게 추진할 때에야 그의 토지개혁론이 실현될 수 있다고 했다. 고종 또한 중앙정부에서 광무양전을 주도하도록 할 생각이었던 것이다. 고종이 그렇게 생각하게 된 데에는 새로운 호적제도의 시행이 큰 영향을 미쳤던 것으로 보인다. 조선정부는 현실의 모든 호구를 파악한다는 계획을 세우고 1897년 새로운 호구조사를 실시했다. 그런데 처음 예상과 달리 실질적 성과를 거의 거두지 못했다. 민의 저항이 거셌기 때문이다. 광무연간 정부가 파악한 호구수는 그 이전 시기보다 오히려 줄어들었다.4) 고종

---

4) 趙錫坤, 1990, 「光武年間의 戶政運營體系에 관한 小考」, 『대한제국기의 토지제도』(金鴻植 외), 민음사 ; 이세영, 1992, 「대한제국기의 호구변동과 계급구조」, 『역

은 그 원인이 지방군현에서 새로운 호구조사를 주관했기 때문이라고 생각
했을 가능성이 크다.

정약용은 중국 고대 토지제도를 이상향으로 여기고 있었다. 고종 또한
광무양전에 서양의 토지제도를 과감히 적용하라고 지시할 생각이 없었다.
양전을 주관할 기관의 이름에서 고종의 의중을 읽을 수 있다. 조선 전통적
정부체제는 갑오개혁으로 크게 바뀌었다. 군국기무처 주도로 진행된 '1차
갑오개혁' 때 전통적 6조 체제를 8아문 체제로 개편하고, 9품제(정·종 18등
급)를 칙임관-주임관-판임관 체제(11등급)로 간소화하였다. 일본의 영향력
이 크게 작용한 '2차 갑오개혁' 때는 의정부를 '일본식 내각제'로 변경하면
서 8아문 체제를 7부(部) 체제로 개편했다.5) 그럼에도 광무양전 주무기관
이름에는 중국식 명칭인 '아문'(衙門)을 붙인 것이다.

새로운 호구조사와 달리 광무양전은 비교적 순조롭게 진행되었다. 광무
양전에서 파악한 결부수가 그 이전 시기에 비해 큰 변화가 없었던 곳에서
는 별다른 민의 저항이 없었다. 다만 이전에 비해 결부수가 크게 증가한
수원과 용인에서는 민이 거세게 반발하였다. 그리하여 두 지역에 대해 양
전을 다시 실시했다. 광무양전은 대부분 지역에서 순조롭게 진행되었으나
애초의 계획과 달리 미완의 사업으로 끝나고 말았다. 대한제국은 1899~
1903년까지 전국 331군 가운데 218개 군의 양전을 실시하였고, 몇몇 군에
서 관계(官契)를 발급하였다.

광무양전은 군현을 기준으로 볼 때 약 2/3정도에서 그친 미완의 사업이
었지만 그 결과물인 광무양안은 일찍부터 연구자들의 주목을 받았다. 광무
양안에 처음 주목한 연구자는 김용섭이다.6) 그는 광무양전이 근대적 토지

사와 현실』 7 ; 손병규, 2005, 「대한제국기의 호구정책」, 『대동문화연구』 49.
5) 신용하, 2001, 『甲午改革과 獨立協會運動의 社會史』, 서울대학교출판부.

개혁이었던 만큼 광무양안은 일제가 작성한 토지대장처럼 현실을 비교적 정확히 반영한 장부라고 전제하였다. 그리고 광무양안에 담긴 여러 가지 정보 가운데 특히 시주(時主)와 시작(時作)에 주목하여 이른바 '경영지주설', '경영형부농설' 등을 제기하였다. 광무양안에 대한 그의 견해는 이후 여러 연구자들에 의해 계승되었다. 광무양안이 전형(田形)을 그림으로 나타내고, 전답 면적을 기록하고, 양안을 근거로 관계를 발급한 점 등을 들어 광무양전의 성격이 근대적 토지조사사업과 유사하다는 연구가 다수 제출되었다.7)

그런데 이들이 주장하는 '근대성'은 그 개념이 분명하지 않다. 이들 연구는 위의 세 가지 사실이 그 이전에 비해 '새롭다'는 점을 강조하면서 광무양안이 근대적 장부라고 주장한다. 하지만 '새로움'이 곧 근대일 수는 없다. 전통적인 '새로움'도 얼마든지 있을 수 있다. 명·청시기의 어린도책(魚鱗圖冊)과 1594년에 작성된 일본의 태합검지장(太合檢地帳)에도 전답도형과 절대면적이 함께 실려 있지만 이들을 근대적 장부라고 하지 않는다.8) 이미 『경국대전(經國大典)』에도 소유권 증명서의 일종인 입안(立案)과 관련된 규정이 실려 있다. 따라서 관계가 국가에서 강제로 발행하려고 했던 소유권 증명서라는 사실을 들어 광무양전의 근대성을 주장하는 것은 설득력이 매우 약하다. 이들은 한국 역사도 틀림없이 서구와 비슷한 경로를 밟았을 것이라는, '서구중심주의 사관'에 입각하고 있다. 식민사관 극복을 위해 '서

---

6) 金容燮, 1960,「量案의 研究」,『史學研究』7·8 ; 金容燮, 1963·64,「續·量案의 研究」,『史學研究』16·17 ; 金容燮, 1968,「光武年間의 量田事業에 關한 一研究」,『亞細亞研究』11(3).

7) 한국역사연구회 토지대장연구반, 1995,『대한제국의 토지조사사업』, 민음사 ; 한국역사연구회 토지대장연구반, 2010,『대한제국의 토지제도와 근대』, 혜안 ; 왕현종, 2007, 앞의 책.

8) 宮嶋博史, 2013,『나의 한국사 공부』, 너머북스.

구중심주의 사관'을 차용했던 것이다. 이 관점에서는 근대가 전근대에 비해 '가치있는 것'이라고 생각한다.

'서구중심주의 사관'에 입각한 연구에 대해 많은 비판이 이루어졌다. 이영훈은 김용섭이 엄정한 자료 비판 없이 광무양안을 근대적 토지대장과 유사한 장부로 전제하였다고 비판하였다.[9] 이영훈은 족보를 보조 자료로 활용하여 광무양안에 등장하는 시주·시작명의 대부분은 호명(戶名), 자(字), 조상의 이름, 타인의 이름 등으로 대록(代錄)되었고 일부만 소유주·작인의 실명이었다고 주장했다. 그리고 광무양안에는 토지의 분록(分錄), 합록(合錄)도 적지 않게 이루어졌다는 사실도 밝혔다. 그는 대록, 분록, 합록 현상을 근거로 광무양안은 현실을 제대로 담지 못한 '허부'(虛簿)에 가깝다고 주장하였다. 이어 시주는 국가의 토지를 임시로 차지하고 있는 주인이라고 해석하고 나서 대한제국시기에 국가적 토지소유의 이념이 한층 강화되었다고 주장하였다. 그는 일제시기에 작성된 토지대장을 절대적 기준으로 삼아 토지대장과 같거나 비슷한 내용은 선진적인 것, 다른 내용은 후진적인 것으로 보고 있다. 이는 근대를 절대시 하고, 전근대는 근대의 종속물에 지니지 않는 것으로 간주하려는 '근대지상주의적(近代至上主義的) 발상'이라 할 수 있다.[10] '근대지상주의적 발상' 또한 '서구중심주의 사관'과 마찬가지로 근대는 전근대에 비해 '가치있는 것'이라고 생각한다. 이러한 생각은 끝없는 확대 재생산을 미덕으로 여기는 '발전주의'라고 할 수 있다.

현대사회가 직면한 계층갈등, 환경파괴 등과 같은 난제를 풀기 위해서는 전통과 근대의 가치는 대등하다고 생각할 필요가 있다. 이러한 문제의식에

---

9) 李榮薰, 1990, 「광무양전에 있어서 〈時主〉 파악의 실상」, 『대한제국기의 토지제도』 (金鴻植 외), 민음사 ; 李榮薰, 1997, 「量案 上의 主 規定과 主名 記載方式의 推移」, 『조선토지조사사업의 연구』(金鴻植 외), 민음사.
10) 배항섭, 2012, 「19세기를 바라보는 시각」, 『역사비평』 101.

입각한 연구로 미야지마 히로시(宮嶋博史)의 글을 들 수 있다. 그는 충청남도 논산군 2개 리(里) 광무양안과 토지대장의 비교연구를 진행했다.[11] 그는 양안의 개별 필지를 토지대장에서 찾아낸 다음 면적, 등급, 대토지를 소유한 이들의 이름을 서로 비교하는 방식을 통해 양안의 성격을 밝히고자 하였다. 그의 연구에 따르면 광무양전은 당시에 경작되던 대부분의 전답을 파악하였고, 필지별 등급도 두 장부 사이에서 높은 상관관계를 보였다. 이 연구를 통해 광무양전은 실재하던 농지를 비교적 정확히 파악하였음이 확인되었다. 미야지마는 광무양안이 그 이전 양안과 달리 전답면적을 기재했다는 사실을 높이 평가하여 광무양전이 토지조사사업의 전사(前史)에 해당한다고 보았다. 그런데 조선시대 양안에도 개별 필지마다 장광척수(長廣尺數)가 기재되어 있기 때문에 전답의 절대면적을 구할 수 있다. 따라서 광무양안에 기재된 전답면적은 그 이전 양안에서 볼 수 없던 새로운 내용이라고 보기 어렵다.

최근 미야지마의 분석방법론을 적용한 연구가 제출되었다. 김소라는 광무양안을 올바르게 이해하기 위해서는 근대성을 찾기보다 양안의 성격 그 자체에 주목할 필요가 있다는 문제의식 하에 광무양안과 토지대장을 비교 분석한 연구를 제출하였다. 그는 양전 방향과 사표의 주된 역할은 토지의 객관적 위치를 전달하려는 데 있는 것이 아니고, 모든 토지가 연결되어있음을 강조하려는 데 있었다고 보았다. 그리고 마을의 특성이 양전 과정에 반영되어, 인접한 마을의 토지파악율, 등급, 이름 등과 관련된 내용이 상당한 차이를 보였다고 주장했다. 나아가 운송비 부담과 같은 부대비용을 고려해 실지 조사를 진행할 때 도별로 다른 기준을 적용하여 균세를 실현하

---

11) 宮嶋博史, 1997,「光武量案과 土地臺帳의 比較硏究」, 앞의 『조선토지조사사업의 연구』, 민음사.

였다고 했다. 이러한 여러 가지 사실을 근거로 그는 광무양안과 토지대장
의 성격을 다양성과 획일성이라는 개념으로 대비시켰다.[12]

기존의 연구를 되돌아 볼 때 광무양안의 성격을 둘러싼 논쟁은 현재 진
행형이라고 할 수 있다. 필자는 광무양안의 성격을 올바르게 이해하기 위
해서는 근대성 담론에서 벗어나야 한다고 생각한다. 전근대의 역사상에 내
재된 의미를 제대로 해석하기 위해서는 근대도 시간이 지나면 전통이 된다
는 사실을 염두에 둘 필요가 있다. 즉 전근대는 근대의 종속물이 아니고,
양자는 서로 대등한 위치에 있다는 인식을 가져야 한다. 다시 말해 양안에
내재된 전통시기의 역사상을 재구성하고 그 의미를 해석하는 데 좀 더 적
극적일 필요가 있다고 생각한다.

이러한 문제의식 하에 광무양안과 토지조사사업 때 작성된 자료를 비교
하는 방법론을 활용하여 광무양전의 실상과 그 성격을 해명해 보려고 한
다. 이를 위해 다음과 같은 기준을 설정하여 사례연구를 진행하였다. 첫째,
양지아문과 지계아문 양전의 실상을 비교할 수 있는 연구대상 지역을 선정
한다. 즉 양지아문에서 양전을 완료한 지역, 양지아문에서 실지 조사를 하
고 지계아문에서 양안을 작성한 지역, 양지아문에서 실지 조사를 실시한
다음 지계아문에서 다시 실지 조사를 실시한 지역, 지계아문에서 양전을
완료한 지역을 선택한다. 둘째, 지역간 특성을 비교할 수 있도록 충청도,
경기도, 경상도 사례를 선택한다. 셋째, 인민 구성과 양전 내용의 관련성을
살피기 위해 인민 구성이 상이한 지역을 선택한다. 즉 각성바지 마을과 유
명 동성촌락을 함께 살펴본다. 이러한 기준 하에 토지조사사업 때 충청도

---

12) 김소라, 2013, 「광무양안과 토지대장 비교연구」, 『조선후기 재정제도의 지속과 변
    동』, 한국역사연구회/성균관대학교 동아시아학술원 공동주최 학술회의, 4월 20일 ;
    김소라, 2014, 「광무양안과 토지대장을 통해 본 광무양전의 성격 - 忠南 韓山郡
    昌外里와 慶北 慶州郡 九政洞 사례 중심으로」, 서울대학교 석사학위논문.

아산군 이북면 와우리와 삼북면 신왕리, 경기도 죽산군 남일면 금산리, 경
기도 용인군 모현면 오산리, 경기도 광주군 언주면 청담리, 경상도 경주군
내남면 부지리, 경상도 산청군 모호면 대포리와 차현면 우사리로 편제된
지역의 광무양안과 토지조사사업 관련 자료를 비교·검토하기로 한다.

# 1장

# 연구방법론

# 1. 광무양안의 자료적 특징

기존 연구의 한계를 극복할 수 있는 방법 가운데 하나는 광무양전 관련 자료와 토지조사사업 관련 문서를 직접 비교하는 것이다. 두 사업의 결과물이 동질적이면 광무양전과 토지조사사업 성격을 비교하는 작업이 한층 용이하다. 그런데 토지조사사업에서는 토지대장과 함께 2차원적[위치] 자료인 지적도가 만들어졌음에 비해 광무양전에서는 1차원적[문자] 자료인 광무양안만 만들어졌다. 즉 광무양전에서는 2차원적 위치자료인 어린도(魚鱗圖)를 만들지 않았다. 그 결과 광무양안에 등재된 토지가 토지대장의 어떤 필지와 일치하는지 확인하기 어렵다.

따라서 두 자료를 제대로 비교 검토하기 위해서는 광무양안을 토대로 어린도에 해당하는 2차원적 위치자료를 만들 필요가 있다. 광무양전이 시행된 지역의 어린도가 만들어지면 광무양안과 토지대장에 실린 토지를 개별 필지별로 대조할 수 있다. 그리고 이를 바탕으로 다음과 같은 다양한 검토가 가능하다. 우선 광무양안이 모든 토지를 파악하였는지 아니면 일부만 파악하였는지를 확인할 수 있다. 이 밖에 전답모양, 면적, 소유주, 경작인 등 다양한 항목에 대한 비교 분석이 가능해진다.

광무양안은 매 필지마다 공간과 관련된 약간의 정보를 기재하고 있다. 광무양안은 대체로 필지마다 양전 방향[東, 西, 南, 北], 사방 인접 필지의 소유자 이름[四標]을 밝히고, 가끔씩 월로(越路)·월천(越川)·월산(越山)·회산(回山) 등과 같은 양전 경로와 관련된 특이사항도 기재하고 있다. 나아가 양지아문 양안의 경우 매 필지 전답의 형태까지 표준화된 도형으로 표시되어 있다. 따라서 이러한 기록의 도움을 받아 각 필지별로 전답의 형태와 주변 전답의 배치를 알 수 있다.

　이렇게 광무양안에는 텍스트 형태이기는 하지만 공간과 관련된 정보가 수록되어 있기 때문에 이들 정보를 잘 활용한다면 양전 순서에 따라 전답 배치를 재구성하여 어린도에 해당하는 양전도(量田圖)를 작성하는 작업도 반드시 불가능한 일만은 아니다. 광무양안과 토지대장 작성 사이에 시간적 간격이 그리 크지 않으므로 토지의 형질이나 경계에 큰 변화가 없었을 가능성이 높기 때문이다. 이렇듯 광무양안의 내용을 2차원적인 평면에 재구성할 수 있는 가능성이 열려있다.

　광무양안의 내용을 2차원적 평면에 재구성할 수 있다면 이를 통해 광무양안과 토지대장을 연결할 수 있는 길도 열리게 된다. 광무양전 관련 자료[양안과 양전도]와 토지조사사업 관련 문서[토지대장과 지적도]를 면밀하게 비교하면, 위 자료에 기재된 개별 필지들을 서로 연결하는 작업[Matching]이 가능할 수 있다.

## 2. JigsawMap 개발과 활용

 광무양안의 필지 배치를 2차원적 공간에서 재구성하는 일은 수작업으로
도 할 수 있다. 미야지마의 연구도 수작업을 통해서 이루어진 것이었다.[1]
하지만 이는 매우 번거롭고 공력이 많이 들어가는 일이다. 그런만큼 작업
범위가 몇몇 동리를 넘어서기 힘든 것이 사실이다. 이러한 어려움을 극복
하기 위해 광무양안과 토지대장에 실린 토지를 필지별로 연결하는 작업을
도와주는 컴퓨터 프로그램을 개발하였다. JigsawMap[2]이라고 이름 붙여진
이 프로그램의 개요를 간단히 설명하면 다음과 같다. 작업자가 프로그램을
활용하여 토지대장에 등재된 매 필지의 텍스트 정보를 지적도의 필지 위치
에 연결하는 방식으로 지적도를 디지털화하고, 프로그램은 광무양안에 기
재된 개별 필지의 텍스트 정보[양전 방향, 사표, 면적, 主名]를 바탕으로 기
계적으로 양전도를 구성한다. 이 프로그램은 지적도와 양전도가 완성되면
작업자가 두 자료를 비교해 가면서 각 필지를 연결할 수 있도록 돕는 기능
을 가지고 있다. 이같이 두 장부에 실린 토지를 필지별로 연결하는 작업
과정은 광무양안과 토지대장 정보를 엑셀에 입력, 지적도 디지털화, 광무
양안과 토지대장에 실린 토지 연결, 결과물 산출 등의 순으로 진행된다. 본
서에 실린 경기도 죽산군(竹山郡) 남일면(南一面) 금산리(金山里)(현 안성시
일죽면 금산리)와 관련된 작업 과정을 소개하면 다음과 같다.

---

1) 宮嶋博史, 1997, 「光武量案과 土地臺帳의 比較硏究」, 『조선토지조사사업의 연
   구』(金鴻植 외), 민음사.
2) 본인과 서울대학교 컴퓨터공학부 서진욱 교수가 공동으로 개발하였다. http://hcil.
   snu.ac.kr/research/jigsawmap에서 프로그램을 무료로 다운받아 사용할 수 있다. 현재
   공개되는 프로그램은 본 연구과정에서 활용한 것을 업그레이드 한 버전이다. 하지
   만 기본적인 틀은 변화가 없다.

## 1) 광무양안과 토지대장 엑셀 입력

**(1) 광무양안** : 다음과 같은 순서에 따라 광무양안 데이터베이스[D/B]화를 진행한다. 먼저 양지아문 양안(이하 양지양안으로 약함)에서 오늘날 금산리 지역을 찾아낸다. 양지양안에서 금산리 일대 전답을 파악하려면 다소 복잡한 작업 과정을 거쳐야 한다. 그 이유는 양안에 반영된 최소 행정단위가 면(面)이기 때문이다. 양안은 개별 면의 토지를 구획할 때 행정리(行政里) 단위로 나누지 않고, 천자문에서 따온 자호(字號) 단위로 구분하였다. 그리고 나서 해당 지역의 들판[員, 坪]명 또는 골짜기[谷]명 등을 양안 상단에 기재해두었다. 예컨대, 죽산군 남일면 양안3)은 유(猶) 1번부터 시작하는데, 이 필지가 어떤 리(里)에 속하는 토지라는 정보가 양안에 없다. 다만 유 1번 필지 상단에 주천(注川)이라는 지역명이 기재되어 있다. 따라서 남일면 양안에서 토지조사사업 당시 금산리로 편제된 전답을 한눈에 찾기 어렵다. 그래서 20세기 전반에 작성된 지도4)의 도움을 받아 양안에서 대상 지역을 확정했다. 금산리에 율동(栗洞), 산전리(山田里), 금옥동(金玉洞) 등의 지명이 있음을 확인했다. 이 지명 가운데 산전(山田)과 금옥동(金玉洞)이 남일면 양안에서 확인된다. 이 들판과 그 앞뒤 여러 필지를 대상지역으로 선정했다.

다음으로 양지양안에 기재된 내용을 [그림 1]과 같이 입력한다. 이 때 JigsawMap은 개별 필지의 도형을 한 가지로만 표시한다는 사실을 염두에 둘 필요가 있다. 즉 잠(蠶) 33번 필지의 전형은 직사각형 두 개가 맞닿아 있는 모습[兩直]을 하고 있지만 JigsawMap에서는 직사각형 하나로 나타난다. 따라서 양안에 기재된 장광척 28×141과 30×70을 적절히 조절하여 양안

---

3) 『竹山郡量案』(奎 17656).
4) 『朝鮮五萬分一地形圖』, 朝鮮土地調査局測量, 1918년 제작.

| | 번호 | 들판명 | 자호 | 지번 | 이동경로 | 양전방향 | 전형 | 지목 | 가로 | 세로 | 높이 | 사표동 | 사표서 | 사표남 | 사표북 | 적척수 | 전품 | 결부수 | 시주 | 시작 |
|---|---|---|---|---|---|---|---|---|---|---|---|---|---|---|---|---|---|---|---|---|
| 134 | 133 | 九野坪 | 麗 | 23 | | 북 | 직 | 답 | 60 | 30 | | 로 | 산 | 원덕복전 | 이시백전 | 1800 | 5 | 72 | 윤역만 | 윤역만 |
| 135 | 134 | 九野坪 | 麗 | 24 | | 북 | 직 | 전 | 11 | 72 | | 로 | 원복덕답 | 윤역만전 | 로 | 792 | 5 | 32 | 이시백 | 이시백 |
| 136 | 135 | 九野坪 | 麗 | 25 | | 서 | 직 | 답 | 50 | 19 | | 이시백전 | 윤역만답 | 로 | 조장 | 950 | 5 | 38 | 원덕복 | 원덕복 |
| 137 | 136 | 九野坪 | 麗 | 26 | | 서 | 직 | 답 | 30 | 10 | | 원복덕답 | 로 | 산 | 윤대흥답 | 300 | 5 | 12 | 윤역만 | 윤역만 |
| 138 | 137 | 九野坪 | 麗 | 27 | | 북 | 직 | 답 | 22 | 31 | | 언 | 로 | 윤역만답 | 로 | 682 | 6 | 17 | 윤대흥 | 윤대흥 |
| 139 | 138 | 九野坪 | 麗 | 28 | 越路 | 서 | 直帶梯 | 답 | 90 | 72 | | 로 | 이익이가 | 윤역만전 | 거 | 6495 | 4 | 357 | 김장화 | 양창길 |
| 140 | 139 | 九野坪 | 麗 | 29 | | 남 | 직 | 전 | 30 | 59 | | 로 | 원사선가 | 원사선전 | 김장화답 | 1770 | 6 | 44 | 윤역만 | 윤역만 |
| 141 | 140 | 九野坪 | 麗 | 30 | | 남 | 직 | 전 | 77 | 51 | | 로 | 원사선가 | 산 | 윤역만전 | 3927 | 5 | 157 | 원사선 | 원사선 |
| 142 | 141 | 九野坪 | 麗 | 31 | | 서 | 직 | 대 | 16 | 29 | | 원사선전 | 이익이가 | 조군서전 | 김장화답 | 464 | 3 | 32 | 조군서 | 원사선 |
| 143 | 142 | 九野坪 | 麗 | 32 | | 서 | 직 | 전 | 10 | 23 | | 원사선가 | 로 | 조군서전 | 로 | 220 | 4 | 12 | 이익이 | 이익이 |
| 144 | 143 | 九野坪 | 麗 | 33 | | 남 | 南直 | 전 | 60 | 100 | | 원사선가 | 이종복전 | 산 | 이익이전 | 6048 | 5 | 242 | 조군서 | 조군서 |
| 145 | 144 | 九野坪 | 麗 | 34 | | 서 | 직 | 전 | 77 | 39 | | 조군서전 | 거 | 산 | 로 | 3003 | 5 | 120 | 이종복 | 이종복 |
| 146 | 145 | 九野坪 | 麗 | 35 | 越界 | 서 | 직 | 전 | 65 | 45 | | 거 | 로 | 산 | 윤역만전 | 2925 | 5 | 117 | 윤대성 | 윤대성 |
| 147 | 146 | 九野坪 | 麗 | 36 | | 북 | 직 | 전 | 75 | 20 | | 로 | 로 | 윤대성전 | 윤복이전 | 1500 | 5 | 43 | 윤역만 | 윤역만 |
| 148 | 147 | 九野坪 | 麗 | 37 | | 북 | 직 | 전 | 60 | 30 | | 로 | 로 | 윤역만전 | 이종복답 | 1800 | 5 | 96 | 윤복이 | 원치오 |
| 149 | 148 | 九野坪 | 麗 | 38 | | 북 | 직 | 전 | 97 | 30 | | 로 | 로 | 윤복이답 | 윤대성전 | 2910 | 5 | 89 | 이종복 | 이종복 |
| 150 | 149 | 九野坪 | 麗 | 39.1 | | 북 | 직 | 답 | 35 | 88 | | 조군서답 | 로 | 이종복답 | 로 | 3080 | 5 | 63 | 윤대성 | 윤대성 |
| 151 | 150 | 九野坪 | 麗 | 39.2 | | 북 | 직 | 답 | 33 | 5 | | 로 | 윤대성답 | 로 | 로 | 165 | 5 | 14 | 조군서 | 조군서 |
| 152 | 151 | 九野坪 | 麗 | 40.1 | 越路 | 북 | 직 | 답 | 93 | 41 | | 윤대성전 | 이정손전 | 로 | 윤대성전 | 3813 | 5 | 33 | 조종 | 조종 |
| 153 | 152 | 九野坪 | 麗 | 40.2 | | 북 | 직 | 전 | 76 | 14 | | 윤대성답 | 이정손전 | 윤역만전 | 이시백전 | 1064 | 5 | 43 | 윤대성 | 원사선 |
| 154 | 153 | 九野坪 | 麗 | 41 | | 서 | 직 | 전 | 37 | 65 | | 윤대성전 | 로 | 거 | 로 | 3405 | 5 | 96 | 이정손 | 이정손 |

[그림 1] 광무양안 입력 예

에 기재된 면적과 비슷한 숫자가 나오도록 가로와 세로 길이를 입력하면 된다. 다시 말해 가로와 세로 길이는 JigsawMap에서 개별 필지의 모양을 보여줄 때만 활용된다. JigsawMap이 인식하는 개별 필지의 면적은 면적 항목에 입력한 숫자이다. 그렇기 때문에 면적은 반드시 두 도형의 면적을 합한 값, 즉 양안의 숫자 6,048(28×141+30×70 = 6,048)을 입력해야 한다.

**(2) 토지대장** : 토지조사사업 때 작성된 금산리 토지대장이 현존하지 않기 때문에 1912년에 작성된 토지조사부(土地調査簿)를 활용했다. 토지대장과 토지조사부에 담긴 토지조사사업 관련 정보는 약간의 차이가 있다. 즉 토지조사부에서는 토지등급을 확인할 수 없다. 따라서 토지조사부를 엑셀에 입력할 때 [그림 2]와 같이 지번, 지목, 지적, 소유주, 주소 등의 항목을 설정했다. 토지대장을 활용할 때는 등급 항목을 추가하면 된다. 주소란은 도, 군, 면, 리 항목을 따로 설정해도 되고, 통합해서 하나의 항목으로 만들어도 된다.

| 마을 | 지번 | 지목 | 지적 | 주소 | 성명 |
|---|---|---|---|---|---|
| 금산리 | 1 | 대 | 471 | 울죽군 상남면 율동 | 김환연 |
| 금산리 | 2 | 전 | 287 | 울죽군 상남면 율동 | 김환연 |
| 금산리 | 3 | 대 | 522 | 울죽군 상남면 율동 | 김환연 |
| 금산리 | 4 | 대 | 95 | 울죽군 상률면 상산동 | 이종원 |
| 금산리 | 5 | 전 | 25 | 울죽군 상남면 율동 | 김환연 |
| 금산리 | 6 | 전 | 186 | | 김정관 |
| 금산리 | 7 | 전 | 1951 | 울죽군 상률면 상산동 | 이종원 |
| 금산리 | 8 | 전 | 346 | | 한태리 |
| 금산리 | 9 | 전 | 75 | 울죽군 상남면 율동 | 김환연 |
| 금산리 | 10 | 전 | 76 | 주천리 | 손석규 |
| 금산리 | 11 | 전 | 592 | | 박제영 |
| 금산리 | 12 | 전 | 712 | 경성부 남부 대평방 수하동 | 장기조 |
| 금산리 | 13 | 전 | 3244 | 경성부 남부 대평방 수하동 | 장기조 |
| 금산리 | 14 | 전 | 261 | | 윤석우 |
| 금산리 | 15 | 전 | 540 | | 한태리 |
| 금산리 | 16 | 전 | 162 | | 원영상 |
| 금산리 | 17 | 전 | 1239 | | 원영상 |

[그림 2] 토지조사부 입력 예

## 2) 지적도 디지털화

광무양안과 토지조사부 입력에 이어지는 작업은 지적도 디지털화이다. 지적도 이미지 파일을 만들어 이것을 토지조사부를 입력한 엑셀파일과 함께 JigsawMap에 탑재한다. 그 다음 프로그램의 도움을 받아 지적도 디지털화 작업을 진행한다.

**(1) 지적도 이미지 파일 생성** : 금산리 지적도는 모두 24장인데, 표지에 배치도가 그려져 있다(1/1200의 축척). 도면 24장을 스캔하여 이미지파일을 생성한 다음 포토샵 프로그램을 이용하여 이미지 파일들을 표지에 나와 있는 배치도에 따라 편집하여 금산리 지적도 이미지 파일을 완성한다.

**(2) 지적도 디지털화(Digitizing)** : JigsawMap에 광무양안과 토지조사부를 입력한 엑셀파일과 함께 마을 단위로 편집한 지적도 이미지 파일을 탑재한다. JigsawMap의 도움을 받아 지적도 위에 매 필지의 경계를 마킹하고 여기에 지번을 연결한다. 이 작업이 완료되면 지적도에 실린 매 필지의 위치

| Index | Owner |
|---|---|
| 268 | 윤석정 |

[그림 3] JigsawMap을 통해 필지의 경계를 마킹하고 지번을 연결하는 모습

에 토지조사부의 텍스트 정보가 자동으로 연결된다[Digitizing].([그림 3] 참조) 이후 JigsawMap은 지적도의 각 필지를 지목에 따라 다른 색깔, 즉 답-노란색, 전-분홍색, 대(垈)-붉은색, 임야-녹색 등으로 표시해 준다.

### 3) 광무양안과 토지대장 필지 연결

지적도 디지털화 작업이 완료되면 광무양안과 토지조사부의 필지를 연결하는 작업을 시작한다. JigsawMap에서 '양안-지적도 연결 모드'를 선택하면 [그림 4]와 같은 화면이 등장한다. 왼쪽 창은 디지털화된 지적도이다. 오른쪽 창은 광무양안에 기재되어 있는 양전 순서와 양전 방향에 따라 기계적으로 구현한 양전도(量田圖)이다. 전답뿐만 아니라 사표 내용도 지목에

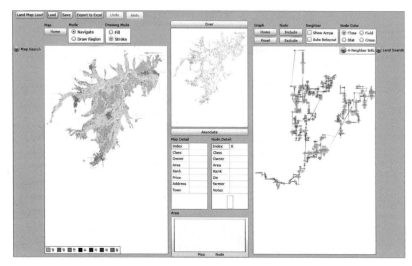

[그림 4] JigsawMap의 '양안-지적도 연결 모드' 초기 화면

따라 색깔이 달리 표시된다. 예컨대, 사표 자리에 산-녹색, 천(川)-파란색, 로(路)-갈색 등으로 표시된다.

그림에 보이듯이 지적도와 양전도의 모습이 꽤 다르다. 양안의 정보를 바탕으로 기계적으로 양전노를 그렸기 때문이다. 월로(越路)·월산(越山)·월초장(越草場)·월천(越川) 등과 같은 정보가 나오면 이동 거리가 얼마인지를 알 수 없는 탓이다. 그리하여 앞뒤로 연결되는 두 필지가 딱 붙어있는 것으로 설정할 수밖에 없었다. 그리고 연결되는 두 필지가 어떻게 맞닿는지 알 수 없기 때문이다. 다시 말해 양안에 기재된 양전 방향[동·서·남·북]을 토대로 두 필지가 서로의 중앙에서 만나는 것으로 설정할 수밖에 없었다.

연결 작업에 앞서 이 화면을 통해 양안에 기재된 전답들의 대략적인 위치에 대한 감을 익혀 두면 연결 작업이 한결 수월해진다. 광무양안과 토지조사부 작성 사이에 시간적 간격이 그리 크지 않으므로 토지의 형질이나 주변 환경이 크게 변화했을 가능성이 높지 않기 때문이다. 먼저, 대와 전답

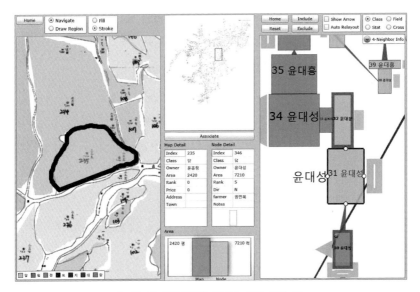

[그림 5] 광무양안과 지적도 연결 과정 예

이 지적도와 양전도의 어디에 위치하는지를 살펴본다. 그 다음 양전도 사
표에 녹색[사표의 山을 의미]이 나타나는 필지는 임야 주변에, 사표에 하늘
색[사표의 川, 渠 등을 의미]이 나타는 필지는 개울 주변에 위치할 것이라
는 가정 하에 지적도에서 임야와 개울의 위치를 파악해 둔다.

오른쪽 창의 양전도를 왼쪽 창의 지적도와 대조하면서 양전도의 각 필
지에 해당하는 필지를 지적도에서 찾아 연결시킨다. JigsawMap은 기계적으
로 구현한 양전도와 함께 중앙에 있는 정보 창을 통해 조사부와 양안에 기
재된 개별 필지의 정보도 제공해 준다. 지적도의 개별 필지를 클릭하면 해
당 필지의 외곽선이 진하게 변하면서 중앙 상단 창 지적도에 해당 필지의
위치가, 가운데 창에 지목·지주명·면적 등이, 하단 창에 면적이 막대그래
프[왼쪽]로 나타난다. 양전도의 개별 필지를 클릭하면 해당 필지의 외곽선

이 진하게 변하면서 시주명과 사표에 관한 정보가 나타나고, 가운데 창에 지번·지목·시주명·면적·시작명·전답모양 등의 정보가 표시되고, 하단 창에 면적이 막대그래프[오른쪽]로 나타난다.([그림 5] 참조)

이러한 정보들을 바탕으로 양전도와 지적도의 각 필지를 일치시켜 나간다. 필지를 연결하는 작업을 하다보면 광무양안과 토지조사부의 필지가 1대1로 대응되는 경우가 많지만 그렇지 않은 경우도 적지 않다. 광무양안의 여러 필지가 토지조사부에는 한 필지로 합쳐지는 경우도 있고 반대의 경우도 있다. JigsawMap은 이러한 다양한 경우에 모두 대응할 수 있도록 설계되어 있다. 이상과 같이 프로그램의 도움을 받아 필지를 연결하지만 일치 여부에 대한 최종적인 판단은 연구자의 몫이다.

## 4) 필지 연결 후 양전도의 변화

컴퓨터 화면에 나타나는 각종 정보를 근거로 서로 동일한 필지로 판단되면 연결 명령을 내린다. 그러면 양전도의 개별 필지가 지적도의 해당 필지 위치로 자동으로 이동한다. 필지 연결이 완료되면 양전도는 [그림 6]과 같이 바뀌게 된다. 양전도 아래·위에 뭉쳐 있는 필지들은 토지조사사업 때 금산리 이외 마을로 편제된 곳이다. 양안에서 금산리에 속하는 필지를 정확히 파악할 수 없기 때문에 미리 많은 필지를 입력한 결과이다. 다른 마을로 편제된 필지는 프로그램이 알아서 분석대상에서 제외시켜 준다.

초기 화면([그림 4]의 오른쪽 화면)과 비교해 보면 양전도 상의 각 필지 위치가 조정되어 지적도 상의 해당 필지 위치에 자리 잡고 있는 것을 확인할 수 있다. 이렇듯 JigsawMap을 활용하면 지적도 위에 양전과정을 재구성해 볼 수 있다.

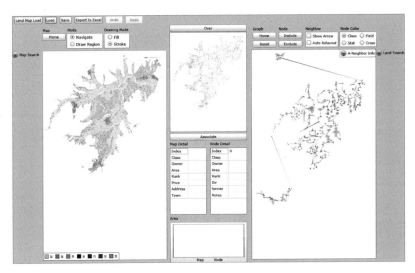

[그림 6] 필지 연결 후 양전도 변화

## 5) 광무양안·토지대장 연결파일 출력

이상에서 살펴본 바와 같이 광무양안과 토지조사부의 필지 연결 작업을 완료하면 JigsawMap은 그 결과를 엑셀파일 형태로 산출해 준다. 이 파일에는 개별 필지별로 광무양안과 토지조사부의 정보가 통합되어 있다.([그림 7] 참조) 따라서 이 파일을 활용하여 각종 분석을 하면 된다. 분석할 때 유의할 점이 있는데, 이 파일에는 중복 기재된 필지가 있다는 것이다. 예컨대, 양안 마(麻) 14번 필지는 토지조사부 27·30·31번 필지와 연결된다. 토지조사부의 1필지가 양안의 여러 필지와 연결되는 사례도 있다. 분석할 때 이들 필지의 면적, 결부 등이 중복 계산되지 않도록 유의해야 한다.

| 번호 | 들판명 | 자호 | 지번 | 양전방향 | 지목 | 적척수 | 시주 | 시작 | 지적지번 | 지적지목 | 지적소유주 | 지적 | 주소 |
|---|---|---|---|---|---|---|---|---|---|---|---|---|---|
| 1 | 금산리 | 廚 | 7 | E | 대 | 140 | 김순오 | 원경칠 | 3 | 대 | 김환연 | 522 | 음죽군 상남면 율동 |
| 2 | 금산리 | 廚 | 8 | S | 전 | 240 | 김순오 | 김순오 | 2 | 전 | 김환연 | 287 | 음죽군 상남면 율동 |
| 3 | 금산리 | 廚 | 9 | E | 대 | 378 | 김순오 | 김순오 | 1 | 대 | 김환연 | 471 | 음죽군 상남면 율동 |
| 4 | 금산리 | 廚 | 10 | S | 대 | 276 | 김성문 | 김성문 | 1 | 대 | 김환연 | 471 | 음죽군 상남면 율동 |
| 5 | 금산리 | 廚 | 11 | S | 전 | 300 | 김순오 | 김순오 | 2 | 전 | 김환연 | 287 | 음죽군 상남면 율동 |
| 6 | 금산리 | 廚 | 12 | S | 전 | 357 | 이팔남 | 이팔남 | 28 | 전 | 이회철 | 334 | 북면 화곡리 |
| 7 | 금산리 | 廚 | 13 | S | 대 | 156 | 이팔남 | 박경문 | 29 | 대 | 이회철 | 115 | 북면 화곡리 |
| 8 | 금산리 | 廚 | 14 | S | 전 | 840 | 이팔남 | 박경문 | 27 | 전 | 이회철 | 143 | 북면 화곡리 |
| 9 | 금산리 | 廚 | 14 | S | 전 | 840 | 이팔남 | 박경문 | 31 | 전 | 이회철 | 114 | 북면 화곡리 |
| 10 | 금산리 | 廚 | 14 | S | 전 | 840 | 이팔남 | 박경문 | 30 | 대 | 이회철 | 99 | 북면 화곡리 |
| 11 | 금산리 | 廚 | 15 | W | 전 | 2475 | 김순오 | 김순오 | 26 | 전 | 김환연 | 643 | 음죽군 상남면 율동 |
| 12 | 금산리 | 廚 | 16 | W | 대 | 216 | 김순오 | 한경서 | 3 | 대 | 김환연 | 522 | 음죽군 상남면 율동 |
| 13 | 금산리 | 廚 | 17 | S | 대 | 210 | 송문현 | 송문현 | 4 | 대 | 이종원 | 95 | 음죽군 상률면 상산동 |
| 14 | 금산리 | 廚 | 18 | S | 전 | 5445 | 이종 | 현홍손 | 7 | 전 | 이종원 | 1951 | 음죽군 상률면 상산동 |
| 15 | 금산리 | 廚 | 19 | S | 답 | 2835 | 홍대덕 | 김성문 | 25 | 답 | 윤석현 | 1272 | |
| 16 | 금산리 | 廚 | 20 | W | 전 | 1200 | 김순오 | 김순오 | 24 | 전 | 김환연 | 499 | 음죽군 상남면 율동 |
| 17 | 금산리 | 廚 | 21 | S | 전 | 2912 | 김자하 | 하치상 | 23 | 전 | 윤성정 | 1251 | |

[그림 7] 광무양안–토지조사부 연결 파일 예

# 2장

## 양지아문 양전

# 1. 실지 조사


## 1) 자료 소개

### (1) 양안 작성 과정

조선 중앙정부는 일찍부터 전국 전답을 직접 장악하려고 하였다. 경자양전 때는 중앙에서 도별로 균전사(均田使) 2명(좌·우도 각 1인)을 임명했다. 균전사는 양전비용 마련과 같은 행정문제를 해결하는 데 주력하였고, 실지 조사는 수령 지휘 하에 현지 행정인력[書員]들이 촌로(村老)들의 도움을 받아가면서 진행했다. 이렇듯 경자양전은 현장에 대한 다양한 정보를 숙지하고 있던 지방 행정인력을 십분 활용하였다. 군현에서 실지 조사에 근거해 중초본(中草本) 양안을 작성하여 감영에 보내면 균전사는 정서본(正書本) 양안 3부를 작성하여 지방에 2부(군현과 도에 각각 1부씩)를 남겨두고, 호조로 1부를 송부하였다. 그 결과 중앙에서도 전국 토지의 실상을 자세하게 파악할 수 있었다.

대한제국도 이전처럼 중앙정부에서 전국 전답과 관련된 각종 정보를 직접 장악하려 하였다. 이를 위해 각 도별로 양무감리(量務監理)를 임명하고, 이들로 하여금 중앙에서 임명한 양무위원(量務委員)과 학원(學員)을 거느리고 실지 조사를 하도록 하였다. 이같이 광무양전은 중앙에서 파견된 사람들이 주관하였기 때문에 현장에 대한 다양한 정보를 숙지하고 있던 현지 행정인력(수령, 서원 등)들이 그들의 능력을 십분 발휘할 수 있는 기회를 잡지 못했다. 광무양전은 중앙에서 주관하도록 계획·추진되었기 때문에 지방 행정인력은 자연히 소외될 수밖에 없었던 것이다.

양전은 현지인들이 주관하더라도 막대한 비용이 들어가는 사업이다. 그런데 중앙에서 대규모 인원이 파견되면 그들의 숙식비 등으로 인해 양전비용은 더욱 늘어난다. 그렇기 때문에 양전 초기부터 재정이 부족한 군현들은 양전비용 마련에 애를 먹었다. 아예 비용을 마련하지 못하는 고을도 있었다. 예컨대, 1900년 5월 29일 탁지부(度支部)는 양전비 10,000냥을 공전에서 즉시 지급하라고 전라도 금구군(金溝郡)에 훈령(訓令)했다.[1] 그러나 금구군은 재정이 넉넉하지 못하여 양전비용을 자체 조달하지 못했다. 그러자 1900년 6월 1일 탁지부는 부안(扶安)과 정읍(井邑)에 훈령을 보내 공전에서 각 4,000냥씩을 마련하여 금구로 보내도록 하였다.[2] 그런데 두 고을은 훈령을 바로 이행하지 않았다. 그러자 동년 7월 18일 탁지부 사세국(司稅局)은 두 고을의 훈령 이행을 독촉해 달라는 통첩을 사계국(司計局)에 보냈다.[3] 중앙의 독촉에도 불구하고 정읍군은 4,000냥을 모두 보내지 못했다. 그러자 1900년 8월 7일 탁지부는 정읍에 훈령을 보내 남은 금액을 조속히 지불하라고 독촉하였다.[4] 이렇듯 양전 초기부터 비용문제는 사업의 발목을 잡았다.

개별 군현에 파견된 위원과 학원은 몇 조로 나뉘어 실지 조사를 진행했다. 대체로 위원 1인과 학원 5~10명이 한 팀이 되어 현지인(指審人, 尺軍輩, 巡校)의 도움을 받아가면서 양전을 진행했다.[5] 예컨대, 광주군 귀촌면 양전

---

1) 『公文編案』 88, (奎 18154).

2) 위의 자료.

3) 『通牒』 1, (奎 17891).

4) 『公文編案』 88, (奎 18154).

5) 왕현종, 1995, 「대한제국기 量田·地契事業의 추진과정과 성격」, 『대한제국의 토

은 두 팀이 나누어 진행하였다. 한 팀(편의상 1팀6)으로 칭함)이 5월 30일부터 6월 22일까지 23일 동안 귀촌면 양안 1책에 실린 2,132필지(葉村前坪부터 高德里後坪까지)를 조사하였고, 다른 한 팀(편의상 2팀7)으로 칭함)이 6월 1일부터 6월 26일까지 26일 동안 2·3책에 실린 2,777필지(槐德里秋灘坪부터 屯村終境馬羅里坪까지)를 담당하였다.8)

두 팀의 1일 평균 조사량은 비슷했다. 1팀은 하루 평균 93필지,9) 2팀은 하루 평균 107필지10)를 조사했다. 하지만 그날 그날의 조사분량은 상당히 다르다. 1팀은 적게는 32필지부터 많게는 168필지까지,11) 2팀은 마지막 날

---

지조사사업』(한국역사연구회 근대사분과 토지대장연구반 엮음), 민음사.

6) 위원- 李性植. 학원- 李駿九, 李殷九, 李錫均, 安敎善.

7) 위원- 金正斗. 학원- 權永祐, 鄭東夏, 李明來, 李泰植.

8) 『京畿道廣州府量案』30·31·32, (奎 17641).

9) 洞前坪((肆 1번~設 7번)에 대한 조사는 지심인 柳士元의 도움을 받아가면서 6월 2일에 실시한 것으로 되어있다. 그런데, 양안에 따르면 6월 2일 168필지(舍 26번~傍啓 67번), 6월 3일 103필지(甲 1번~對 29번), 6월 4일 33필지(對 30번~楹 25번)를 조사하였다. 따라서 자호순으로 볼 때 동전평에 대한 조사는 6월 5일 이루어졌다고 보인다. 그리고 上一洞姜每村前坪에 대한 조사는 6월 20일에 이루어진 것으로 되어있다. 그러나 전후 사정을 헤아려 볼 때 이곳에 대한 조사는 6월 21일에 실시된 것으로 보인다.

10) 明逸院前坪 251필지에 대한 조사는 6월 8일에 실시된 것으로 되어있다. 그러나 필지수와 양안의 기록을 종합해보면 이곳에 대한 조사는 8일에서 10일까지 3일 동안 이루어진 것으로 보인다. 그리고 曲橋後坪 129필지에 대한 조사 날짜는 누락되어 있다. 전후 사정을 헤아려 보면 6월 13일에 이곳에 대한 조사가 이루어진 것으로 보인다. 吉里洞과 同鶴坪 230필지에 대한 조사는 6월 22일에 실시된 것으로 되어있다. 그러나 필지수와 양안의 기록을 종합해보면 이곳에 대한 조사는 22·23일 이틀 동안 이루어진 것으로 보인다. 屯村 229필지에 대한 조사는 6월 24일에 실시된 것으로 되어있다. 그러나 전후 사정을 헤아려 보면 6월 25일에 이곳에 대한 조사가 이루어진 것으로 보인다.

11) 하루에 조사한 필지의 수는 다음과 같다. 32(6/11), 33(6/4), 48(6/9), 52(6/18),

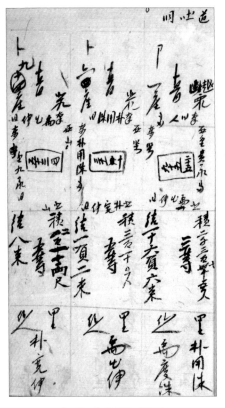

[그림 1] 의성군 야초본
자료: 규장각한국학연구원 소장
『義城郡北部面野學第十五』, (奎 20994)

을 제외하면 적게는 15필지부터 많게는 229필지까지[12) 조사하였다. 조사분량이 적은 날은 아마도 비가 왔을 것으로 추정된다. 그런데 하루 조사분량이 지나치게 많은 날은 그 이유를 추정하기 어렵다. 그런 날은 아무래도 세밀히 조사하지 못했을 것이다. 참고로, 경상도 의성군 양전에 참여한 사람들은 하루에 평균 88~153필지를 조사하였다.[13)

위원, 학원, 지심인 등 실지 조사에 참여한 사람들, 즉 양전 실무자들은 실지 조사를 하고 나서 현장에서 야초본(野草本)을 작성하였다. 현존하는 야초본은 의성군 것이 유일한데, 이를 토대로 실지 조사 내용을 살펴보기

---

68(6/19), 69(6/16), 70(6/30), 73(6/20), 76(6/10), 77(6/11), 82(6/1), 84(6/15), 92(6/14), 95(6/12), 96(6/17), 103(6/3), 103(6/5), 107(6/7), 110(6/6), 114(6/22), 120(6/8), 123(6/13), 137(6/21), 168(6/2). ( ) 안의 숫자는 조사 날짜.

12) 12(6/26, 마지막 날), 15(6/20), 44(6/18), 49(6/4), 51(6/15), 79(6/21), 84(6/8·9·10, 3일간 251), 104(6/1), 105(6/3), 115(6/22·23, 2일간 230), 117(6/12·14), 125(6/11), 129(6/13), 132(6/7), 132(6/17), 133(6/19), 140(6/16), 141(6/5), 143(6/2), 143(6/6), 156(6/24), 229(6/25). ( ) 안의 숫자는 조사 날짜.

13) 이영호, 1995, 「光武量案의 기능과 성격」, 앞의 『대한제국의 토지조사사업』.

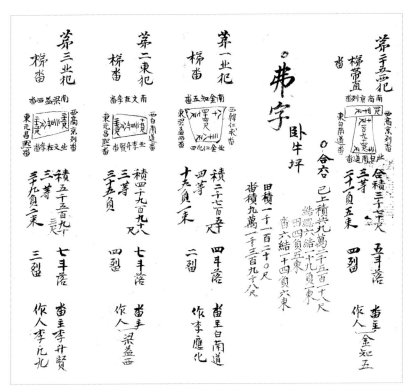

[그림 2] 아산군 중초본 양안

자료: 규장각한국학연구원 소장 『忠淸南道牙山郡量案』25, (奎 17664)

로 하자. [그림 1]에 보이듯이 내용은 4단으로 구분되는데, 첫 번째 필지의 내용은 다음과 같다. 맨 윗 단은 양전 방향[越山 西犯, (앞 필지에서) 산을 넘어 서쪽으로 옴], 전형(田形)[直, 직사각형], 지목(地目)[田, 밭], 배미[一座, 한 뙈기] 그 다음 단은 전형도(田形圖), 사표(四標)[東-渠, 西-金貴永畓, 南-同人畓, 北-禹出伊田], 장광척(長廣尺)[二十五, 九十五], 그 다음 단은 면적[積 二千三百七十五尺, 25×95 = 2,375], 전품[등급, 三等] 결부(結負)[一十六負六束] 마지막 단은 전답주[田主, 朴用洙], 작인[禹度洙]에 관한 정보가 실려 있다.

양전 실무자들은 야초본 양안을 토대로 중초본 양안을 작성하였다.([그림 2] 참조) [그림 1]의 내용과 비교했을 때 두드러지게 다른 부분은 자호·지번과 관련된 내용이다. 자호와 지번 관련 정보가 중초본 단계에서 처음 들어간 까닭은 자호 부여 방식에 내재된 특성 때문이다. 양안의 자호는 천자문(千字文) 순서에 따라 부여하고, 대체로 5결 전후를 1자호로 묶었다. 즉 각 군현 양안은 하나같이 천(天)에서 시작하고, 천자에 속하는 필지의 결부가 5결 내외가 되면, 그 다음 필지의 자호는 지(地)가 되는 식이다.

중초본 양안은 개별 군현에서 일괄적으로 작성한 것이 아니라 양전팀별로 작성하였다. 그러한 사실은 같은 면(面) 양안이라도 양전팀에 따라 기재 내용과 양식이 상이한 사례가 있는 데서 알 수 있다. 경기도 과천군 동면(東面) 양전은 1900년 두 팀에 의해 이루어졌고, 중초본 양안 또한 상·하 두 책으로 작성되었다. 그런데 상권에는 양전 날짜가 없으나,14) 하권에는 양전 날짜가 적혀있다.15) 용인군 모현면 지계아문 양전 또한 1903년 두 팀에 의해 이루어졌고, 중초본 양안 역시 상·하 두 책으로 작성되었다. 상권에는 시작부분에 자호 의(義)가 기재되고, 그 다음부터는 자호가 기재되어 있지 않고, 적당한 간격을 두고(양지아문 양안의 1字號 단위 정도) 번호가 새로 부여된다. 예컨대, 의자 86번이 끝난 다음 장(페이지) 첫 필지에 1번을 부여하여 113번까지 이어진다. 그에 비해 하권에는 자호(爵부터 仙까지)가 차례로 부여되어 있다.16)

---

14) 『果川郡量案』 4, (奎 17655). 委員- 宋鍾遠. 學員- 朴魯正, 李殷求, 李根仁, 李元宇, 金容健, 金養浩, 朴來春.

15) 『果川郡量案』 5, (奎 17655). 委員- 李性稙. 學員- 李憲雨, 李駿九, 孔錫龍, 安敎善, 金昌植 주관으로 庚子(1900) 8월 30일부터 9월 6일까지 진행한 것으로 되어있다.

16) 『京畿道龍仁郡量案』 14·15, (奎 17644).

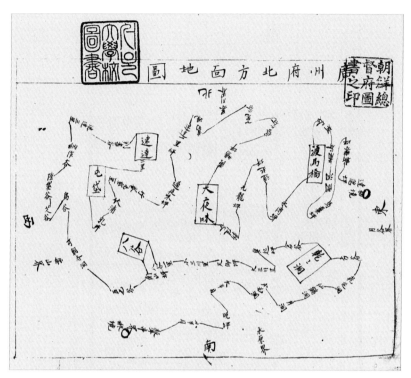

[그림 3] 광주부 북방면 양전지도
자료: 규장각한국학연구원 소장 『京畿廣州府量案』33, (奎 17641)

　이러한 사실을 근거로 중초본 양안 작성과정을 다음과 같이 유추해 볼
수 있다. 먼저 야초본 양안을 토대로 1개 자호의 결부 합이 5결 내외가 되
도록 중초본 양안을 작성하고(이 때까지 자호란은 비어있음), 다음으로 중
초본 양안을 한 곳에 모아 동선이 꼬이지 않도록 순차적으로 자호를 기재
했다. 이렇게 중초본 양안을 작성하면 개별 군현의 실지 조사 과정이 마치
처음부터 끝까지 순차적으로 진행된 것처럼 보인다. 실제로 1900년 작성된
경기도 광주부(廣州府) 북방면(北方面) 중초본 양안에[17] 실려 있는 양전도
(量田圖)를 보면 동선이 꼬이지 않는다.([그림 3] 참조) 지도에 표시된 양전

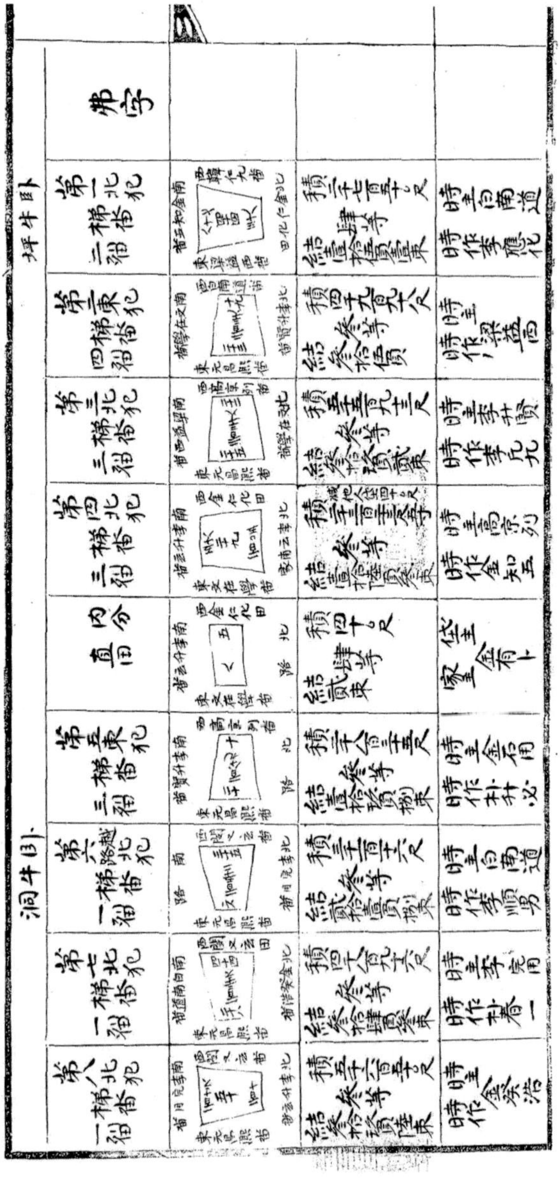

[그림 4] 아산군 정서본 양안

자료: 규장각한국학연구원 소장 『忠淸南道牙山郡量案』6, (奎 17664)

경로와 광주군 북방면 중초본 양안 상단에 기재된 양전경로를[18] 비교해 보면 두 자료의 순서가 대체로 일치한다.[19]

중초본 양안이 완성되면 이를 토대로 정서본 양안을 만들었다.([그림 4] 참조) 정서본 양안과 중초본 양안을 비교해 보면 양식이 하나로 통일되고, 내용이 약간 수정되기도 했다.[20] 정서본 양안은 각 군현에서 보내온 중초본 양안을 토대로 양지아문(후일에는 지계아문)에서 작성하였다. 이같이 광무양전 당시 지방행정인력은 실지 조사뿐만 아니라 양안 작성과정에서도 소외되었다. 이는 광무정권이 재정운영권(財政運營權)의 중앙집중화를 극도로 추구했음을 의미한다. 사실 재정운영권을 중앙 재정기구로 집중시키려는 정책은 15세기 이래 꾸준히 추진되어 왔다. 세종은 공법을 실시하여 각 기관에 분산되어 있던 전세 수취권을 호조로 집중시켰다.[21] 17세기에는 대동법이 시행됨으로써 각 기관에 분산되어 있던 공물 수취권이 선혜청으로 집중되었다.[22] 그리고 영조는 균역법을 실시하여 각 기관에 분산되어 있던 군포 수취권을 균역청으로 모았다.[23] 그런데 광무정권은 이전보다 한 걸음 더 나아가 세원(稅源) 파악 업무마저도 중앙으로 일원화시켰던 것이다.

---

17) 『京畿廣州府量案』 33, (奎 17641).
18) 達隱坪→ 馬糞坪 肅谷→ 柳谷坪→ 永全坪→ 趙起坪→ 九龍谷→ (徐德坪) → 三川谷→ 大夜洞→ (速達)→ 葛峴→ 速達一里→ (後川坪)→ 屯垈一里→ 屯垈一里→ 屯垈→ (屯垈內洞)→ 速達二里→ 速達三里→ 陰垈谷→ (屯垈) → (屯垈二里)→ (屯垈)→ 八谷→ 八谷南山坪→ (乾乾洞)→ 大三川→ 漁起坪→ 乾乾里→ (乾乾前坪)→ 乾芝洞→ (八谷二里)→ (半月前坪)→ 大小半月→ (八谷開明坪)→ 滿坪. ( ) 안 지명은 지도에서 보이지 않는다.
19) 두 자료에서 八谷과 八谷南山坪의 순서만 뒤바뀌어 있다.
20) 왕현종, 2017, 『대한제국의 토지조사와 토지법제』, 혜안.
21) 金泰永, 1983, 『朝鮮前期 土地制度史研究』, 知識産業社.
22) 이정철, 2010, 『대동법 조선 최고의 개혁』, 역사비평사.
23) 정연식, 2015, 『영조 대의 양역정책과 균역법』, 한국학중앙연구원.

대한제국은 실지 조사부터 문서 작성에 이르는 양전 전과정을 중앙에서 장악한 다음 정서본 양안마저도 서울과 지방에 나누어 보관하게 했다. 중앙정부가 토지를 직접 장악하게 되면 단기적으로는 효과를 볼 수 있다. 실제로 광무양전을 통해 적지 않은 은루결(隱漏結)을 찾아내는 성과를 거두었다.[24] 그런데 시간이 흐르면 국가의 토지장악력은 현저히 떨어진다. 막대한 비용이 들어가는 양전을 자주 실시하지 않는 한 수시로 변화하는 농촌 현실을 중앙에 보관된 양안에 반영할 방법이 없기 때문이다.

## (2) 대상 지역

양지아문에서는 양전 시작 전에 9개 항의 응행조례(應行條例)를 각도에 훈령하였다. 중요 내용을 소개하면 다음과 같다.

1. 成冊式은 左開를 依흘 事. 某道某郡時起田畓字號夜味斗數落成冊. 某面 某坪 或稱員 或稱里 依前日量案. 某字田 幾夜味(或稱座) 幾斗 幾升落(日耕息耕) 時主姓名 時作姓名. 某字畓(上仝). 已上某字田 合 幾夜味 幾斗落 某字畓 合幾夜味 幾斗落 共合田 幾夜味 幾斗幾升落 畓 幾夜味 幾斗幾升落 年月日 郡守姓名鈐章, 踏勘有司姓名鈐章 該 掌書記姓名鈐章

2. 田畓을 勿論原結還起加耕新起火粟ᄒ고 但 從今日耕農ᄒ야 一體登 載ᄒ야 毋或一夜味一座見漏ᄒ며 至若陳川等田畓은 雖昨年耕農이라 도 今日 陳川이어든 勿爲入載흘 事

3. 成冊은 以該郡公用紙로 編造ᄒ며 每一面各成一冊ᄒ야 本衙門으로 都聚上送흘 事

4. 自該郡으로 別擇該面內 有地望公正該事者一員或二員ᄒ야 差定踏勘

24) 왕현종, 앞의 『대한제국의 토지조사와 토지법제』.

有司ᄒᆞ야 該掌書記와 該面任과 各田畓主와 作人을 指揮辦事케 ᄒᆞᆯ 事.

5. 田畓時主가 朝暮變遷ᄒᆞ며 一家異産ᄒᆞ니 田畓主姓名相左ᄂᆞᆫ 勿爲究 詰ᄒᆞ야 民等의 便宜를 從케 ᄒᆞᆯ 事.25)

첫째, 면이나 들판[坪, 員, 里] 이름은 구래의 양안에 의거하도록 하였다.(1번) 광무양전 때 이전 양안을 참조할 계획이었음을 알 수 있다. 둘째, 개별 필지의 두락(斗落) 혹은 일경(日耕)을 조사하도록 지시하고, 결부(結負)에 대해서는 어떠한 언급도 하지 않았다.(1번) 현존하는 양안을 살펴보건대, 결부수에 더하여 두락수도 기재하라는 취지였던 것으로 이해된다. 셋째, 양전 당시 경작되고 있던 농경지만을 조사하고 진전(陳田)을 제외시키라고 하였다.(2번) 양지아문 양전의 목표가 수세지(收稅地) 조사였음을 알 수 있다. 넷째, 시주성명(時主姓名)을 엄격히 조사하는 문제로 분란을 일으키지 말라고 하였다.(5번) 이는 애초부터 소유자를 정확히 판별할 생각이 없었음을 의미한다.

정부는 응행조례를 하달하고 나서 충청남도 아산군 양전을 위해 1899년 5월 29일 전의군수(全義郡守) 정도영(鄭道永)을 양무감리(量務監理)로, 6월 5일 이종대(李鍾大)·이기(李沂)·이교혁(李喬赫)·송원섭(宋遠燮)을 양무위원(量務委員)으로 임명했다. 이들 양무감리와 양무위원은 양지아문에서 임명한 학원(學員) 22명을 거느리고, 1899년 6월 20일부터 9월 13일까지 아산군 양전을 진행했다. 위원 4명이 모두 참여하여 원남면(遠南面)을 시험 양전한 다음 나머지 10면을 위원 4명이, 곧 4팀이 나누어 양전하였다. 정부가 아산군에서 광무양전을 처음 실시한 까닭은 분명하지 않으나 아마도 아산군이

25) 『時事叢報』1899년 4월 2·4일(양력 5월 11·13일). 왕현종, 2004, 「대한제국기 지계아문의 강원도 양전사업의 관계발급」, 『동방학지』 123에서 재인용.

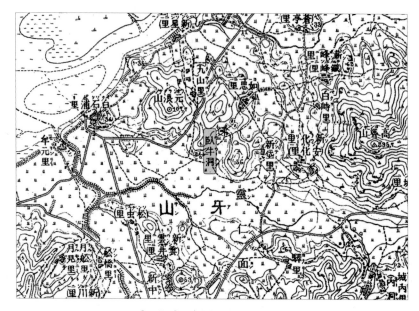

[그림 5] 20세기 초 와우리 전경
자료: 『近世韓國五萬分之一地形圖』, 1914~18年 朝鮮臨時土地調査局測量.

충청도에서 은결(隱結)이 많기로 소문난 지역이기[26] 때문이었던 것으로 보인다.

아산군 중초본 양안을 통해 이들이 조사한 내용을 구체적으로 확인할수 있다. 여기서는 서로 다른 양전팀의 조사 내용을 정리한 이북면(二北面)중초본 양안과,[27] 삼북면(三北面) 중초본 양안[28]에 주목하고자 한다. 이 양안에는 양전팀에서 측량한 면적[尺]과 현지에서 통용되던 두락(斗落)이 함

---

26) 왕현종, 앞의 「대한제국기 量田·地契事業의 추진과정과 성격」. 이하 아산 양전
   진행 과정은 왕현종의 글 참조.
27) 委員- 李喬赫. 學員- 李東珪, 李鎭泰, 李洪九, 金基宗, 董禹烈. 『忠淸南道牙
   山郡量案』 24, (奎 17664).
28) 委員- 李鍾大. 學員- 吳牲根, 李炳勛, 玄東善, 林炳宇.

[표 1] 와우리 양안과 토지대장의 지목 현황  (단위: 평)

| 자료\지목 | 양안 | | | | 토지대장 | | | |
|---|---|---|---|---|---|---|---|---|
| | 필지 | (%) | 면적 | (%) | 필지 | (%) | 면적 | (%) |
| 답 | 109 | (67.7) | 121,601 | (84.1) | 112 | (65.1) | 134,397 | (78.9) |
| 전 | 36 | (22.4) | 21,091 | (14.6) | 45 | (26.2) | 31,782 | (18.7) |
| 대 | 16 | (9.9) | 1,965 | (1.4) | 15 | (8.7) | 4,079 | (2.4) |
| 소계 | 161 | (100) | 144,657 | (100) | 172 | (100) | 170,258 | (100) |
| 분묘지 | | | | | 1 | | 837 | |
| 합계 | | | | | 173 | | 171,095 | |

께 기록되어 있기 때문이다. 두 양안에서 1914년 행정구역 개편 때 확정된 와우리(이북면 臥牛里를 靈仁面 와우리로 편제[29])와 신왕리(삼북면 上旺里, 下旺里, 中旺里 一部, 新宜實里 등을 병합하여 屯浦面 新旺里를 만듦)에 해당하는 부분을 찾아 토지대장과 비교한다.

안성천에서 얼마 떨어지지 않은 와우리는 평탄한 지대에 자리잡은 조그마한 마을이다.([그림 5] 참조) 토지조사사업 당시 와우리 농지(垈 포함)는 17만평 정도였고, 북쪽 산기슭 아래 마을 사람들이 옹기종기 모여 살고 있었다. 20세기 초 이 마을은 각성바지가 모여 사는 평범한 민촌(民村)이었다. 와우리 토지대장[30]에 등재된 농지를 소유한 마을 사람은 모두 14명인데, 그들은 김씨 5명, 이씨 5명, 그리고 신씨, 원씨, 홍씨, 황씨 각 1명이다. 마을 북쪽에 자리 잡은 나지막한 등성을 제외하면 주변에 이렇다 할 높은 산이 없고, 동에서 서로 흘러 안성천에 합류하는 시내가 마을 남쪽을 따라 흐르는 까닭에 20세기 초 마을 농지 대부분은 논이었다.([표 1] 참조) 마

---

29) 越智唯七, 1917, 『新舊對照朝鮮全道府郡面里洞名稱一覽』, 中央市場. 이하 1914년 행정구역 개편과 관련된 내용은 同書 참조.
30) 충청남도 아산시청 소장.

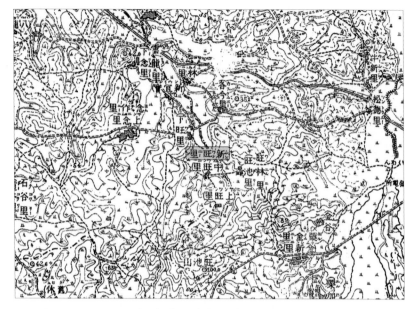

[그림 6] 20세기 초 신왕리 전경
자료: 『近世韓國五萬分之一地形圖』, 1914~18年 朝鮮臨時土地調查局測量.

을 아래쪽에 위치한 논은 시내에서 물을 끌어댈 수 있어 가뭄을 별로 타지
않았을 것으로 추정된다.

와우리가 남쪽이 탁 트인 마을이라면 신왕리는 사방이 나지막한 야산으
로 둘러싸인 작은 마을이다.([그림 6] 참조) 골짜기를 따라 남북으로 길게
뻗은 계곡 주변에 18만평 정도의 논밭이 자리 잡고 상왕리(上旺里), 중왕리
(中旺里), 하왕리(下旺里), 신의실(新宜實) 등 4개 자연 마을에 주민이 거주하
고 있었다. 20세기 초 이 마을도 와우리처럼 각성바지가 거주하는 평범한
민촌(民村)이었다. 신왕리 토지대장31)에 등재된 농지를 소유한 마을 사람
은 모두 17명인데, 그들은 이씨 4명, 장씨 4명, 강씨 3명, 차씨 3명, 그리고

31) 충청남도 아산시청 소장.

[표 2] 신왕리 양안과 토지대장의 지목 현황          (단위: 평)

| 자료<br>지목 | 양안 | | | | 토지대장 | | | |
|---|---|---|---|---|---|---|---|---|
| | 필지 | (%) | 면적 | (%) | 필지 | (%) | 면적 | (%) |
| 답 | 115 | (34.4) | 104,868 | (68.1) | 105 | (48.4) | 116,430 | (65.1) |
| 전 | 164 | (49.1) | 44,085 | (28.6) | 92 | (42.4) | 51,846 | (29.0) |
| 대 | 55 | (16.5) | 5,075 | (3.3) | 20 | (9.2) | 10,651 | (6.0) |
| 합계 | 334 | (100) | 154,029 | (100) | 217 | (100) | 178,927 | (100) |

채씨, 최씨, 하씨 각 1명이다. 마을이 비록 계곡을 따라 형성되었지만 산이 가파르지 않고, 도랑물이 남에서 북으로 흘렀던 탓에 20세기 초 이 마을 농지는 밭보다 논이 더 많았다.([표 2] 참조) 논 바로 옆에 도랑이 지나고 있어서 농사철에 물 걱정을 크게 하지 않았을 것으로 보인다.

1912년 작성된 와우리와 신왕리 토지대장에 등재된 토지의 대략적인 위치는 양안에서 비교적 쉽게 찾아진다. 이북면 중초본 양안에 와우동전평(臥牛洞前坪), 와우평(臥牛坪), 와우동(臥牛洞), 와우전평(臥牛前坪) 등의 지명이 나온다. 그리고 삼북면 중초본 양안은 실지 조사를 상왕리(1914년 신왕리로 편제)에서 시작하였음을 밝혀두었다. JigsawMap을 활용하여 토지대장과 양안에 등재된 농지를 서로 연결해 본 결과 1914년 행정구역 개편 때 이북면 양안에 등재된 토지 가운데 측(惻) 1~이(離) 42번, 의(義) 5~19번까지 도합 161필지가(이하 와우리 양안으로 칭함)[32) 와우리로, 그리고 삼북면 양안에 올라있는 전답 가운데 연(緣) 6~척(尺) 44번까지 모두 334필지가(이하 신왕리 양안으로 칭함) 신왕리로 편제되었음을 확인했다. 여기서는 토지대장에 올라있는 토지 가운데 전·답·대만 분석 대상으로 삼는다. 즉 와

---

32) 離 43~50-1번까지 10필지, 節 1~26번까지 28필지, 義 1~4번까지 4필지는 영인면 白石浦里로 편입.

우리 172필지([표1] 참조)와 신왕리 217필지([표 2] 참조)가 분석대상이다.

## 2) 실지 조사 과정

이북면 양전 실무자들(委員, 學員, 指審人 등)은 와우리 동쪽 마을에 위치한 주천평(注川坪) 조사를 끝내고 나서, 그곳과 인접한 필지로 바로 넘어오지 않고 개울을 따라 서쪽으로 한참 이동하여 와우리 남쪽 들에서 조사를 시작하였다. 실무자들은 동선이 꼬이지 않도록 동서로 왔다 갔다 하면서 앞 들판 양전을 끝낸 다음 북쪽으로 올라갔다가 내려와 마을 서쪽으로 빠져나갔다.([그림 7] 참조) 양전 실무자들은 와우리 농지를 소상히 조사했다. 양안에 등재된 토지는 토지대장에서 모두 확인된다. 그에 비해 토지대장에 등재된 농지 일부는 양안에서 확인되지 않았다. 토지대장의 172필지 가운데 양안에 등재되지 않은 땅은 12필지(전체의 7.0%)이고, 이는 전체 면적의 4.6%(7,768평)에 해당한다. 양안에서 확인되지 않은 땅은 주로 산기슭에 위치하고([그림 7]에서 검게 칠해진 부분) 그 대부분이 전(9필지)이다. 이런 사실로 미루어 볼 때 양안에서 확인되지 않은 12필지는 광무양전 당시 개간되지 않았거나 개간된지 얼마 되지 않은 곳일 가능성이 높다. 즉 광무양전 때 와우리 숙전(熟田)은 모두 파악되었다고 볼 수 있다.

삼북면 양전은 신왕리 남쪽부터 시작되는데, 실무자들은 동선이 꼬이지 않도록 마을 이곳 저곳으로 옮겨 다니면서 조사하고 마을 북쪽으로 빠져나갔다.([그림 8] 참조) 실무자들은 신왕리 농지를 소상히 조사했다. 양안에 등재된 토지는 1912년 작성된 토지대장에서 모두 확인된다. 그에 비해 토지대장에 등재된 농지 일부는 양안에서 확인되지 않았다. 토지대장의 217필지 가운데 양안에 등재되지 않은 땅은 16필지(전체의 7.4%)이고, 이는 전

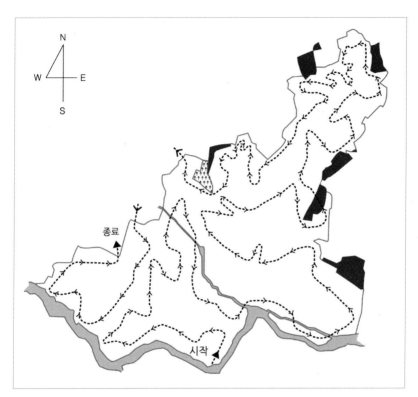

[그림 7] 와우리 양전경로 및 양안 미등재지 현황
비고: 점선-양전경로, 검은색 부분-양안 미등재지, ↑ 무늬 부분-임야.

체 면적의 2.3%(4,130평)에 해당한다. 양안에서 확인되지 않은 땅이 주로
산기슭이나 개울가에 위치하고([그림 8]에서 검게 칠해진 부분) 있는 사실
로 미루어 볼 때 이곳 역시 광무양전 당시 개간되지 않았거나 개간된지 얼
마 되지 않은 곳일 가능성이 높다. 즉 광무양전 때 신왕리 숙전 또한 모두
파악되었다고 볼 수 있다.

양전경로가 확인된다는 사실은 양전 실무자들이 농지를 따라 걸어다니
면서 조사하였음을 의미한다. 즉 책상에 앉아 부세수취 때 활용하던 행심

[그림 8] 신왕리 양전경로 및 양안 미등재지 현황
비고: 점선-양전경로, 검은색 부분-양안 미등재지.

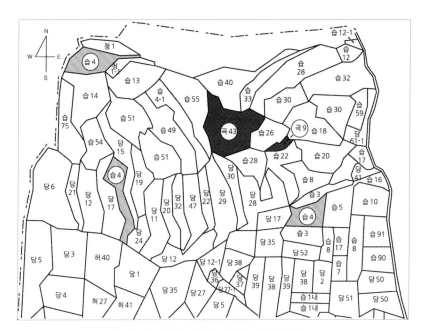

[그림 9] 창원군 외서면 산호리 과세지견취도
자료: 창원군청 소장 과세지견취도

책이나 깃기를 토대로 양안을 작성하였다면 우리가 JigsawMap의 도움을 받더라도 당시 양전경로를 확인하는 것은 불가능에 가깝다. 그러한 사실은 토지조사사업의 일환으로 일제가 1911년 작성한 경상남도 창원군 외서면 (外西面) 산호리(山湖里) 과세지견취도(課稅地見取圖)[33]를 통해 확인할 수 있다.([그림 9] 참조) 일제는 과세지견취도의 자호와 지번을 부여할 때 구래의 양안, 행심책 등에 기재된 것을 그대로 따르도록 하였다.[34] 이러한 지침은 현장에서 잘 지켜졌다. 산호리 과세지견취도의 자호와 지번이 행심책을

---

33) 경상남도 창원시청 소장.
34) 왕현종, 2011, 「창원군 토지조사사업 관계장부의 종류와 성격」, 『일제의 창원군 토지조사와 장부』(한국역사연구회 토지대장연구반 편), 선인.

활용하여 작성한 산호리 결수연명부의 내용과 일치한다.

과세지견취도 자호와 지번의 유래를 상기하면서 그림에서 확인되는 특징 몇 가지를 소개하면 다음과 같다. 첫째, 그림에 등장하는 자호는 곡(谷), 허(虛), 당(堂), 습(習), 청(聽)인데, 지번이 뒤죽박죽 섞여있어 순서대로 연결되지 않는다. 둘째, 월경지처럼 존재하는 지번이 있다. 예컨대, 곡 43과 곡 9번(그림에서 검은색 부분) 주변을 습자와 당자 토지가 에워싸고 있다. 셋째, 동일 지번이 여러 곳에 존재한다. 예컨대, 습 4번(그림에서 빗금친 부분)은 세 곳에서 확인된다. 이같은 특징은 창원군 여타 지역에서 뿐만 아니라 김해군,35) 청주군36) 과세지견취도에서도 확인된다.

양안의 필지 번호는 꼬이지 않고 연결되는데, 무슨 이유 때문에 과세지견취도의 필지 번호는 뒤죽박죽되어 있을까? 『목민심서』에서 그 이유를 추론할 수 있다. 정약용은 개량(改量)의 필요성을 역설하면서 당시 전정(田政) 문란상을 다음과 같이 묘사하였다.

> 같은 자호(字號) 안에서 세액이 서로 엇갈려서 제10번의 진지가 혹 제20번의 세를 붙거나 혹은 제70번의 전지가 제80번의 세와 혼동된 것은 관에 와서 호소하지 말고 곧 그 마을에서 조목별로 나열하여 장부를 만들 일이다.37)

부세를 납부할 때 필지가 바뀌는 일이 흔히 있었음을 알 수 있다. 과세지견취도가 이같은 혼동상을 고스란히 담고 있는 행심책을 근거로 작성되었기 때문에 필지 번호가 실타래처럼 엉키게 된 것이다.

---

35) 경상남도 김해시청 소장.
36) 토지박물관 소장.
37) 『牧民心書』 戶典 田政.

## 3) 실지 조사 현황

### (1) 지목과 전형

아산 양전 당시 실지 조사에 종사했던 양전 실무자들은 농지종류[地目], 전답등급[田品], 면적[尺, 斗落, 結負], 전답주(田畓主)와 작인(作人) 등을 조사하였다. 한편으로 옛 장부[양안, 행심책]를 참고하고, 다른 한편으로 현지 사정에 밝은 사람[指審人, 頭民, 洞長]의 조언을 들어가면서 하루 일정을 소화하였다. 경기도 양무감리를 지낸 이종대(李鍾大)의 발언에서 당시 정황을 엿볼 수 있다. 1904년 평리원(平理院)은 수원과 용인 지역 인민들이 양지아문 양전 결과를 받아들이지 못하겠다고 강하게 저항하자 책임소재를 파악하기 위해 이종대를 조사하였는데, 그 때 그는 다음과 같이 말했다.

경계가 모호하고 시작이 착란된 문제를 量地人 책임으로 돌리는 것은 옳지 않습니다. 읍에는 어린성책이 있고 동에는 지심인이 있는 상황에서 두민과 동장이 보고한 작인과 답주 이름을 현록하였는데, 읍동에서 제대로 살피지 않고 도리어 타인에게 허물을 돌리니 어찌 모호하지 않습니까?[38]

[표 3]에서 보듯이 양전 실무자들은 현지 사정을 훤히 꿰뚫고 있는 지심인, 두민, 동장 등이 제공하는 정보에 크게 의존하였다.

지심인의 성격은 1900년 작성된 광주부(廣州府) 북방면(北方面) 양지양안 중초본[39]과 1903년 작성된 경기도 광주부 북방면 호적[40]을 비교해 보면

---

38) 『司法稟報(乙)』 42책 報告書 第64號 (奎 17279), "經界之模糊 時作之錯亂 不可歸責於量地人也 邑有魚鱗成冊 洞有指審民人 以頭民洞長之所告作人及畓主名爲懸錄 以其邑洞之不審 反爲歸咎於他人 豈不模糊."

[표 3] 광주군 북방면 지심인 호적등재 현황

| 지심인 번호 | 성명 | 참여 지역 | 호적 기재 | | | | | |
|---|---|---|---|---|---|---|---|---|
| | | | 동명 | 통-호 | 위상 | 나이 | 직업 | 비고 |
| 1 | 崔元根 | 速達 | 速達二里 | 2-9 | 호주 | 50 | 農 | |
| 2 | 金永達 | 屯垈一里 | 屯垈洞 | 4-4 | 호주 | 44 | 士 | |
| 3 | 沈相衡 | 屯垈一里 | 屯垈洞 | 3-3 | 호주 | 42 | 士 | |
| 4 | 金永達 | 屯垈 | | | | | | |
| 5 | 金永達 | 屯垈內洞 | | | | | | |
| 6 | 崔仁汝 | 速達二里 | 速達二里 | 2-2 | 호주 | 59 | 農 | |
| 7 | 吳白玄 | 屯垈 | 屯垈洞 | 1-10 | 호주 | 54 | 農 | |
| 8 | 閔泳舜 | 八谷南山平 | 八谷一里 | 1-5 | 호주 | 47 | 農 | |
| 9 | 曹順承 | 漁起坪 | 乾乾里 | 5-2 | 호주 | 63 | 農 | 曹順升 |
| 10 | 洪淳定 | 八谷二里 | 八谷二里 | 2-9 | 호주 | 55 | 進士 | |

잘 드러난다. 양안에서 지심인은 모두 33회[30인] 등장하는데, 이들 일부가 호적에서 확인된다.([표 3] 참조) 지심인들이 관계한 지역은 바로 그들 거주지 주변이었다. 오직 조순승(曹順承, 9번)만 양안과 호적의 지명이 다르다. 하지만 북방면 양안 중초본에 실린 양전지도를 보면 어기평은 건건리 주변 들판임을 알 수 있다. 지심인 대부분은 현지 사정을 손바닥 보듯이 훤히 알고 있는 촌로(村老)였고, 일부는 상당한 수준의 한문(漢文) 소양도 갖추었다. 지심인은 5·60대가 많았고, 그들 중에는 진사(進士)도 있었다.

호적에서 확인되지 않은 지심인 22명 가운데 12명은 북방면 양안에서 확인된다.41) 이같이 북방면 지심인 다수는 호적에서 확인되지 않는데, 그

---

39) 『京畿廣州府量案』 33·34책 (奎 17641).

40) 대한제국기 호적은 한국학중앙연구원 국학진흥사업 성과 포털에 올라있는 자료를 활용하였다. http://waks.aks.ac.kr/dir/achieveItem.aspx?secType=고서·고문서&dirCate =&sType=&sWord=&fq=통합과제ID_ext:AKS-2009-JB-2001_T

41) 姜自春, 金七男, 金學俊, 朴德奉, 朴千每, 吳允信, 李萬石, 張春吉, 曹順烈,

이유로 두 가지를 들 수 있다. 첫째, 당시 호적이 모든 사람을 등재하지 않았기 때문이다. 둘째, 적지 않은 지심인들이 호명[七男, 四月, 守奉, 千每 등]을 사용했기 때문이라고 판단된다.[42)]

양전 실무자들은 실지 조사를 하면서 양안에 기재할 전답모양을 결정했다. 광무양전 때 활용한 전형은 그 이전보다 더 다양했다. 광무양전 때는 기존 5개(직사각형[直], 정사각형[方], 이등변삼각형[圭], 직각삼각형[句], 사다리꼴[梯])에 새로 5개(타원형[橢], 원형[圓], 활모양[孤矢], 삼각형[三角], 눈썹모양[眉])를 더 추가하여 10개를 기본으로 하였다.[43)] 그리고 기본형을 적용하기 어려운 필지들은 직대반환(直帶半環, 직사각형과 반원이 붙어있는 모양), 직대제(直帶梯, 직사각형과 사다리꼴이 붙어있는 모양) 등과 같이 기본형 두 개 이상을 조합하여 전형을 결정했다.

광무양안은 이전 양안과 달리 전답모양을 그림으로도 그려놓았다. 19세기 후반 몇몇 경세가(經世家)들은 토지파악을 철저히 하기 위해서는 어린도(魚鱗圖)를 그려야 한다고 주장했는데,[44)] 광무양전 때 이들의 의견이 일정 정도 수용된 것으로 보인다. 그런데 광무양안에 실린 그림은 전답모양을 객관적으로 묘사한 것이 아니라 면적을 산출하기 위해 전답모양을 정형화시킨 것이다. 그러한 사실은 아산군 정서본 양안에서 구체적으로 확인된다.([그림 10] 참조) 지(地) 36번 필지는 사다리꼴 3개가 붙어 있는[三梯] 모

---

曺仁白, 韓四月, 韓太汝.

42) 호적에서 확인되지 않는 지심인은 다음과 같다. (미)로 표시된 지심인은 양안에서도 확인되지 않은 사람이다. 姜自春, 金七男, 金學俊, 朴德奉, 朴千每, 吳允信, 李萬石, 張春吉, 曺順烈, 曺仁白, 韓四月, 韓太汝, 沈兼守(미), 吳京文(吳景文)(미), 柳世曺(미), 柳守奉(미), 李又敬(미), 李漢舜(미), 朱養賢(미), 朱致守(미), 朱致順(미), 朱化如(미).

43) 왕현종, 앞의 「대한제국기 量田·地契事業의 추진과정과 성격」.

44) 왕현종, 앞의 『대한제국의 토지조사와 토지법제』.

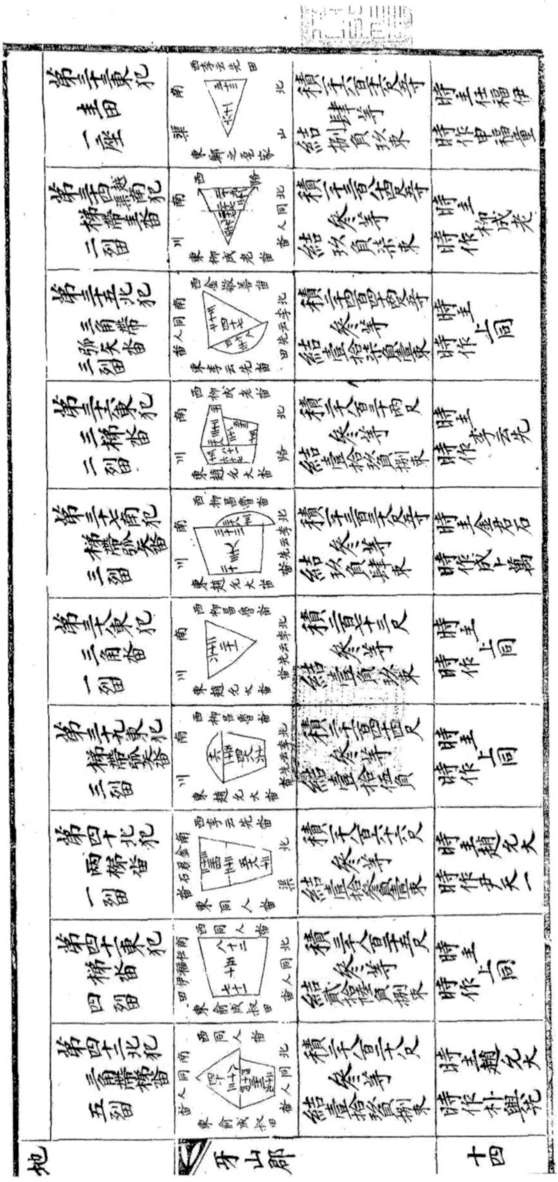

[그림 10] 아산군 양안에 실린 전답도형

자료 : 규장각한국학연구원 소장 『忠淸南道牙山郡量案』1. (奎 17664)

습을 한다고 되어있는데, 논두렁으로 나누어진 실제 공간은 2배미[젭]였다. 사다리꼴 3개는 이 필지의 객관적 모습을 묘사한 것이 아니라 양전 실무자들이 머릿속에서 그린 모양임을 알 수 있다. 그들은 36번 필지를 사다리꼴 3개로 나누면 가장 정확하게 면적을 측량할 수 있다고 생각했던 것이다. 양전 실무자들이 측량을 위해 2배미로 이루어진 필지를 8개 모양으로 나눈 사례도 있다. 용인군 양지아문 양안(이하 양지양안으로 약함) 영(詠) 35번 필지가 그렇다.45) 이같이 개별 필지의 세부 모양수가 해당 필지의 배미수보다 많은 사례는 광무양안에서 적지 않게 확인된다.

전답모형을 글로 쓰게 되면 어린도를 그리기 어렵다. [그림 10]에 소개된 필지를 어린도에 옮긴다고 가정해보자. 개별 필지의 선을 서로 맞닿게 그릴 수 없다. 어린도를 그리려면 개별 필지 모양을 실제 모습과 다르게, 즉 개별 필지를 고기비늘처럼 묘사해야한다. 하지만 전형을 글로 쓸 때 사각형, 삼각형, 사다리꼴 등으로 머릿속에 그리고 나서 어린도를 그릴 때 이전 모양을 머릿속에서 싹 지워버리고 새로운 모양을 구상한다는 것은 생각처럼 쉬운 일이 아니다. 다시 말해 광무양전 기획자들은 처음부터 어린도 작성을 염두에 두지 않았던 것으로 보인다.

중국 어린도책 앞 부분에는 도책에 실린 경지 위치를 표시하는 일람도가 그려져 있다. 일본 검지장(檢地帳)도 그러하다.46) 그런데 중국 어린도책과 일본 검지장에는 전답모양을 글씨로 나타낸 부분이 없다. 이러한 사실은 생각이 바뀌어야 어린도를 그릴 수 있음을 의미한다. 즉 광무양안은 글

---

45) 『龍仁郡量案抄』10 (奎 17645), "詠 35, 兩梯帶梯半環四不等兩直三角牛角田 二座." 양전 실무자들은 2배미를 1필지로 묶어 파악한 다음 측량을 위해 사다리꼴 2개, 半環형 1개, 사부등형 1개, 직사각형 2개, 삼각형 1개, 우각형 1개로 구획했다.
46) 어린도책과 검지장에 대해서는 다음 글 참조. 宮嶋博史, 2006, 「土地臺帳의 比較 史」, 『동아시아 근세사회의 비교』(한국고문서학회 엮음), 혜안.

로 나타낸 전답모형을 그림으로도 묘사했는데, 이것은 구본신참(舊本-田形, 新參-그림)에 해당한다. 이렇게 해서는 질적으로 다른 물건을 만들 수 없다. 다시 말해 어린도를 그리려면 먼저 전답모양을 글로 나타내는 부분을 삭제해야 한다.

와우리와 신왕리 양안에 기재된 전답모양은 아래에서 보듯이 비교적 다양하다.

와우리 : 梯107, 直24, 梯帶直7, 兩梯6, 三廣3, 方2, 三廣帶梯2, 兩直2, 梯帶三角2, 半橢圓1, 半環1, 三梯1, 梯帶三廣1, 直帶弧矢1, 弧矢1

신왕리 : 直229, 梯30, 兩直17, 半環12, 方8, 弧矢4, 三角3, 梯帶直3, 直帶梯3, 三廣2, 三直2, 直帶半環2, 直帶弧矢2, 欖1, 半橢圓1, 半弧矢1, 方減直1, 方帶直1, 三廣帶直1, 三直帶梯1, 兩梯1, 牛角1, 圓圭1, 梯帶圭1, 梯帶半弧矢1, 梯帶方1, 直減方1, 直減梯1, 直減直1, 直帶半弧矢1

와우리 전답모양은 삼광대제(三廣帶梯, 삼광에 사다리꼴이 붙어 있는 모습)와 같은 혼합형을 포함하여 모두 15가지이다. 하지만 161필지 가운데 사다리꼴[梯]이 전체의 66.7%로 압도적 비중을 점한다. 신왕리 전답모양은 와우리에 비해 더 다양해서 혼합형을 포함하여 모두 30종류이다. 그렇지만 334필지 중 직사각형[直]이 68.6%로 많은 비중을 차지한다. 평지에 위치한 와우리에 사다리꼴이 많고, 골짜기에 자리잡은 신왕리에 직사각형이 많다는 사실은 의외다. 다양한 모양의 다랭이논은 평지보다 계곡에 많다는 사실을 상기하면 더욱 그러하다. 양안의 전형이 면적산출 방법을 의미한다는 사실을 상기하면 신왕리 양전 실무자들은 전답면적을 더 쉽게 산출할 수 있는 모양을 선택했다고 할 수 있다.

양안에 등재된 전답모양에 따라 개별 필지 면적을 산출하던 모습은 와

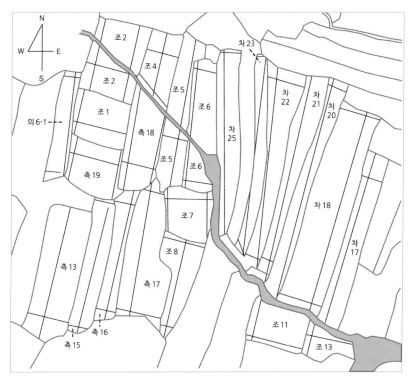

[그림 11] 와우리 양안에 기재된 장광척 현황

우리 양안의 장광척수를 지적도 상에 표시한 [그림 11]에서 잘 드러난다. 양안과 토지대장의 토지가 1↔1로 연결되는 필지 위주로 장광척을 그림에 선으로 표시했다. [그림 11]의 검은색 직선이 양안에 기재된 장광척을 양전 척 1척(尺) = 1m로 환산하여 그린 선이다. 그림에서 보듯이 검은색 직선이 개별 필지 경계 밖으로 벗어난 사례가 단 1건도 없고, 검은색 직선이 필지 경계선에 닿지 않은 사례가 3필지(측 15, 의 6-1, 조 13)에서 확인된다. 양안 에 기재된 길이 대부분이 지적도에서 찾아진다는 사실은 와우리 양전 실무 자들이 실지측량을 하였음을 의미한다. 길이를 실측하지 않고 단지 목측으

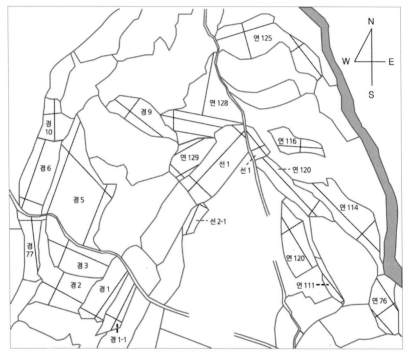

[그림 12] 신왕리 양안에 기재된 장광척 현황

로 길이를 예측했다면 검은색 직선이 경계 밖으로 벗어나는 사례가 적지 않게 발생하는 것이 자연스럽다. 그렇다고 해서 그림에 나타난 위치에서 길이를 측정했다는 것을 의미하는 것은 아니다. 측량 위치는 그림에 나타난 곳과 다른 곳이었을 가능성이 더 많다.

면적을 구하기 위해 길이를 측정할 때 대체로 한 곳에 서서 가로세로 길이를 잰다. 그런데 개별 필지에서 두변이 한 점에서 만나는 사례가 없다. 양안에 기재된 장광척과 같이 직사각형 혹은 사다리꼴을 지적도상에 그리려고 하면 해당 필지 내에 도저히 앉힐 수가 없다. 양안에 등재된 전답모양은 농지모양을 실제와 비슷하게 표현한 것이 아니고, 전답면적을 구하기 위해 측량을 어떻게 하였는지를 그려놓은 것임을 알 수 있다. 개별 필지의 실측 과정과 전형 판정 과정을 추론해 보면 다음과 같다. 먼저 어떤 방법(사각형, 삼각형, 사다리꼴 등)으로 면적을 산출할지를 결정하고 나서, 즉 몇 개 변(두 변 혹은 세 변)을 실측할지 결정하고 길이를 측정한다. 사다리꼴은 실측하기 전에 이미 전형이 결정되지만 사각형과 삼각형은 실측하고 나서 직사각형[直], 정사각형[方], 이등변삼각형[圭], 직각삼각형[句] 등으로 양안에 기재했던 것으로 보인다.

양안에 기재된 전형이 측량 과정을 의미한다는 사실은 신왕리 양안의 장광척을 지적도 상에 표시한 [그림 12]를 보면 더욱 분명해진다. 그림을 그린 방법은 와우리와 동일하다. 모든 검은색 직선이 필지 경계선에 닿는다. 그림 상단에 위치한 연 125번과 128번은 양안에 기재된 전형의 의미를 이해하는 데 큰 도움을 준다. 125번은 직사각형 둘이 맞닿아 있는 모양[兩直], 128번은 사다리꼴에 직각삼각형이 붙어있는 모양[梯帶圭]으로 양안에 기재되어 있다. 그런데 125번은 반고리[半環] 혹은 눈썹[眉], 128번은 사다리꼴[梯] 모습에 더 가깝다고 볼 수도 있다. 하지만 양전 실무자들은 면적을 구하기 위해 연 125번 필지를 두 영역으로 나눈 다음 네 곳의 길이를 측량하여 직사각형 두 개의 면적을 구했다. 128번 필지 또한 두 영역으로 나눈 다음 다섯 곳의 길이를 재서 사다리꼴과 직각삼각형의 면적을 구했다.

광무양안은 전형 다음에 지목, 즉 농지종류를 기재해 놓았다. 두 마을 양안의 지목은 당시 실상을 비교적 잘 반영했다고 판단된다. 그 실상은 광무양전과 토지조사사업의 결과를 비교해 보면 잘 드러난다. 비교를 위해서는 일부 필지에 대해 인위적인 필지 분할을 가해야 할 필요가 있다. 왜냐하면 양안의 1필지와 조사부의 1필지가 서로 연결되지 않은 사례가 적지 않기때문이다. 양안과 조사부의 필지가 연결되는 유형은 1↔1, 1↔다(多), 다↔1,

[표 4] 양안과 토지대장에 등재된 토지 연결 유형          (단위: 필지)

| 대응유형 마을 | | | 와우리 | | 신왕리 | |
|---|---|---|---|---|---|---|
| 양안 | ↔ | 토지대장 | 양안 | 토지대장 | 양안 | 토지대장 |
| 1필지 | ↔ | 1필지 | 114 | 114 | 118 | 118 |
| 1필지 | ↔ | 다(多)필지 | 14 | 31 | 4 | 8 |
| 다필지 | ↔ | 1필지 | 26 | 11 | 177 | 54 |
| 다필지 | ↔ | 다필지 | 7 | 4 | 35 | 21 |
| 합계 | | | 161 | 160 | 334 | 201 |
| 분석대상 필지 | | | 180 | 180 | 349 | 349 |

다↔다 등이었다.([표 4] 참조) 분석을 위해 인위적 필지 분할을 실시한 곳
은 양안과 조사부의 필지가 1↔다, 다↔1, 다↔다 등으로 연결되는 필지
이다. 예컨대, 와우리 양안 조(造) 2번 필지는 토지대장 123·124번 필지와
연결되는데[1↔다], 이 경우 조 2번 필지를 2필지로 분할하였다. 분할 결과
와우리 경우 양안 161필지와 조사부 160필지가 각각 180필지로, 신왕리 경
우 양안 334필지와 조사부 201필지가 각각 349필지로 증가했다.

  와우리 양안에 등재된 161필지 가운데 토지대장에서 지목이 바뀐 곳은
7필지(전체의 4%)에 불과했다.47) 그리고 신왕리 양안에 등재된 334필지 가
운데 토지대장에서 지목이 변경된 곳은 53필지(전체의 15.9%)였지만 번답
(反畓)이나 번전(反田)으로 지목이 바뀐 곳은 얼마 되지 않는다. 답 115필지
중 6필지가 전으로, 전 164필지 중 11필지가 답으로 바뀌었고, 그 나머지는
모두 전→대 혹은 대→전으로 바뀐 곳이다. 사실 집 주변에 딸린 텃밭은
전이나 대 중 어느 쪽으로 판정해도 무방하다.

---

47) 양안과 토지대장의 지목을 비교해 보면 답 109필지↔모두 답, 전 36필지↔전 32필
   지·답 2필지·대 2필지, 대 16필지↔대 13필지·전 3필지다.

## (2) 절대면적

광무양안은 이전 양안과 달리 개별 필지의 절대면적을 기재해 놓았다. 19세기 후반 여러 토지개혁론자들은 중국 경무법(頃畝法)과 같이 절대면적을 파악하는 제도를 실시해서 토지파악을 철저히 해야 한다고 주장했는데,[48] 광무양전 때 그들의 의견이 수용된 것으로 보인다. 그런데 면적은 이전 양안에서도 확인된다. 필지마다 장광척(長廣尺)이 기재되었기 때문에 면적을 굳이 확인하려면 각 도형의 면적산출 공식에 따라 계산해 보면 된다. 그렇다면 광무양전 때 면적[積尺]을 기재한 사실에 대해 어떠한 의미를 부여할 수 있을까? 광무양전 당시 정부는 양안에 근거해서 관계(官契)를 발행하려 했기 때문에 면적을 기재했다고 판단된다.

이전 양안에 면적은 적지 않고 결부만 기재했다는 것은 전답[땅] 그 자체에 대해서는 별 관심이 없고 오직 그 소출인 곡물에 대해서만 관심을 가졌음을 의미한다. 광무양전 이전까지만 하더라도 전답은 오직 곡물생산과 관계될 때, 즉 사람과 결합될 때에만 의미 있는 대상으로 인식되었던 것이다. 광무양안에 결부뿐만 아니라 면적을 기재했다는 것은 곡물뿐만 아니라 객관적 실상(토지 그 자체)에도 관심을 가졌음을 의미한다. 광무양전에서 전답은 그 자체로서 의미 있는, 즉 사람과 결합되지 않을 때도 의미를 가지는 대상으로 인식되었던 것이다. 이같이 광무양전에서는 인간과 자연을 분리함으로써 자연을 그 이전에 비해 좀 더 객관화시켰다고 할 수 있다. 대체로 사물을 객관화시키면 주관적으로 파악할 때에 비해 그 실체를 더욱 분명히 인식할 수 있다. 따라서 전답의 객관적 실체[면적]에 대한 관심이 높아졌다는 것은 소유권과 관련된 의식이 이전 시기보다 한층 강해졌음을

---

48) 왕현종, 앞의 『대한제국의 토지조사와 토지법제』.

의미한다.

전반적으로 볼 때 농사철임에도 불구하고 양전 실무자들은 소기의 성과를 거두었다고 볼 수 있다. 정성스럽게 줄[尺]을 늘어뜨렸다가 당김으로써 논밭에서 자라고 있는 곡식을 다치지 않게 하면서도 실제에 근접하는 면적을 구할 수 있었다. 와우리에서는 양안 면적이 토지대장 면적의 89.0%(답 93.0%, 전 77.4%, 대 43.8%), 신왕리에서는 양안 면적이 토지대장 면적의 88.1%(답 93.5%, 전 78.4%, 대 79.6%)였다. 두 마을 공히 양안에 기재된 답 면적이 전과 대에 비해 실제에 더 가깝다. 이러한 사실은 전과 대 면적을 의도적으로 과소평가하였음을 의미한다. 즉 답의 면적 파악율을 미루어 보건대, 양전 당시 전과 대의 면적을 실제대로 파악하려고 했다면 양안에 기재된 면적보다 더 넓은 면적을 확보할 수 있었을 것이다.

마을단위로 보면 광무양전 때 파악한 면적이 실제 면적과 비슷하다고 평가할 수 있지만 필지단위로 보면 양자의 오차가 꽤 큰 경우도 있다. 양안의 토지와 토지대장의 농지를 필지별로 연결해 보면 그러한 사실을 구체적으로 확인할 수 있다.

광무양전 당시 개별 필지의 면적 파악율은 다양했다. 양안 면적이 토지대장 면적의 80~120%에 해당하는, 즉 양전 때 비교적 정확하게 측량되었다고 평가할 수 있는 필지는 와우리가 전체의 62.1%, 신왕리가 60.1%이다.([표 5] 참조) 실제보다 아주 넓게 파악한 필지(120% 이상), 실제보다 매우 좁게 파악한 농지(40% 미만)도 적지 않게 존재한다. 실제보다 매우 좁게 파악한 사례는 특히 와우리 대에서 보인다. 한편 신왕리 대 면적은 실제와 가깝게 파악된 사례(80~120%)가 많다. 와우리 대 면적을 의도적으로 축소시켰을 가능성이 높다.

[표 5] 양안의 면적 파악율 (단위: 필지)

| 마을 파악율 | 와우리 | | | | | 신왕리 | | | | |
|---|---|---|---|---|---|---|---|---|---|---|
| | 답 | 전 | 대 | 합 | (%) | 답 | 전 | 대 | 합 | (%) |
| 120% 이상 | 3 | 2 | | 5 | (2.8) | 8 | 8 | 1 | 17 | (4.9) |
| 100%~120% | 30 | 3 | | 33 | (18.3) | 26 | 19 | 11 | 56 | (16.0) |
| 80%~100% | 66 | 13 | | 79 | (43.9) | 64 | 63 | 27 | 154 | (44.1) |
| 60%~80% | 16 | 9 | | 25 | (13.9) | 22 | 49 | 7 | 78 | (22.3) |
| 40%~60% | 5 | 8 | 12 | 25 | (13.9) | 5 | 20 | 9 | 34 | (9.7) |
| 40% 미만 | | 2 | 11 | 13 | (7.2) | 1 | 8 | 1 | 10 | (2.9) |
| 합계 | 120 | 37 | 23 | 180 | (100) | 126 | 167 | 56 | 349 | (100) |

광무양전 당시의 측량법은 어떤 지점의 길이를 측정하는가에 따라 해당 필지 면적이 상당히 다르게 집계될 수 있었다. 그런데 앞의 [그림 11]과 [그림 12]만 보고서는 아산지역 양전 실무자들은 측량지점을 선택할 때 어떠한 원칙을 가지고 있었는지, 혹은 임의로 결정했는지를 단정하기 어렵다. 만약 양전 실무자들이 현지인의 조언을 통해 개별 필지의 절대면적을 어느 정도 알고 있었다면 측량지점을 선택하는 원칙이 있었다고 볼 수 있다. 절대면적을 알고 있는 상태라면 한 변[사각형, 삼각형] 혹은 두 변[사다리꼴]의 길이만 재면 나머지 한 변의 길이는 실측하지 않고서도 구할 수 있다. 즉 양전 실무자들이 개별 필지의 절대면적을 어느 정도 알고 있다면 모든 변의 길이를 측정할 필요가 없다. 당시 농민들이 개별 필지의 절대면적을 파악하고 있었는지 살펴보자.

광무양전 당시 농촌에서 사용되던 농지면적 단위는 두락(斗落, 마지기) 혹은 일경(日耕, 갈이)이다. 와우리와 신왕리 양안에 올라있는 대부분의 답에 두락이 기재되어 있기 때문에 두 마을의 두락 면적을 확인해 볼 수 있다. 1두락 평균 면적은 와우리 181.9평, 신왕리 277.3평으로 와우리에 비해

[표 6] 답 1두락 면적 (단위: 필지)

| 면적 \ 마을 | 와우리 | (%) | 면적 \ 마을 | 신왕리 | (%) |
|---|---|---|---|---|---|
| 250평 이상 | 10 | (9.6) | 450평 이상 | 9 | (9.8) |
| 230~250 | 6 | (5.8) | 400~450 | 6 | (6.5) |
| 210~230 | 5 | (4.8) | 350~400 | 11 | (12.0) |
| 190~210 | 24 | (23.1) | 300~350 | 14 | (15.2) |
| 170~190 | 23 | (22.1) | 250~300 | 19 | (20.7) |
| 150~170 | 20 | (19.2) | 200~250 | 18 | (19.6) |
| 130~150 | 13 | (12.5) | 150~200 | 11 | (12.0) |
| 110~130 | 3 | (2.9) | 100~150 | 4 | (4.3) |
| 합계 | 104 | (100) | 합계 | 92 | (100) |

신왕리가 약 1.5배 더 넓다.([표 6] 참조)49) 마을에 따라 1두락의 평균 면적
이 크게 다를 뿐 아니라 같은 마을 내에서도 필지에 따라 매우 다양하다.

그나마 와우리 답 1두락은 150~210평 정도 되는 곳이 많았으나 신왕리
답 1두락 면적은 그야말로 천차만별이었다. 두락에 관한 정보가 절대면적
을 예측하는 데 큰 도움이 되지 않음을 알 수 있다. 농민들은 광무양전 이
전까지 개별 필지의 절대면적에 대해 별 관심이 없었던 것으로 보인다. 예
컨대, 전라도 구례군 오미동에 거주하던 유형업은 서쪽 담장 근처 땅의 면
적이 2,300척[23間]이라는 사실을 광무양전 때 측량으로 알게 되었다.50) 아
산지역 양전 실무자 또한 개별 필지의 절대면적을 모르는 상태에서 측량에
임했다고 볼 수 있다. 그랬기 때문에 개별 필지의 측량 지점을 임의로 결정
했고, 그 결과 개별 필지의 면적 파악율이 다양하게 되었던 것으로 보인다.

49) 답 1두락 면적이 확인되는 곳은 와우리 109필지 가운데 104필지, 신왕리 115필지
   가운데 92필지이다.
50) 이종범, 「한말·일제초 土地調査와 地稅問題」 앞의 『대한제국의 토지조사사업』.

### (3) 두락

조선후기 인민들이 일상적으로 사용한 면적단위는 두락이었다. 파종, 이앙, 제초 등과 같은 농작업 내용을 기록한 일기, 토지를 사고 팔 때 작성한 매매문서, 지대와 관련된 내용을 정리한 추수기 등에서 가장 흔하게 보이는 면적단위는 두락이다. 두락은 조선후기부터 20세기 초까지 같은 의미로 사용되었다. 서유구는 두락의 의미에 대해 다음과 같이 말했다.

> 무릇 농지의 넓이는 쉽게 알아볼 수 있는 형체가 있다. …… 예를 들어 논에서는 한 마지기니 두 섬지기니 하는 말을 쓰는데 이때 락(落)은 파종할 때 씨앗이 땅에 떨어지는 넓이를 일컫는다. 한편 밭에서는 이틀 갈이니 한 달 갈이니 하는 말을 쓰는데 이때 갈이[耕]는 소 한 마리의 힘으로 밭갈이를 마칠 수 있는 넓이를 일컫는다.[51]

위에서 보듯이 조선후기 두락은 씨앗을 뿌릴 수 있는 면적을 의미했다. 19세기 후반 경주의 여주 이씨가도 논 1두락에 볍씨 1두를 파종하는 것으로 생각했다. 이씨 지주가의 추수기는 당시 상황을 잘 보여준다. 이 집은 매우 독특한 형식으로 추수기를 작성하였는데, 1897년 사례[52] 일부를 소개하면 다음과 같다.

---

51) 『林園經濟志』本利志, "夫地面之闊狹 有形者也…… 於水田則曰 一斗落 曰 一石落 落者 播種而落地之謂也 於旱田則曰 二日耕 曰 日月耕 耕者 一牛之力可以盡耕之謂也."

52) 韓國精神文化硏究院, 2003, 『古文書集成』66.

山今　三斗落　　五石　　卜七斗　　半二石二斗 ┐ 合二石十二斗
　　　　　　　種三斗　斗二斗
　　　　　　　　　　　草一斗
　　　　　　　　　　　卜七斗 ┘

위에서 보듯이 이씨가 추수기는 다양한 정보를 담고 있다. 위 자료가 전하는 내용을 정리하면 다음과 같다. 병작인 산금(山今)이 경작한 논 3두락에서 벼 5석[75두][53]이 생산되었다. 생산량에서 전세[卜] 7두와 종자 3두를 제하고 남은 65두를 산금과 이씨가에서 반분하니, 이씨가의 몫은 32두가 되었다. 이씨가는 자신의 몫에, 산금으로부터 받은 두세(斗稅)[54] 2두, 반분하여야 할 볏짚 값 1두, 전체 생산량에서 미리 떼어둔 전세 7두를 합하여 2석 12두를 가졌다. 이렇듯 이씨가는 산금이 경작한 논에서 지대를 수취할 때 1두락에 종자 1두를 파종한 것으로 계산했다. 이씨가는 여타 필지의 지대를 수취할 때도 1두락에 종자 1두를 파종한 것으로 산정했다.([표 7] 참조) 20세기 초에도 두락의 의미는 이전과 같았다. 농민들은 논 1두락은 벼 1두를 파종하는 면적이고, 밭 1두락은 대두(大豆) 1두를 파종하는 면적이라고 생각했다.[55]

예나 지금이나 농부들은 씨앗을 뿌릴 때 농지의 비옥도에 따라 파종 방법을 달리했다.[56] 일찍이 『농사직설(農事直說)』은 콩, 팥, 녹두를 심을 때

---

53) 이씨가는 15斗를 1石으로 환산하였다.

54) 斗稅의 정확한 뜻은 알 수 없다. 3두락에서 생산된 벼 양을 확인할 때 이씨가의 斗로 말질하고, 斗 사용료 명목으로 두세를 받았을 가능성이 있다.

55) 『韓國土地農産調査報告 - 京畿道 忠淸道 江原道』90·325쪽 ; 『韓國土地農産調査報告 - 慶尙道 全羅道』296쪽.

56) 조선시대 파종 방법에 대해서는 안승택, 2009, 『식민지 조선의 근대농법과 재래농

[표 7] 경주 여주 이씨가 병작지 면적과 종자량

| 연도 \ 종자 | 필지 | 면적[두락] | 종자[두] |
|---|---|---|---|
| 1887 | 19 | 70 | 70 |
| 1888 | 20 | 80 | 80 |
| 1889 | 12 | 42 | 42 |
| 1890 | 30 | 98 | 98 |
| 1891 | 31 | 100 | 100 |
| 1892 | 27 | 92 | 92 |
| 합계 | 139 | 482 | 482 |

"많이 심으면 빽빽이 우거지기만 하고 열매는 적다. 그러니 비옥한 밭은 드물게 심는 것이 좋고 부박(浮薄)한 밭은 촘촘하게 심는 것이 좋다."고 하였다.[57] 조선후기 농민들도 『농사직설』에서 말하는 방법으로 농사를 지었다. 우하영은 『천일록(千一錄)』에 조선후기 실상을 다음과 같이 자세하게 묘사해 놓았다.

　무릇 파종은 시절에 따라 얕음과 깊음, 넓음과 좁음의 적절함이 있다. …… 이앙할 때 땅이 비옥하다면 즉 적게 쥐어서 넓게 꽂고 땅이 부박하다면 즉 많이 쥐어서 촘촘하게 꽂으며 밭에서 두둑을 지을 때 좋은 밭이면 즉 크게 발을 떼서 드물게 하고 부박한 밭이면 좁게 발을 떼서 촘촘하게 한다[씨를 붙이는 것 또한 그 좋음과 부박함에 따라 혹 드물고 혹 촘촘하게 하는 방법이 가능하다].[58]

---

법』, 신구문화사, 201~206쪽.

57) 『農事直設』 種大豆小豆綠豆, "下種多 則茂密少實 然肥田種欲稀 薄田種欲稠."

58) 『千一錄』 卷八 農家摠覽 種稻十五, "凡播種 自有隨時淺深闊狹之宜 …… 水田移秧之際 土沃則少把而濶挿 土薄則多把而稠挿 旱田作畝之時 良田則濶步而稀 薄田則窄步而稠[下種 亦宜隨其良與薄或稀或稠方可]."

[표 8] 등급별 답 1두락 면적과 결부 　　　(단위: 평, 부-속)

| 마을<br>전품 | 와우리 | | | 신왕리 | | |
|---|---|---|---|---|---|---|
| | 필지 | 면적 | 결부 | 필지 | 면적 | 결부 |
| 一易 | | | | 1 | 244.0 | 0-8 |
| 6 | | | | 2 | 432.5 | 2-9 |
| 5 | 8 | 193.0 | 2-4 | 19 | 303.6 | 3-5 |
| 4 | 40 | 185.3 | 3-0 | 68 | 268.5 | 4-5 |
| 3 | 56 | 179.0 | 4-0 | 2 | 373.6 | 7-9 |
| 합계 | 104 | 181.9 | 3-6 | 92 | 277.3 | 4-4 |

위에서 보듯이 씨앗을 뿌릴 때 비옥한 곳에는 드물게, 척박한 곳에는 촘촘하게 뿌려야 한다고 하였다. 박세당,[59] 서유구[60]도 우하영이 말한 것처럼 씨앗을 뿌려야한다고 했다. 오늘날 농민들도 위와 같은 방법으로 씨앗을 뿌린다.

조선후기 두락의 의미와 파종법을 종합하면 1두락의 면적은, 곧 씨앗 1말을 뿌리는 면적은 척박[촘촘하게 파종]한 곳보다 비옥[드물게 파종]한 곳에서 더 넓어야 한다. 그런데 광무양안에 기재된 와우리와 신왕리의 두락 관련 정보를 살펴보면 이상한 점이 발견된다. 와우리에서는 척박한 곳에서 1두락의 면적이 대체로 더 넓게 나타난다.([표 8] 참조) 참고로 전품 숫자가 클수록 더 낮은 등급이고, 더 척박한 땅이다. 한편 신왕리에서는 어떤 규칙성을 발견하기 어렵다. 1두락 면적이 3등 답에서 넓게 나타나기도 하고 일역(一易), 즉 숙전이 되지 않아 매년 경작하지 못하는 답에서 좁게 나타나기도 한다.

농지가 척박할수록 1두락의 면적이 더 넓은 현상은 20세기 초 경남 창원

---

59) 『穡經』上卷 水稻[논벼], "崔寔曰 三月可種稻 稻美田欲稀薄田欲稠."
60) 『杏蒲志』卷二 種植 種稻二十, "苟其壤沃而種早 則愈疎愈好."

에서도 확인된다. 토지조사사업 때 작성한 『토지조사부등본(土地調査簿謄本)』과 토지대장[61]에서 확인되는 1두락 면적은 논·밭의 경우 척박한[등급 숫자가 높은] 곳에서 대체로 더 넓고, 대의 경우 척박한 곳에서 대체로 더 좁다.([표 9] 참조) 이러한 현상은 대와 논밭의 등급 평가 기준이 상이했기 때문에 발생했던 것으로 보인다. 즉 대의 등급을 평가할 때 땅의 비옥도보다 입지 여건과 같이 생활에 직접 관계되는 요소를 더 중요하게 여겼을 수 있다. 전답 1두락의 면적이 척박한 곳에서 더 넓은 현상은 20세기 초 군산 지방[62]과 황해도[63]에서도 확인된다. 아산, 창원, 군산, 황해도 등지의 사례로 미루어 볼 때 20세기 초에는 척박한 곳[낮은 등급]의 1두락 면적이 비옥한 곳[높은 등급]에 비해 대체로 더 넓었다고 볼 수 있다.

조선후기에도 땅이 척박할수록 1두락의 면적이 더 넓었다. 조선후기 개별 농지의 두락은 합필(合筆), 분필(分筆) 혹은 진전(陳田)화 등이 진행되지 않은 곳, 즉 면적이 변하지 않을 경우 대체로 장기간 고정되었다. 그러한 사실은 사가(私家), 계(契), 궁방 등에서 작성한 추수기에서 확인된다. 예컨대, 전라도 장흥부(長興府) 상면(上面) 대평원(大坪員) 소재 왕자(往字) 10번 답은 1726~1906년까지 줄곧 7두락으로 파악되었다. 이 땅은 1726년 신초윤(申楚尹)에게 팔린 이후 여러 사람의 손을 거쳐 1796년 화성부(華城府)로 넘어 갔다.[64] 화성부는 이 땅을 1796년 4월 작성한 문서, 1843년 전후 작성한 자료, 1876년 무렵 작성한 문서 등에 3,804척(尺), 7두락으로 올리고[65] 1906년

61) 경상남도 창원시청 소장.
62) 『韓國土地農産調査報告 - 慶尙道 全羅道』, 229쪽.
63) 『韓國土地農産調査報告 - 黃海道』, 116쪽.
64) 『內需司庄土文績』 11책 (奎 19307), 219·229·245·220·248·246·247·244·241번 문기.
65) 『華城府屯畓量案』 (奎 18662) ; 『全羅道長興府所在陸畓量案』 (奎 18640) ; 『全羅道長興府所在丙午陸畓行審謄書』 (奎 18917).

[표 9] 20세기 초 경상남도 창원군 토지 1두락 면적 (단위: 평)

| 지목 | 마을 등급 | 삼계리 필지 | 삼계리 면적 | 신감리 필지 | 신감리 면적 | 용담리 필지 | 용담리 면적 | 합계 필지 | 합계 면적 |
|---|---|---|---|---|---|---|---|---|---|
| 답 | 19 | 24 | 347.6 | 1 | 525.0 | | | 25 | 354.7 |
| | 18 | 138 | 467.5 | 31 | 308.0 | 4 | 263.6 | 173 | 434.2 |
| | 17 | 58 | 384.0 | 27 | 370.3 | 10 | 292.6 | 95 | 370.5 |
| | 16 | 65 | 285.7 | 45 | 353.1 | 17 | 340.4 | 127 | 316.9 |
| | 15 | 50 | 241.0 | 27 | 396.2 | 30 | 243.3 | 107 | 280.8 |
| | 14 | 48 | 211.8 | 12 | 314.2 | 9 | 353.8 | 69 | 248.1 |
| | 13 | 80 | 218.8 | 28 | 313.1 | 48 | 306.2 | 156 | 262.6 |
| | 12 | 57 | 234.0 | 62 | 284.4 | 41 | 269.6 | 160 | 262.7 |
| | 11 | 37 | 218.6 | 47 | 316.5 | 49 | 207.9 | 133 | 249.3 |
| | 10 | 56 | 242.4 | 49 | 275.4 | 27 | 222.7 | 132 | 250.6 |
| | 9 | 37 | 216.1 | 115 | 244.7 | 32 | 222.7 | 184 | 235.1 |
| | 8 | 60 | 204.0 | 82 | 215.5 | | | 142 | 210.6 |
| | 7 | 29 | 217.2 | 17 | 221.4 | | | 46 | 218.7 |
| | 6 | 9 | 219.7 | 5 | 197.6 | | | 14 | 211.8 |
| | 소계 | 748 | 290.0 | 548 | 284.2 | 267 | 259.7 | 1563 | 282.8 |
| 전 | 11 | 1 | 144.0 | 15 | 357.2 | 3 | 260.2 | 19 | 330.7 |
| | 10 | 96 | 385.6 | 78 | 368.9 | 70 | 202.9 | 244 | 327.9 |
| | 9 | 121 | 245.8 | 232 | 342.2 | 150 | 244.7 | 503 | 289.9 |
| | 8 | 130 | 86.8 | 125 | 198.2 | 128 | 201.9 | 383 | 161.6 |
| | 7 | 102 | 66.4 | 1 | 127.0 | 28 | 124.1 | 131 | 79.2 |
| | 소계 | 450 | 188.8 | 451 | 306.9 | 379 | 213.7 | 1280 | 237.8 |
| 대 | 8 | 97 | 61.5 | 192 | 195.3 | 23 | 119.6 | 312 | 148.1 |
| | 7 | 27 | 106.4 | | | 30 | 159.8 | 57 | 134.5 |
| | 소계 | 124 | 71.2 | 192 | 195.3 | 53 | 142.4 | 369 | 146.0 |
| 합계 | | 1322 | 235.1 | 1191 | 278.5 | 699 | 225.9 | 3212 | 249.2 |

까지 7두락에 대한 지대를 수취하고 있다.[66] 이는 20세기 초의 모습이 오래전에 형성된 것임을 의미한다.

1두락의 면적이 척박한 곳에서 넓고 비옥한 곳에서 좁았다는 사실은 두락이 곡식 생산량과 밀접한 관련이 있었음을 의미한다. 조선후기 두락의 의미는 결부처럼 일정한 곡물을 생산할 수 있는 면적을 뜻하고 있었던 것이다. 조선후기의 두락이 곡물 생산량과 관련이 있었다는 사실은 황해도 (黃海道) 신천군(信川郡) 오궁동(五宮洞) 명례궁(明禮宮) 장토(庄土) 관련 자료에서도 확인된다. 명례궁은 1797년 전답을 매득한 다음 1798년 봄 전(田)에서 지대를 수취할 때 분반타작(分牛打作)하겠다고 작인들에게 통지했다. 이에 작인들은 다음과 같은 소지를 올렸다.

> 자료 1) 明禮宮 作人 白雲彬 等. 삼가 이 所志를 올리는 일은, 저희들이 耕作收稅하는 밭에 대해 지금 일체 釐正하니 新舊土를 막론하고 分牛打作한다는 節目을 내리셨습니다. 저희들이 어찌 감히 참견하여 호소할 일이겠습니까 만은 저희들이 경작하는 밭에 만약 하나같이 打作으로 정하면 兩麥·粟·稷·豆·太 이외에 채소와 오이를 심어 뜻과 같이 생활에 보탬이 되게 할 수 없기 때문입니다. 이에 감히 실상에 따라 아뢰라고 하셨기에 저희들이 경작하는 元宮의 田 500餘 斗落은 풍흉을 가리지 않고 每斗落에 正租 四斗式 元宮의 斗에 준하여 上納할 일로 規式을 정하여 특별히 내려주시기 바랍니다. 무오(1798) 5월[67]

---

66) 長興府 소재 華城府 屯畓과 관련된 자세한 내용은 이용훈, 2016, 「18~19세기 조선 토지가격의 변화와 그 의미」, 『韓國史論』 62, 참조.

67) 『黃海道庄土文績』 3책 (奎 19303) 73번 문기, "明禮宮作人 白雲彬 等. 右謹陳所志矣段 矣徒等所作收稅處田庫 今於一體釐正 毋論新舊土 分牛打作節目之下 矣等焉敢容喙呼訴之事而第 矣等所作田庫 若以一定打作 則兩麥粟稷豆太外 種菜種瓜 末由如意賴生依接乙仍于 玆敢據實仰訴爲白去乎 矣等所作元宮田五百餘斗落 每斗落毋論豊凶 以正租四斗式 準元宮斗 定式上納事

자료 2) 四垌畓 作人 等狀. 삼가 이 所志를 올리는 일은, 듣건대 新垌의 田에 定稅했는데 結役은 宮房에서 擔當하고, 結稅는 壹負陸束·稻種 1斗 落에 正租 4斗로 定稅했다고 하니, 本垺의 田도 新垌 田의 예에 따라 가을 기다려 打量하여 定稅하도록 특별히 내려 가르쳐주시기 바랍니다. 무오(1798) 5월[68]

여러 정황으로 볼 때 자료 1)이 자료 2)보다 먼저 작성된 듯하다. 신동(新垌) 작인들은 전에서 다양한 곡물과 채소류가 생산되기 때문에 타작 방식으로 지대를 상납하기 어렵다고 하면서 전 1두락에 조(租) 4두씩 상납하게끔 해 달라고 요청했다.(자료 1) 신동 작인들의 청원이 명례궁에 의해 받아들여졌다는 소문이 퍼지자 여타 동(垌) 작인들도 1부 6속·도종(稻種) 1두락에 정조(正租) 4두씩 상납할 수 있도록 해 줄 것을 요청했다.(자료 2)[69] 전 1두락과 1부 6속의 도조량이 동일한 데서 알 수 있듯이 작인들은 두락을 결부와 동일한 개념, 즉 생산량과 관련된 면적단위로 사용하고 있었다.

1799년 명례궁은 작인들의 호소를 받아들여 지대를 수취하기 위해 결부를 두락으로 환산하고, 매 두락에 조 4두를 수취했다. 매득한 시점의 면적이 그대로 유지된 필지는 1부 6속 = 1두락([표 10]의 두락 1)으로 환산했다. 그에 비해 복사(覆沙), 대(垈)로 전환, 굴포(掘浦) 등으로 인해 면적이 줄

---

特爲行下爲白乎矣 如是自願定式後 或有不精不實之事 矣等這這嚴治後 捉送本宮 以爲刑之也爲白只爲 行下向教是事 戊午 五月 日 所志."

68) 『黃海道庄土文績』 3책(奎 19303) 75번 문기, "四垌畓 作人等狀. 右謹陳所志 矣段 聞新垌田庫 定稅是乎矣 結役段 自宮房擔當是遣 結卜壹負陸束 稻種 壹斗落庫良中 以正租肆斗定稅是如爲臥乎所 本垺田庫段置 依新垌田庫例 待秋打量定稅事 行下爲只爲 行下向教是事 戊午 五月 日."

69) 규장각한국학연구원에는 四垌畓 作人이 올린 等狀(자료 2 )과 동일한 내용을 담고 있는 남동·북동 작인 등장이 남아있다. 『黃海道庄土文績』 3책(奎 19303) 74·76번 문기.

[표 10] 신천군 오궁동 명례궁 장토의 결부와 두락 관계

| 垌 | 번호 | 作人 | 負-束 (A) | 斗落1 (B) | A/B | 斗落2 (C) | A/C | 減頉 (D) | 實 斗落 (C-D) | 비고 |
|---|---|---|---|---|---|---|---|---|---|---|
| 馬鳴 上垌 | 1 | 李萬貴 | 7-2 | 4.50 | 1.6 | 18.00 | 0.4 | 3두 埋沙減 | 實 15.00두 | 288필지 |
| | 2 | 李萬貴 | 1-1 | 0.69 | 1.6 | | | | | |
| | 3 | 宋儀漢 | 6-7 | 4.19 | 1.6 | 16.76 | 0.4 | 4두 覆沙減 | 實 12.76두 | |
| | 4 | 洪桂卜 | 4-2 | 2.63 | 1.6 | | | | | |
| | 5 | 柳春才 | 6-4 | 4.00 | 1.6 | 16.00 | 0.4 | 5두 家垈減 | 實 11.00두 | |
| | 6 | 宋儀漢 | 4-0 | | | | | 掘浦 | | |
| 五宮 南垌 | 7 | 金成位 | | 0.18 | | | | | | 283필지 |
| | 8 | 金成位 | | 0.12 | | | | | | |
| | 9 | 金破回 | | 1.92 | | 7.68 | | 3두 家垈減 | 實 4.68두 | |
| 四垌 | 10 | 張准己 | | 2.62 | | | | | | 146필지 |
| | 11 | 張准己 | | 1.25 | | | | | | |
| | 12 | 宋益淡 | | 1.62 | | 6.48 | | 1.4두 垈頉 | 實 5.08두 | |
| 北垌 | 13 | 柳長彦 | | 0.62 | | | | | | 35필지 |
| | 14 | 李京化 | | 1.94 | | | | | | |
| | 15 | 宋光星 | | 3.36 | | 13.44 | | 8두 家垈減 | 實 5.44두 | |
| 長川 垌 | 16 | 全三奉 | 0-7 | 0.44 | 1.6 | | | | | 21필지 |
| | 17 | 全三奉 | 0-2 | 0.13 | 1.5 | | | | | |
| | 18 | 朴模京 | 0-4 | | | | | 陳 | | |
| 斗垌 | 19 | 奴甘郞 | 2-0 | 1.25 | 1.6 | | | | | 14필지 |
| | 20 | 李卜已 | 1-9 | 1.19 | 1.6 | | | | | |
| | 21 | 鄭厚昌 | 2-9 | 1.81 | 1.6 | | | | | |
| 馬鳴 下垌 | 22 | 李之弘 | | 4.00 | | | | | | 159필지 |
| | 23 | 李之弘 | | 1.00 | | | | | | |
| | 24 | 韓中伊 | | 5.00 | | 20.00 | | 6두 垈減 | 實 14.00두 | |

어든 곳 등은 4속 = 1두락([표 10]의 두락 2)으로 환산했다. 4속 = 1두락으로 환산한 곳의 지대도 1두락 당 조 1두였다.[70) 명례궁에서 지대를 수취하

---

70) 자료는 『[平安道]庄土文績』 21책(奎19305), 「五宮垌田稅案」이다. 이 전세안의 내재는 "信川五宮垌田畓賭地收稅成冊, 每斗落只 正租四斗式"이다. 이 전세

기 위해 1부 6속 혹은 4속 = 1두락으로 환산한 사실에서 보듯이 두락의 기준단위(생산되는 곡물량)는 결부와 달리 다양하게 책정되었다. 즉 조선후기 1결의 면적은 대체로 벼 800두를 생산하는 크기였으나 1두락의 면적은 상황 혹은 지역사정에 따라 결정되었던 것이다. 예컨대, 1두락 면적은 어떤 곳에는 벼 20두를 생산하는 크기이고, 다른 어떤 곳에서는 벼 30두를 생산하는 크기였다.

18세기 후반 신천(信川) 명례궁 장토 인근에 거주하던 농민들 사이에서 통용되던 1두락 면적은 장토 작인들이 궁방에 지대를 납부하기 위해 책정한 면적(1두락 = 1부 6속 혹은 4속)과 상이했다. 현지 농민들 사이에 통용되고 있던 두락과 결부의 관계는 1두락 = 3부 8속, 2부 5속, 1부 6속 등 다양했다.71) 한편 18세기 전반 칠곡 지역 농민들은 대략 벼 25두 정도 생산되는 면적을 1두락이라고 여겼다. 1701~1754년 사이(5개년 자료 누락) 칠곡 감사댁 논 1두락에서 25두 이상 생산된 해가 30년, 그 미만으로 생산된 해가 19년이고, 평균 26.8두 생산되었다. 한편 논 1결에서 800두 이상 생산된 해가 30년, 그 미만으로 생산된 해가 19년이고, 평균 874두 생산되었다.72)

두락이 씨앗을 파종하는 면적단위라고 생각하면서 실제 생활에서는 일정량의 곡물을 생산하는 면적단위로 사용하는 데 어색함을 느끼지 않던 조선후기 사람들의 모습을 [표 10]에서 확인할 수 있다. 오궁남동(五宮南垌), 사동(四垌), 북동(北垌), 마명하동(馬鳴下垌) 등에 소재한 전(田)에는 오직 두락만 기재되어 있다. 이 두락도 1부 6속 혹은 4속 = 1두락으로 환산한 수치이다. 예컨대, 오궁남동 9번 필지를 보면 면적이 1두(斗) 9승(升) 2홉(合)과

---

안은 황해도 신천군 소재 장토와 관련된 자료인데, 누군가의 실수로 평안도 장토문서로 분류되어 있다.
71) 순서에 따라 『黃海道庄土文績』 3책 (奎19303) 146·178·176번 문기.
72) 김건태, 1999, 「갑술·경자양전의 성격」, 『역사와 현실』 31.

7두 6승 8홉으로 기록되어 있다. 앞에 것은 1부 6속 = 1두락, 뒤의 수치는 4속 = 1두락(7.68/4 = 1.98)으로 환산한 것이다. 네 지역의 두락 정보는 오직 납부해야할 세금량(생산량)만 의미할 뿐이다. 결부와 관련된 정보 없이 오직 두락만으로도 세금량, 곧 생산량을 표시하였던 것이다.

## (4) 등급

전답등급도 면적 못지않게 결부에 영향을 미치는 요소다. 1만 평방척(尺) 토지가 1등급이면 1결, 2등급이면 85부, 3등급이면 70부, 4등급이면 55부, 5등급이면 40부, 6등급이면 25부이다. 이같이 등급 간 결부 격차(전세 차이)가 컸기 때문에 조선시대 인민들은 등급 변화에 예민하게 반응했다. 그래서 정부는 1634년 갑술양전 때 그 이전 시기의 전답등급을 계승하도록 하였다. 그리고 1720년 경자양전 때도 개간되어 새로 등급을 부여해야 하는 전답, 부득이한 사유로 전품을 다시 책정하여야 하는 곳 등을 제외한 모든 토지의 전품은 그 이전, 즉 갑술양전 때 결정된 전품을 계승하는 것을 원칙으로 삼았다.[73]

경자양전 당시 경상도 양전을 담당했던 관리들은 그러한 정책을 충실히 수행했다. 그 결과 갑술양전 때 부여된 경상도 칠곡 감사댁 전답의 전품은 경자양전 때 거의 그대로 계승되었다. 이는 경자양전이 16·17세기 약 200년 동안 변화한 농촌실상을 제대로 반영하지 못했음을 의미한다. 그러한 사실은 경상도 칠곡 감사댁 사례에서 잘 드러난다. 1701년~1753년 감사댁 자료에서 3·4등급 답의 생산량이 모두 확인되는 연도는 47개년이다. 그 가운데 답 1결의 벼 생산량을 기준으로 보면 3등급 답이 우위에 있는 경

73) 김건태, 위의 글.

우는 7개(1713·1714·1727·1729·1731·1737·1743)년에 지나지 않은 반면 4
등급 답이 우위에 있는 경우는 40개년이나 된다. 1결을 기준으로 볼 때 이
기간 동안 4등급 답은 3등급 답보다 14% 정도 더 많은 벼를 생산했다.[74]
전품을 계승하던 전통은 19세기 읍양전에서도 이어졌다. 전라도 영광에서
는 1868년에 읍양전이 있었는데, 그 때 1720년에 책정된 등급을 크게 수정
하지 않았다. 영광군 서부면의 경우 등급 수정이 가해진 곳은 4,565필지 가
운데 271필지였다.[75]

　19세기 읍양전의 실상을 미루어 볼 때 광무양전에서도 전답등급이 조정
된 곳은 일부에 지나지 않았을 것으로 보인다. 다시 말해 광무양전 때 책
정된 전품은 농촌현실과 적지 않은 괴리가 있었다. 그러한 사실은 두 마을
광무양안과 토지대장 등급을 비교해보면 드러난다. 광무양전 때 전품은 이
전과 같이 숙전(熟田) 6등급과 등외지(續, 一易 등) 하나, 도합 7등급이었다.
한편 토지조사사업 때는 100평 당 수확량을 기준으로 답 26등급(특4급~22
급)과 전 18등급(특4급~14급)을, 임대가격을 기준으로 대 129등급(등외4급~
125급)을 설정했다.[76]

　두 마을 전품은 대가 가장 높고, 전이 가장 낮다. 와우리 평균 전품은 대
2.4등급, 답 3.6등급, 전 4.5등급이고, 신왕리 평균 전품은 대 3.2등급, 답 4.3
등급, 전 5.6등급이다. 광무양전 때 책정된 와우리와 신왕리 전품과 토지조
사사업 때 결정된 두 마을 전답등급의 상관관계는 그다지 높지 않다.([표
11] 참조) 와우리 양안의 답은 3등급(전체의 51.7%)과 4등급(39.2%)이 대부
분이지만 토지대장의 답은 16등급(71.7%)이 단연 많다. 이러한 현상을 야

---

74) 김건태, 위의 글.
75) 鄭勝振, 2003, 『韓國近世地域經濟史』, 景仁文化社.
76) 조석곤, 2003, 『한국 근대 토지제도의 형성』, 해남.

[표 11] 양안 전품과 토지대장 등급 사이의 관계 　　　(단위: 필지)

| 지목 | 전품등급 | 와우리 | | | | | | 신왕리 | | | | | | |
|---|---|---|---|---|---|---|---|---|---|---|---|---|---|---|
| | | 2 | 3 | 4 | 5 | 6 | 합계 | 3 | 4 | 5 | 6 | 壹易 | 불명 | 합계 |
| 답 | 13 | | | | | | | | 2 | | | | | 2 |
| | 14 | | | | | | | | 7 | | | | | 7 |
| | 15 | | 3 | 4 | | | 7 | | 18 | | | | 1 | 19 |
| | 16 | | 53 | 25 | 8 | | 86 | 1 | 23 | 2 | | | | 26 |
| | 17 | | 5 | 13 | | | 18 | 1 | 20 | 19 | 4 | | | 44 |
| | 18 | | 1 | 5 | 3 | | 9 | 1 | 15 | 1 | 2 | | 1 | 20 |
| | 19 | | | | | | | | | 1 | | 1 | | 2 |
| | 합계 | | 62 | 47 | 11 | | 120 | 3 | 85 | 23 | 6 | 1 | 2 | 120 |
| 전 | 7 | | 2 | 1 | | | 3 | 1 | 19 | 17 | 9 | | | 46 |
| | 8 | | 1 | 2 | | | 3 | 1 | 2 | 30 | 31 | | 5 | 69 |
| | 9 | | | 6 | 2 | | 8 | | 2 | 1 | 20 | | 12 | 35 |
| | 10 | | | 2 | 11 | 1 | 14 | | | | 2 | | 2 | 4 |
| | 11 | | | 2 | 5 | | 7 | | | | 2 | | | 2 |
| | 합계 | | 3 | 13 | 18 | 1 | 35 | 2 | 23 | 48 | 64 | | 19 | 156 |
| 대 | 6 | | 5 | | | | 5 | | | | | | | |
| | 7 | 14 | | 1 | | | 15 | 43 | 9 | 1 | | | | 53 |
| | 8 | 1 | | | | | 1 | 3 | | | | | | 3 |
| | 9 | 2 | | | | | 2 | | | | | | | |
| | 합계 | 17 | 5 | 1 | | | 23 | 46 | 9 | 1 | | | | 56 |

비고: 와우리 전→ 답 2필지, 신왕리 답→ 전(6필지), 전→ 답(11필지)으로 된 17필지 제외함.

기한 주된 이유는 양안의 4등급 상당 부분이 토지대장에서 16등급으로 된 데 있다. 한편 신왕리 양안의 답은 4등급(전체의 70.1%)이 압도적 비중을 점하는 데 비해 토지대장의 답은 15등급(15.8%), 16등급(21.7%), 17등급 (36.7%), 18등급(16.7%)이 많다. 양안의 4등급이 토지대장에서 여러 등급으로 분할되었기 때문에 이러한 현상이 빚어졌다.

와우리 양안의 전은 5등급(전체의 51.4%), 4등급(37.1%)이 많고, 토지대
장의 전은 10등급(전체의 40.0%), 9등급(22.9%), 11등급(20.0%)이 많다. 그
에 비해 신왕리 양안의 전은 6등급(전체의 41.0%), 5등급(30.8%), 4등급
(14.7%)이 많고, 토지대장의 전은 8등급(44.2%), 7등급(29.5%), 9등급(22.4%)
이 대부분이다. 이렇듯 광무양전 때는 신왕리의 전품이 와우리에 비해 높
았는데, 토지조사사업 때는 그 반대로 되었다.


## (5) 시주와 시작

양안 시주와 토지대장 지주는 와우리 64명과 64명, 신왕리 74명과 66명
이다. 두 장부의 이름을 비교해 보았을 때 지주명과 비슷한 분위기를 느낄
수 있는 시주명이 많다.([표 12] 참조) 노비명에서 유래한 호명(戶名)을 시
주명으로 사용한 사례는 얼마 되지 않아 보인다. 그럼에도 불구하고 두 장
부에서 동시에 확인되는, 즉 두 장부의 한글 이름이 같은 사람은 와우리
8명(표에서 진한 글씨), 신왕리 6명에 지나지 않는다. 필지단위로 살펴보아
도 상황은 그다지 호전되지 않는다. 시주명과 지주명이 일치하는 필지는
와우리 13곳, 신왕리 7곳에 불과하다.([표 13] 참조)

그런데 양안과 토지대장의 성명 사이에 어떠한 관련성이 있어 보이는
경우도 있다. 와우리 양안의 고경열(高敬烈)과 토지대장의 고제익(高濟翊)
사례와 같이 성이 같고 이름이 다른 경우[姓同名不同]다. 그러한 사례는 와
우리에서 46.7%, 신왕리에서 40.1%를 점한다.

성동명부동(姓同名不同) 사례 가운데는 이름을 개명했거나 토지를 상속
받은 사례가 있었을 것으로 보인다. 예컨대, 와우리 양안에서 고경열이 시
주로 등장하는 곳은 16필지이고, 그 모든 곳에 시작이 존재한다. 그는 부재

[표 12] 시주와 지주 성명 비교

| 자료<br>마을 | 양안 | 토지대장 |
|---|---|---|
| 와<br>우<br>리 | 金癸浩, 金公植, 金尙準, 金尙七, 金尙兄,<br>金石國, 金成文, 金成七, 金淳文, 金順三,<br>金云西, 金有卜, 金應凡, 金在仁, 金正必,<br>金正浩, 金宗浩, 金知萬, 金之億, 金知五,<br>金知浩 | 金東九, 金明煥, 金相準, 金商進, 金相協,<br>金相亨, 金是俊, 金永奎, 金瑛式, 金在鶴,<br>金知錫, 金知善, 金知皓, 金宅式, 金學鉉,<br>金顯國, 金顯泰, 金華喜, 金興成, 金義煥 |
| | 元升宜, 元昌宜, 元昌熙 | 元明義, 元勝義, 元周哲, 元昌義 |
| | 李交元, 李凡九, 李思彙, 李順男, 李升必,<br>李升玄, 李完用, 李宗石, 李淸州 | 李教源, 李教憲, 李起德, 李東九, 李明九,<br>李範九, 李相薰, 李聖弼, 李性化, 李完用,<br>李源昇, 李裕貞, 李昌奎 |
| 신<br>왕<br>리 | 姜季同, 姜九熙, 姜達汝, 姜成根, 姜良化,<br>姜益東, 姜子化, 姜周元, 姜致永 | 姜啓東, 姜基遠, 姜文遠, 姜熙敬 |
| | 李建儀, 李景春, 李麒柱, 李大經, 李東根,<br>李民化, 李百經, 李聖敎, 李聖國, 李聖必,<br>李元用, 李元夏, 李允聰, 李子用, 李占秀,<br>李鍾植, 李周儀, 李致秀, 李興權 | 李健儀, 李圭復, 李奎正, 李圭泰, 李圭鉉,<br>李圭昊, 李奎昊, 李起錢, 李悳寧, 李炳贊,<br>李榮植, 李容默, 李麟柱, 李丁珪, 李宗默,<br>李漢應 |
| | 張成汝, 張致良, 張致模, 張華鎔 | 張圭燮, 張東曄, 張奭鎔, 張閏鎔, 張俊鎔,<br>張華鎔 |
| | 鄭明實, 鄭奉敎, 鄭士元, 鄭聖文, 鄭殷敎,<br>鄭子善, 鄭漢敎, 鄭浩敎 | 鄭晩敎, 鄭郁敎, 鄭殷敎, 鄭俊敎, 鄭泰英 |
| | 車德元, 車星圭, 車順甫, 車順瑞 | 車星奎, 車容德, 車鎭豊 |
| | 蔡相喜, 蔡先一 | 蔡相熙 |

비고: 동일 성명이 나오는 성(姓)만 비교했음.

[표 13] 양안 시주와 토지대장 지주의 관계 (단위: 필지)

| 관련성<br>마을 | 성명동 | | 성동명부동 | | 성명부동 | | 합계 | (%) |
|---|---|---|---|---|---|---|---|---|
| 와우리 | 13 | (7.2) | 84 | (46.7) | 83 | (46.1) | 180 | (100) |
| 신왕리 | 7 | (2.0) | 140 | (40.1) | 202 | (57.9) | 349 | (100) |

지주였던 것으로 보인다. 만약 재촌지주였다면 작인이 등장하지 않은 자경지도 있었을 것이다. 16필지 가운데 14필지는 토지대장의 고제익 땅 15필

지와 연결되고, 나머지 2필지는 토지대장의 송영순(宋榮淳) 땅과 연결된다. 한편 서울에 거주하던 고제익은 16필지를 소유하고 있었는데, 그 가운데 14필지는 고경열 땅과, 2필지는 송영순 땅과 연결된다. 이러한 사실로 미루어 볼 때 고경열과 고제익은 밀접한 관련이 있는 사람이라고 판단된다. 이같은 사례는 신왕리에서도 확인된다. 양안에서 최영희(崔永喜)가 시주로 등장하는 곳은 9필지이고, 그 모든 곳에 시작이 존재한다. 그 또한 부재지주였던 것으로 보인다. 양안의 9필지는 토지대장의 최영귀(崔英龜) 땅 9필지와 연결된다. 최영귀는 경성부에 거주하고 있었으며, 오직 양안의 최영희 땅과 연결되는 토지만 소유했다. 그런데 개명과 상속만으로 성동명부동 현상을 설명하기에는 사례가 너무 많다.

광무양전 당시에는 부세대장[호명], 호적[실명] 등에는 사용하지 않고 오직 양안에만 사용하는 이름을 가지는 풍습이 있었을 가능성이 있다. 이러한 추론은 1861년 경상도 언양현(彦陽縣) 호적과 1871년 언양현 양안을 살펴보면 설득력이 높아진다. 언양현 중남면 쌍수동정(雙水亭洞)·화산동(華山洞)·가천동(加川洞) 양안은 중초본인데, 그곳에 등재된 기주명은 노비명에서 유래된 호명임을 한눈에 알 수 있다. 실제로 세 마을 양안의 기주 가운데 상당수는 1861년 언양현 중남면(中南面) 호적에서 주호의 솔하에 기재된 노비[戶名]77)로 등장한다. 한편 언양현 남삼동(南三洞, 三同面의 異名임) 양안은 정서본인데, 그곳에 등재된 기주명은 노비명과 비교했을 때 그 분위기가 확연히 다르다. 그런데 이 양안의 기주는 1861년 언양현 삼동면(三同面) 호적에서 거의 찾아지지 않는다.78) 즉 남산동 양안의 기주명은 호명도

---

77) 1861년 언양현 호적에 등재된 노비는 대부분 나이가 없다. 이는 호적에 기재된 노비명은 실존하는 인물의 이름이 아니고 戶名임을 의미한다. 이에 대한 자세한 내용은 김건태, 2009, 「戶名을 통해 본 19세기 職役과 率下奴婢」, 『韓國史硏究』 144, 참조.
78) 宮嶋博史, 1996, 「量案における主の性格」, 『論集朝鮮近現代史 : 姜在彦先

아니고 호적에 등재된 실명도 아닌 셈이다.

두 마을에는 시주명과 지주명이 다른 사례[姓名不同]도 많았다. 이러한 현상이 빚어진 원인 가운데 하나로 부재지주지가 많았던 사실을 들 수 있다. 토지조사사업 당시 부재지주지 비율은 와우리 80.2%,[79) 신왕리 73.3% 였다.[80) 이러한 사실은 작인이나 마름이 양안의 시주로 등재된 경우가 적지 않았음을 의미한다. 예컨대, 와우리 양안에는 민씨 3명이 4필지의 시주로,[81) 장씨 5명이 10필지의 시주로 등장하는데,[82) 토지대장에는 민씨 혹은 장씨 성을 가진 지주가 없다. 10여년 사이에 8명이 모든 토지를 방매했다고 보기 어렵다. 8명은 양전 당시 작인이었거나 마름이었을 가능성이 높다.

성명부동 사례 가운데는 시주[양안]와 지주[토지대장]의 관계가 매도자와 매입자 사이였던 사례도 있었다. 예컨대, 신왕리 양안에는 이흥권(李興權, 21필지)이 시주로 등장하는데, 21필지에 하나같이 시작이 존재하고, 20필지에는 '종토(宗土)'[83)라는 표지가 있다. 이흥권은 이씨가 일원(종손, 문장, 유사 등)의 실명이나 호명이었을 것이다. 그리고 박민구(朴民九, 18필지)와 박승구(朴承龜, 2필지)도 시주로 등장하는데, 20필지에 시작이 존재하는 것으로 보아 이 2명은 부재지주였던 것으로 보인다. 그리고 이들 3명이 시주로 등재된 41필지 가운데 38필지는 서울에 거주하는 임광수(林光洙)의 소유지와 연결되고, 토지대장에 등재된 임광수의 땅 20필지는 오직 앞의

---

生古稀記念論文集』, 明石書店.

79) 재촌지주지 34필지, 부재지주지 138필지(타도인 65필지, 타군인 15필지, 타면인 34필지, 타리인 24필지).

80) 재촌지주지 58필지, 부재지주지 159필지(타도인 87필지, 타군인 44필지, 타면인 16필지, 타리인 12필지).

81) 민우현 2필지, 민의현 1필지, 민재남 1필지.

82) 장덕순 3필지, 장봉서 2필지, 장세현 1필지, 장필손 1필지, 장희 3필지.

83) 중초본에 있던 이 기록은 정서본에서는 사라진다.

세 사람 땅과만 연결된다. 시주와 지주의 관계는 매도자와 매입자 사이였다고 할 수 있다. 왜냐하면 한 마을에 3명의 마름을 두는 지주는 없었을 것이기 때문이다.

계답(契畓), 제위전(祭位田) 등과 같은 공동소유지도 성명부동 사례의 비율을 높이는 데 한 원인이 되었을 것이다. 와우리와 신왕리 토지대장에 등장하는 공동소유지의 지주명과 그 땅과 연결되는 양안의 시주명은 모두 상이하다. 토지대장에서 확인되는 공동소유지는 와우리 3필지, 신왕리 2필지이다. 두 마을의 사례를 통해 양지아문에서 양전을 앞두고 전답 시주는 편의에 따라 조사하라고 지시한 저간의 사정을 짐작할 수 있다.

시작과 관련된 정보도 당시의 실상을 제대로 보여주지 못한다. 신왕리 양안에는 자신의 소유지[시주로 등재된 필지] 일부를 타인에게 빌려주고, 자신은 타인의 토지를 차경[타인의 토지에 시작으로 등재]하는 사람이 등장한다. 12필지 시주로 등장하는 김홍제는 9필지를 타인에게 빌려주고[시작이 존재] 타인의 농지 4필지를 차경[시작으로 등재]하는 것으로 되어있다. 실제 상황으로 보기 어렵다. 신왕리 양안에 등장하는 강자화, 유병찬, 장치모, 장화용 등도 소유지 일부를 타인에게 대여하고, 자신은 타인의 토지를 차경하는 것으로 나타난다.[84] 이같이 광무양전은 실제 땅 임자를 시주로, 실제 경작자를 시작으로 등재하려고 했으나 뜻대로 되지 않은 곳이 적지 않았다.

---

84) 강자화(자작지 4필지, 대여지 1필지, 차경지 1필지), 김홍제(자작지 3, 대여지 9, 차경지 4), 유병찬(자작지 13, 대여지 11, 차경지 1), 장치모(자작지 2, 대여지 2, 차경지 5) 장화용(자작지 2, 대여지 1, 차경지 6).

## 2. 인민의 관심[*]


### 1) 대상 지역


　토지조사사업 때 경기도 안성군(安城郡) 일죽면(一竹面) 금산리(金山里)로 편제된 지역에 대해 살펴보기로 한다. 금산리는 광무양전 당시의 죽산군(竹山郡) 남일면(南一面) 산전리(山田里), 금옥동(金玉洞), 율동(栗洞) 등이 합쳐져서 생긴 마을이다. 금산리를 선택한 까닭은 이 마을 광무양전과 관련된 귀중한 자료가 현존하기 때문이다. 광무 5년(1901) 7월 양지아문에서 작성한 죽산군 남일면 양안,[85] 그 양안의 일부를 옮겨 적은 『죽산천남일면이면신양안책(竹山川南一面二面新量案冊)』,[86] 1912년에 작성한 금산리 토지조사부(土地調査簿,[87] 이하 조사부로 약함), 1912년 상황을 담은 지적도[88]가 현존한다. 금산리는 주변 대부분이 산으로 둘러싸인 분지형 마을이다. 남서쪽에 마이산(馬耳山)이 자리 잡고, 거기서 뻗어 나온 산줄기가 남동쪽과 북서쪽으로 달리면서 점점 낮아져 동북쪽에 이르러 평지와 만난다. ([그림 13] 참조) 금산리 지형이 서남고(西南高) 동북저형(東北低型)인 관계로 산

---

* 김건태, 2013,「광무양전의 토지파악 방식과 그 의미」,『大東文化硏究』84에 실린 글을 수정·보완하였다.

85)『竹山郡量案』23, (奎 17656).

86)『竹山川南一面二面新量案冊』경기대도서관 소장 (K103831). 동 자료에 대한 자세한 해설은 다음 책 참조. 서울대학교 규장각한국학연구원, 2013,『조선후기~대한제국기 양안 해설3 - 일반양안·기타양안』, 민속원.

87) 국가기록원 소장. 사정 당시 내용을 담고 있는 금산리 토지대장은 6.25 때 소실되었다.

88) 국가기록원 소장.

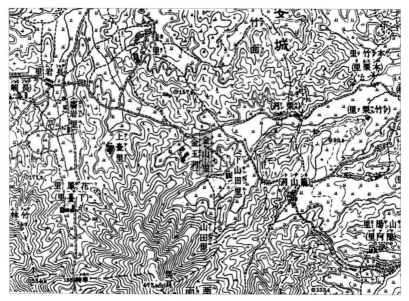

[그림 13] 20세기 초 금산리 전경
자료: 『近世韓國五萬分之一地形圖』, 1914~18年 朝鮮臨時土地調査局測量.

에서 발원한 작은 개천들은 동북쪽으로 모여들어 마을을 빠져나간다. 주변
에 산이 많은 지형적 특성은 농지구성에도 영향을 미쳐 조사부에 등재된
금산리 전답 면적 비율은 58.7 대 41.3으로 밭이 더 많다. 금산리는 4개 자
연마을로 이루어졌는데, 동북쪽 마을이 상율리(上栗里), 남쪽 골짜기 초입
에 자리 잡은 마을이 하산전리(下山田里), 하산전리 위의 마을이 상산전리
(上山田里), 서북쪽 마을이 금옥동(金玉洞)이다.

  금산리 일대는 남일면 양안에서 비교적 쉽게 찾아진다. 남일면 양안에서
산전(山田), 금옥동(金玉洞) 등의 지명이 확인된다. 그런데 조사부에 등재된
금산리 토지 필지수와 양안에 기재된 산전부터 금옥동 사이의 토지 필지수
가 크게 다르다. 전자는 560필지나 되었으나 후자는 320필지에 지나지 않

[표 14] 금산리 양안과 조사부의 지목 현황 (단위: 평)

| 자료<br>지목 | 양안 | | | | 조사부 | | | |
|---|---|---|---|---|---|---|---|---|
| | 필지 | (%) | 면적 | (%) | 필지 | (%) | 면적 | (%) |
| 답 | 198 | (44.2) | 179,844 | (66.2) | 206 | (39.3) | 264,293 | (58.7) |
| 전 | 170 | (37.9) | 86,072 | (31.7) | 286 | (54.6) | 164,213 | (36.5) |
| 대 | 80 | (17.9) | 5,582 | (2.1) | 32 | (6.1) | 21,459 | (4.8) |
| 소계 | 448 | (100) | 271,498 | (100) | 524 | (100) | 449,965 | (100) |
| 잡종지 | | | | | 2 | | 166 | |
| 분묘지 | | | | | 1 | | 95 | |
| 임야 | | | | | 31 | | 70,219 | |
| 지소 | | | | | 2 | | 1,662 | |
| 합계 | | | | | 560 | | 522,107 | |

았다. 이는 산전부터 금옥동 사이의 토지가 금산리 전답의 일부에 불과할 가능성이 높음을 의미한다. 이러한 사실을 염두에 두면서 JigsawMap을 활용하여 양안과 조사부의 개별 필지를 연결하는 작업을 진행하였다. 그 결과 금산리에 해당하는 토지는 양안의 구야평(九野坪)[89] 마(磨) 7번 필지부터 금옥동(金玉洞) 측(側) 70번 필지까지 모두 448필지였다. 분석에 들어가기 전에 양안(이하 금산리 양안이라 칭함)과 조사부를 동질의 자료로 만들었다. 즉 광무양전 당시 파악대상에서 제외된 임야(林野), 잡종지(雜種地), 분묘지(墳墓地), 지소(池沼) 등을 조사부에서 제거할 필요가 있는데, 금산리 조사부에는 그러한 지목이 36필지였다.([표 14] 참조) 따라서 양안의 448필지와 조사부의 524필지가 우리의 분석대상이 된다.

---

89) 양전은 山坒→ 九野坪→ 山田→ 蛇長洞→ 金玉洞 순으로 진행되었다.

## 2) 방위 인식

죽산군 양안은 양전 시작 지점인 천(天) 1번 필지를 제외한 모든 필지에 동범(東犯, 이전 필지에서 동쪽으로 옮겨옴), 서범(西犯, 서쪽으로 옮겨옴) 남범(南犯, 남쪽으로 옮겨옴) 북범(北犯, 북쪽으로 옮겨옴) 가운데 하나를 취해 양전 방향을 기록해두었다. 광무양전 당시 죽산군 양전 시작 지점은 관아자리였다. 죽산군 양안에서 관아 터가 천(天) 1번지가 되고, 천(天) 2번 필지는 관아 터 남쪽에 위치했다. 양안에는 천 1번 필지에서 남쪽으로 가서 천 2번 필지를 양전한 사실을 '남범(南犯)'이라고 기록해 두었다. 이같이 양전 방향은 양전 실무자들의 이동경로를 보여준다. 금산리를 양전할 때 양전 실무자들은 북쪽으로 가장 많이 이동했고, 동쪽으로 가장 적게 이동했다고 기록해 두었다.[90] 양전 실무자들은 양전 방향을 파악할 때 나침반, 규표 등과 같이 절대적 방위를 정확히 측정할 수 있는 기구를 활용하지 않고, 자신들의 목측(目測)에 의존했다. 양전 실무자들은 목측에 의존하더라도 넓은 평지에서는 태양과 각종 지형지물 등을 활용하여 방위를 얼추 판단할 수 있다. 그런데 외지인이 태양이 보이지 않고, 상징적인 지형지물도 없는 산골짜기로 들어가면 상황은 달라진다. 산골짜기에서 양전 실무자들이 기구의 도움 없이 자신의 직관에 의존해서 정확하게 방위를 측정한다는 것은 매우 어려운 일이다.

금산리 사례를 통해 좀 더 구체적으로 살펴보도록 하자. 금산리 양안에 등재된 인(仁) 72~95번 필지는 깊은 골짜기에 위치했다.([그림 14] 참조) 골짜기 초입부에 대한 방위 판단은 실제와 크게 어긋나지 않았다. 그곳까지

---

90) 北犯- 127필지(28.3%), 南犯- 123필지(27.5%), 西犯- 114필지(25.4%), 東犯- 84필지(18.8%).

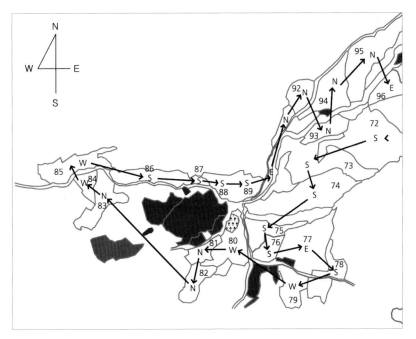

[그림 14] 금산리 양전 실무자의 방위인식
비고: 검은색 부분-양안 미등재지, ↑ 무늬 부분-임야.

는 평지에서 익힌 방위 감각에 의존할 수 있었던 것으로 보인다. 골짜기 중간으로 접어들면서부터(仁 81번) 방위 판단에 혼선이 빚어졌다. 서쪽을 북쪽으로, 남쪽을 북쪽으로 인식하는 사태가 빚어졌다. 골짜기를 돌아 나올 때는 그 이전까지의 방위 판단이 영향을 미쳤다. 대체로 북쪽과 서쪽으로 양전을 진행해서 골짜기 끝에 도달했다고 생각했기 때문에 돌아 나올 때는 양전이 당연히 남쪽과 동쪽으로 진행된다고 생각했던 것이다. 이같이 금산리 양전 실무자들은 양전 방향을 기록할 때 그들 직관에 의존했기 때문에 방위를 착각하는 경우가 적지 않았다. 예컨대, 양안에 '북범(北犯)'이라고 적힌 토지가 그 이전 필지 동쪽 혹은 서쪽, 심지어는 남쪽에 위치하기도 했다.

금산리 양전 실무자들이 방위를 착각하였다고 판단되는 곳은 74필지(전체의 16.6%)였다. 이들 토지는 대체로 골짜기 혹은 산기슭에 위치하거나 양전 실무자들이 개울을 건너 도달한 곳이었다. 금산리를 담당한 양전 실무자들만 방위를 판단할 때 실수를 한 것이 아니었다. 충청도 한산군 마산면 4개리 양전 실무자들도 방위를 판단할 때 실수를 범했는데, 이들은 전체 필지의 5.9%~15.1%에서 방위를 착각하였다.91)

절대방위 개념에 익숙한 우리들 입장에서 보면 양전 실무자들의 방위 측정이 혼란스럽기 그지없다. 하지만 절대적 방위체계와 상대적 방위체계를 자유로이 넘나들던 조선시대 사람들은 그다지 이상하게 여기지 않았을지도 모른다. 조선시대에는 임금이 계신 곳을 북쪽으로 여기거나 지도를 그릴 때 관아를 중심에 놓고 다른 건물들이 관아를 향하게 그리는 등 상대적 방위체계가 생활현장 곳곳에서 활용되었다.

양안에 양전 방향과 사표를 기재할 때 절대방위체계를 따르지 않아도 문제되지 않았다는 사실이 의미하는 것이 무엇일까? 즉 양전 방향과 사표의 용도는 무엇일까? 양전 방향과 사표는 글자[1차원의 세계]만 가지고 어린도[2차원의 세계]를 구현하는 데 반드시 필요한 요소였다고 판단된다. JigsawMap의 예에서 보듯이 양전 방향, 양전 경로상의 자연지형(越路, 越山, 越川, 越渠), 사표 등의 정보만 있으면 양전도(量田圖)를 그릴 수 있다. 전세 수취 업무를 담당하던 서원배는 양전 방향과 사표가 적힌 양안[行審冊]만 가지고도 자신들의 머릿속에서 어린도를 그려낼 수 있었을 것이다. 얼마 전까지만 하더라도 시골에서는 동네 할머니들이 윷을 놀 때 종이에 윷판을

---

91) 김소라, 2013, 「광무양안과 토지대장 비교연구」, 『조선후기 재정제도의 지속과 변동』, 한국역사연구회/성균관대학교 동아시아학술원 공동주최 학술회의, 4월 20일. 이하 한산군 4개 마을과 관련된 내용은 김소라 논문 참조.

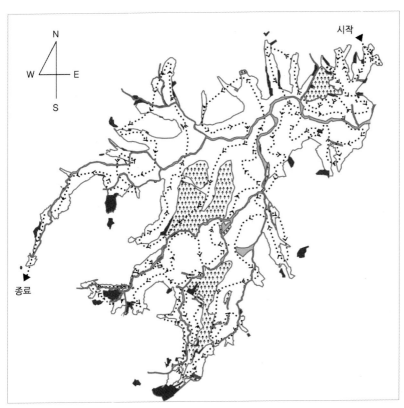

[그림 15] 금산리 양전경로 및 양안 미등재지 현황

비고: 점선-양전경로, 검은색 부분-양안 미등재지, ↑ 무늬 부분-임야.

[표 15] 금산리 조사부 토지의 양안 등재 현황     (면적단위: 평)

| 자료<br><br>지목 | 양안 | | 조사부 | | | | | |
|---|---|---|---|---|---|---|---|---|
| | | | 양안 등재 | | 양안 미등재 | | | |
| | 필지 | (%) | 필지 | 면적 | 필지 | (%) | 면적 | (%) |
| 답 | 198 | (44.2) | 192 | 261,520 | 14 | (6.8) | 2,773 | (1.0) |
| 전 | 170 | (37.9) | 201 | 145,906 | 85 | (29.7) | 18,307 | (11.1) |
| 대 | 80 | (17.9) | 28 | 19,466 | 4 | (12.5) | 1,993 | (9.3) |
| 합계 | 448 | (100) | 421 | 426,892 | 103 | (19.7) | 23,073 | (5.1) |

그리는 대신 머릿속에 윷판을 그려놓고 대화를 통해 8마리의 윷말을 자유
자재로 움직이는 모습을 볼 수 있었다.[92] 윷판과 윷말 없이 윷을 노는 할
머니들처럼 조선시대 사람들은 1차원적 자료를 활용하여 머릿속에서 2차
원의 세계를 구현하는 데 익숙해 있었던 것으로 보인다.

금산리 양전경로는 상당히 복잡했다. 산을 넘기도 하고, 개울을 건너기
도 하고, 서로 이웃하는 필지를 양전할 때 곧장 이동하지 않고 한참 빙 돌
아와서 조사하기도 했다.([그림 15] 참조) 산과 물이 갈라놓지 않은 한 필지
가 연속되게, 그러면서도 동선이 꼬이지 않게 하면서 당시 경작되고 있던
숙전(熟田) 대부분을 파악하려다 보니 경로가 복잡하게 되었다. 조사부에
올라있는 토지 가운데 양안에서 찾아지는 곳은 필지 기준으로 80.3%, 면적
기준으로 94.9%였다.([표 15] 참조) 면적을 기준으로 했을 때 양전은 조사
부에 올라있는 논의 99%, 밭의 88.9%를 파악했다.

양전 실무자들이 경작되고 있던 모든 전답을 파악하지 않은 데는 그만
한 이유가 있었다. [그림 15]에서 검게 칠해진 부분이 양전 때 파악되지 않
은 전답인데, 그곳은 대체로 개울가, 산기슭, 골짜기 등에 위치했다. 개울가
에 위치한 전답은 수시로 홍수피해를 입을 가능성이 높은 곳이고, 산기슭
이나 골짜기에 위치한 전답은 개간한지 얼마 되지 않아 진전 혹은 임야로
변할 가능성이 높은 곳이었던 것으로 보인다. 충청남도 논산군 2개 리(里)
의 경우 광무양안에는 실리지 않고 토지대장에 전(田)으로 올라있는 밭 가
운데 적지 않은 곳이 이후 임야로 변했다.[93] 실제로 금산리 조사부에 올라
있으나 양안에서 찾아지지 않은 곳은 대부분 밭이었다.

---

92) 필자는 어린 시절에 그런 모습을 자주 보았다.
93) 宮嶋博史, 1997, 「光武量案과 土地臺帳의 比較研究」, 『조선토지조사사업의 연
　　구』(金鴻植 외), 민음사. 이하 충청남도 논산군 2개 리와 관련된 내용은 모두 宮嶋
　　博史의 논문을 참조하였다.

## 3) 결부 산출

### (1) 등급 결정

양전 실무자들은 토지 비옥도와 토지 이용율 등을 참작하여 등급을 결정했는데, 대는 평균 2.3등급, 답은 평균 4.8등급, 전은 평균 5.5등급으로 판정하였다.([표 16] 참조) 대 등급을 가장 높게 책정한 것이 매우 인상적인데, 이러한 판정은 조선후기 이래 관행이었다.[94] 대 등급을 높게 책정한 원인은 집터에 붙어있는 텃밭을 여간해서 묵히지 않을[95] 뿐만 아니라 텃밭에서는 대체로 1년2작(一年二作)을 하기 때문이었다.[96] 19세기 예천 맛질에 거주하던 박득녕(1808~1886)은 배추, 무, 고추, 마늘 등과 같은 다양한 밭작물을 텃밭에서 가꾸었다. 그는 텃밭 경작에 많은 관심을 보였는데, 제초를 수시로 해주고, 가뭄이 심하면 물을 대주기도 하고, 거름을 여러 번 주기도 했다.[97]

예나 지금이나 사람들은 습기가 적은 곳을 골라 집을 짓기 때문에 대 주변에는 물이 많은 곳이 드물다. 즉 대는 가뭄을 많이 타는 곳이어서 집이 들어서기 전까지는 그곳의 등급이 낮았다. 그러다가 집이 들어선 이후 집

---

94) 김소라, 앞의 「광무양안과 토지대장 비교연구」.
95) 『承政院日記』英祖 33年 3月 13日, "持平權相龍書曰……以去秋農作言之 水邊 蕩覆無餘 山谷間秧苗立 全無所收 惟有垈田野地 稍得免災 而此不過 十分一."
96) 『承政院日記』肅宗 39年 10月 7日, "左議政金昌集曰 臣見江原監司南致熏 狀啓 已知此事矣 關東之土地瘠薄 比他道尤甚 而朝家之不給田災 蓋以一 年再耕故也 峽田則若干垈田外 絕無兩根耕食者 不許給災 實爲冤悶, 而若 開此路, 則必有紛紜難堪之弊."
97) 김건태, 2012, 「19세기 집약적 농법의 확산과 작물의 다각화」, 『역사비평』 101.

[표 16] 금산리 양안 전답등급

| 지목<br>전품 | 답 | | 전 | | 대 | | 합계 | |
|---|---|---|---|---|---|---|---|---|
| | 필지 | (%) | 필지 | (%) | 필지 | (%) | 필지 | (%) |
| 2 | | | | | 13 | (16.3) | 13 | (2.9) |
| 3 | 3 | (1.5) | | | 67 | (83.8) | 70 | (15.6) |
| 4 | 40 | (20.2) | 3 | (1.8) | | | 43 | (9.6) |
| 5 | 133 | (67.2) | 87 | (51.2) | | | 220 | (49.1) |
| 6 | 22 | (11.1) | 80 | (47.1) | | | 102 | (22.8) |
| 합계 | 198 | (100) | 170 | (100) | 80 | (100) | 448 | (100) |

주인이 적극적으로 대를 가꾸기 때문에 많은 곡물이 생산되는 땅으로 탈바꿈하는 것이다. 따라서 일반 농지였던 땅이 대로 변하게 되면 그곳 등급이 이전보다 높아지게 된다.[98] 이는 결부수 증가를 가져오고, 마침내는 부세 증액으로 이어진다. 한 톨 곡식을 아까워하던 농민들 입장에서는 대에 부과되는 부세량이 결코 가벼운 것이 아니었다. 급기야 대에 부과되는 부세에 부담을 느껴 텃밭을 묵히는 사태가 빚어지기도 했다.[99]

---

98) 『備邊司謄錄』英祖 38年 5月 20日, "御史洪樂純日 家坌例爲陞等 而今番或有未及陞等者 故臣隨其土品之膏沃 採其田夫之公論 略有陞等處 而一從渠輩公論爲之 故似無怨言矣 量政則崔得大主張 頗爲精審 今幾了當 而得大 適因戶曹事上京 故本縣監書輩停役 以待其還 若更送得大 使之磨勘釐正 修成正案則好矣."

99) 『承政院日記』英祖 33年 12月 16日, "(金)尙魯日 前後以田土勸耕事 綸音屢下 辭旨懇惻 至有身爲田畯之敎 爲守令者 所當出入阡陌 至誠奉行 而繼見京畿陳田起耕成冊之報備局者 則各邑起耕 雖有多寡之殊 俱皆奉行 其中振威縣 不但無之 敢以民生 困於陳田之稅 上品坌田 棄而不耕 雖欲勸耕 莫肯從願 不得修報."

## (2) 면적 산출

양전 실무자들은 전답 면적을 산출하기 위해 전답모양[田形]을 결정했다. 금산리 양전 실무자들은 전답 448필지에 10가지 전형을 적용했지만 실제로는 매우 단순하게 결정한 것이나 다름없다. 전체의 94.9%에 해당하는 425필지를 직사각형으로 판단한 것이다.[100) 전답모양을 판단할 때 가능한 한 직사각형으로 결정하려는 모습은 다른 지역 광무양안에서도 확인된다. 양지군(陽智郡) 양지아문 양안에 등재된 17,469필지의 전형구성은 직 82.1%, 그 외(52종) 17.9%이다.[101) 여주군(驪州郡) 양지아문 양안에 올라있는 63,795필지의 전형구성은 직 81.9%, 기타(99종) 18.1%로 집계된다.[102)

---

100) 直(425필지, 94.9%), 方(6필지, 1.3%), 兩直(6필지, 1.3%), 圭(3필지, 0.7%), 半環 (2필지, 0.4%), 梯(2필지, 0.4%), 句股(1필지), 三角(1필지), 直帶半環(1필지), 直 帶梯(1필지).

101) 直(14,350필지, 82.1%), 梯(1,094필지, 6.3%), 兩直(940필지, 5.4%), 方(395필지, 2.3%), 圭(125필지, 0.7%), 梯帶直(89필지, 0.5%), 半環(83필지, 0.5%), 牛角(79 필지, 0.5%), 三角(66필지, 0.4%), 句股(28필지, 0.2%), 直帶梯(25필지, 0.1%), 三 直(21필지, 0.1%), 直帶圭(21필지, 0.1%), 弧矢(15필지, 0.1%), 圓(13필지, 0.1%), 直帶三角(11필지, 0.1%), 三廣(10필지, 0.1%), 直帶方(10필지, 0.1%), 直帶牛角 (8필지), 欖(7필지), 兩梯(7필지), 眉(7필지), 半環帶直(7필지), 梯帶圭(6필지), 圭帶直(4필지), 直帶半環(4필지), 兩直帶梯(3필지), 方帶直(3필지), 梯帶兩直 (3필지), 直帶句股(3필지), 直帶弧矢(3필지), 兩梯帶直(2필지), 半環帶兩直(2 필지), 梭(2필지), 圓圭(2필지), 梯帶半環(2필지), 梯帶方(2필지), 梯帶牛角(2필 지), 欖帶圭(1필지), 兩圭(1필지), 兩牛角(1필지), 眉帶直(1필지), 半橢圓(1필 지), 半弧矢帶直(1필지), 半環帶半弧矢(1필지), 方帶圭(1필지), 牛角帶直(1필 지), 截環(1필지), 梯帶半橢圓(1필지), 梯帶梭(1필지), 梯帶三角(1필지), 直帶 梯弧矢(1필지), 橢圓(1필지). 규장각한국학연구원(http://kyujanggak.snu.ac.kr/yan/ sub/tong01.jsp)의 양지군 양안 통계자료 참조.

102) 直(52,222필지, 81.9%), 梯(3,986필지, 6.2%), 兩直(2,923필지, 4.6%), 方(1,611필

안산군(安山郡) 양지아문 양안에 기재된 19,495필지의 전형구성은 직 79.8%, 그 외(71종) 20.2%로 나타난다.[103] 전답모양을 결정할 때 가능한 한

---

지, 2.5%), 圭(480필지, 0.8%), 梯帶直(474필지, 0.7%), 半環(356필지, 0.6%), 三角(275필지, 0.4%), 牛角(222필지, 0.3%), 句股(191필지, 0.3%), 直帶梯(109필지, 0.2%), 三直(102필지, 0.2%), 直帶圭(100필지, 0.2%), 兩梯(84필지, 0.1%), 弧矢(59필지, 0.1%), 直帶三角(50필지, 0.1%), 三廣(42필지, 0.1%), 欖(39필지, 0.1%), 直帶牛角(39필지, 0.1%), 直帶方(37필지, 0.1%), 直帶句股(34필지, 0.1%), 半環帶直(25필지), 梯帶兩直(22필지), 梯帶圭(20필지), 直帶半環(18필지), 方帶直(17필지), 眉(15필지), 梯帶三角(15필지), 句股帶直(14필지), 圭帶直(14필지), 兩直帶梯(14필지), 截環(14필지), 牛角帶直(12필지), 梭(9필지), 直帶弧矢(9필지), 兩梯帶直(8필지), 圓圭(8필지), 三角帶直(7필지), 圓(7필지), 梯帶句股(7필지), 半橢圓(6필지), 兩直帶句股(5필지), 梯帶方(5필지), 梯帶半環(4필지), 圭帶三角(3필지), 半圓(3필지), 四直(3필지), 梯帶牛角(3필지), 直帶欖(3필지), 直帶梭(3필지), 直帶截環(3필지), 弧矢帶直(3필지), 兩句股(2필지), 兩牛角(2필지), 兩梯帶兩直(2필지), 兩直帶圭(2필지), 兩直帶半環(2필지), 兩直帶三角(2필지), 兩直帶牛角(2필지), 兩直帶弧矢(2필지), 半弧矢(2필지), 梯帶眉(2필지), 梯帶弧矢(2필지), 直帶半弧矢(2필지), 欖帶兩直(1필지), 欖帶梭(1필지), 欖帶直(1필지), 欖帶弧矢(1필지), 兩梯帶三角(1필지), 兩直帶兩梯(1필지), 兩直帶方(1필지), 兩直帶截環(1필지), 眉帶直(1필시), 半橢圓帶直(1필지), 半環帶半直(1필지), 半環帶方(1필지), 半環帶牛角(1필지), 方帶梭(1필지), 四梯(1필지), 三角帶半環直(1필지), 三角帶牛角(1필지), 三角帶梯(1필지), 三廣帶直(1필지), 三梯(1필지), 牛角帶直方(1필지), 圓圭帶直(1필지), 圓帶直(1필지), 梯帶圭直(1필지), 梯帶半弧矢(1필지), 梯帶梭(1필지), 梯帶三角直(1필지), 梯帶三廣(1필지), 梯帶直眉(1필지), 梯帶直牛角(1필지), 直減直(1필지), 直帶弧矢(1필지), 直帶圭牛角(1필지), 直帶兩圭(1필지), 直帶半圓(1필지), 直帶半橢圓(1필지), 불명(1필지). 규장각한국학연구원(http://kyujanggak.snu.ac.kr/yan/sub/tong01.jsp)의 여주군 양안 통계자료 참조.

103) 直(15,565필지, 79.8%), 梯(1,240필지, 6.4%), 兩直(852필지, 4.4%), 方(729필지, 3.7%), 圭(182필지, 0.9%), 三角(146필지, 0.7%), 句股(127필지, 0.7%), 梯帶直(107필지, 0.5%), 半環(81필지, 0.4%), 牛角(69필지, 0.4%), 三直(53필지, 0.3%), 弧矢(49필지, 0.3%), 直帶梯(35필지, 0.2%), 直帶圭(23필지, 0.1%), 直帶句股(20필지, 0.1%), 直帶方(20필지, 0.1%), 三廣(16필지, 0.1%), 直帶三角(16필지,

[표 17] 금산리 양안과 조사부의 면적 비교 (단위: 평)

| 지목\자료 | 양안(A) | 조사부(B) | 파악율 A/B×100 |
|---|---|---|---|
| 답 | 179,844 | 266,735 | (67.4) |
| 전 | 86,072 | 141,365 | (60.9) |
| 대 | 5,582 | 18,791 | (29.7) |
| 합계 | 271,498 | 426,892 | (63.6) |

직사각형으로 하려는 모습은 일찍부터 발견된다. 경상도 용궁현(龍宮縣) 경 자양안에 실린 47,819필지 가운데 전형이 직으로 파악된 곳이 81.9%를 점 한다.[104]

양전 실무자들이 주관적으로 결정한 도형을 활용하여 산출한 전답면적 은 실상을 어느 정도 반영하고 있을까? 금산리 토지는 양안에서 27.2만여 평, 조사부에서 42.7만여 평으로 집계되었다. 면적 파악율(조사부면적 대비

---

0.1%), 兩梯(11필지, 0.1%), 方帶直(11필지, 0.1%), 欖(9필지), 眉(8필 지), 梭(8필지), 梯帶兩直(8필지), 直帶半環(8필지), 圭帶直(6필지), 三角帶直(5필지), 截環(5필지), 梯帶牛角(5필지), 直帶弧矢(5필지), 句股帶直(4필지), 半環帶直(4필지), 牛角帶直(4필지), 梯帶三角(4필지), 直帶牛角(4필지), 兩直帶圭(3필지), 兩直帶梯(3필지), 梯帶方(3필지), 直減直(3필지), 兩直帶半環(2필지), 兩直帶方(2필지), 半橢圓(2필지), 半弧矢(2필지), 方帶梯(2필지), 四直(2필지), 五直(2필지), 梯帶圭(2필지), 梯帶半環(2필지), 直帶欖(2필지), 環(2필지), 兩句股(1필지), 兩半環(1필지), 兩方(1필지), 兩梯帶直(1필지), 兩直帶三角(1필 지), 兩直帶牛角(1필지), 兩直帶弧矢(1필지), 兩弧矢(1필지), 眉帶直(1필지), 半圓(1필지), 半環帶兩直(1필지), 半環帶梭(1필지), 方帶三角(1필지), 三廣帶直(1필지), 三梯(1필지), 牛角帶三角(1필지), 牛角帶梯(1필지), 圓(1필지), 圓圭(1필지), 梯減直(1필지), 梯帶句股(1필지), 直減方(1필지). 규장각한국학연구 원(http:// kyujanggak. snu.ac.kr/yan/sub/tong01.jsp)의 안산군 양안 통계자료 참조.
104) 『龍宮縣庚子改量田案』(奎 14953), (奎 14955). 直(39,185필지, 81.9%), 梯(4,639 필지, 9.7%), 圭(2,577필지, 5.4%), 句(949필지, 2.0%), 방(469필지, 1.0%).

[표 18] 금산리 양안과 조사부에 등재된 토지 연결 유형     (단위: 필지)

| 대응유형 | | | 양안 | 조사부 |
|---|---|---|---|---|
| 양안 1필지 | ↔ | 조사부 1필지 | 232 | 232 |
| 양안 1필지 | ↔ | 조사부 다(多)필지 | 58 | 129 |
| 양안 다필지 | ↔ | 조사부 1필지 | 136 | 41 |
| 양안 다필지 | ↔ | 조사부 다필지 | 22 | 19 |
| 합계 | | | 448 | 421 |
| 분석대상 필지 | | | 530 | 530 |

양안면적)은 63.6%에 지나지 않는다.([표 17] 참조) 양안에 기재된 토지면적은 실제보다 상당히 축소된 것임을 알 수 있다. 한편 면적 파악율은 지목별로 큰 차이를 보인다. 답은 67.4%였고, 대는 29.7%에 불과했다.

지목별 면적 파악율이 다른 현상은 조선후기 부세정책과 깊은 관련이 있다고 볼 수 있다. 대의 면적 파악율이 가장 낮은 원인은 곡물이 생산되지 않는 집 자리와 마당에 대한 세금을 면제해 주기 위해서였다. 전보다 답의 면적 파악율이 더 높은 까닭은 단위면적당 생산량과 관련이 있다. 조선후기 들어 전에서 1년2작(一年二作)이 널리 실시되고, 집약화가 더욱 심화되었지만 단위면적당 곡물생산량은 여전히 답에 비해 적었다. 예컨대, 19세기 안동 금계리 의성김씨가의 경우 답 1두락에서 벼 37.9두, 전 1두락에서 잡곡 22.3두를 생산했다.[105] 따라서 전의 면적을 좁게 잡아야만 결부가 적어지고, 나아가 세금도 적게 내게 된다. 이렇듯 정부는 균세이념을 실현하기 위해 지목에 따라 면적 파악율을 적절히 조절했던 것이다.

균세를 실현하기 위해 지목별 면적 파악율을 달리 했다는 추론은 필지별 면적 파악율을 살펴보면 어느 정도 설득력을 가진다. 필지별 실상을 살

---

105) 김건태, 2011,「19세기 어느 性理學者의 家作과 그 지향」『한국문화』55.

[표 19] 금산리 양안의 면적 파악율

| 구간＼지목 | 답 | | 전 | | 대 | | 합계 | |
|---|---|---|---|---|---|---|---|---|
| | 필지 | (%) | 필지 | (%) | 필지 | (%) | 필지 | (%) |
| 110% 이상 | 13 | (5.3) | 3 | (1.5) | 2 | (2.4) | 18 | (3.4) |
| 90~110% | 26 | (10.6) | 17 | (8.5) | | | 43 | (8.1) |
| 70~90% | 66 | (26.9) | 42 | (21.0) | | | 108 | (20.4) |
| 50~70% | 71 | (29.0) | 69 | (34.5) | 7 | (8.2) | 147 | (27.7) |
| 30~50% | 50 | (20.4) | 40 | (20.0) | 34 | (40.0) | 124 | (23.4) |
| 30% 미만 | 19 | (7.8) | 29 | (14.5) | 42 | (49.4) | 90 | (17.0) |
| 합계 | 245 | (100) | 200 | (100) | 85 | (100) | 530 | (100) |

펴보기 위해서는 일부 필지에 대해 인위적인 필지 분할을 가해야 한다. 왜 나하면 양안의 1필지가 조사부의 1필지와 연결되는 사례가 약 절반 정도에 지나지 않기 때문이다. 양안과 조사부에 올라있는 땅이 필지 단위로 연결 되는 유형은 4종류였다.([표 18] 참조) 분석을 위해 인위적 필지분할을 실 시한 곳은 양안과 조사부의 필지가 1↔1로 연결되지 않은 곳이다. 예컨대, 양안 마(磨) 45번 필지는 조사부의 61·62번 필지와 연결된다. 이 경우 양안 마 45번 필지를 2필지로 분할하였다. 이같이 필지를 분할한 결과 양안과 조사부 필지가 각각 530필지로 증가했다.

금산리 답의 경우 면적 파악율이 50~90% 사이인 경우가 전체 필지의 55.9%나 되었다.([표 19] 참조) 그에 비해 전은 두 장부 면적비가 30~70% 사이인 필지가 전체의 54.5%나 된다. 측량 기술이 낮아서 이러한 현상이 발생했다고 보기에는 답과 전에서 나타나는 양상이 너무나 이질적이다. 의 도적으로 파악율을 조절했다고 보는 것이 좀 더 설득력이 높다. 아산군 양 전 사례에서 보았듯이 광무양전 당시 측량 기술은 토지면적을 실제에 근접 하게 산출할 수 있는 수준에 도달해 있었다.106)

양전 실무자들은 땅을 측량할 때 외부압력을 거의 받지 않았다. 즉 금산

[표 20] 금산리 면적 파악율과 시주의 소유규모 - 답 (단위: 필지)

| 규모 / 파악율 | 500평 미만 | 500~ 1,000 | 1,000~ 3,000 | 3,000~ 5,000 | 5,000~ 10,000 | 10,000~ 50,000 | 50,000평 이상 | 합계 |
|---|---|---|---|---|---|---|---|---|
| 110% 이상 | | | 5 | 3 | | 1 | 4 | 13 |
| (%) | | | (38.5) | (23.1) | | (7.7) | (30.8) | (100) |
| 90~110% | | | 3 | 6 | 4 | 6 | 7 | 26 |
| (%) | | | (11.5) | (23.1) | (15.4) | (23.1) | (26.9) | (100) |
| 70~90% | 1 | 1 | 4 | 9 | 8 | 22 | 21 | 66 |
| (%) | (1.5) | (1.5) | (6.1) | (13.6) | (12.1) | (33.3) | (31.8) | (100) |
| 50~70% | | 1 | 9 | 6 | 6 | 22 | 27 | 71 |
| (%) | | (1.4) | (12.7) | (8.5) | (8.5) | (31.0) | (38.0) | (100) |
| 30~50% | 1 | 1 | 6 | 6 | 2 | 13 | 21 | 50 |
| (%) | (2.0) | (2.0) | (12.0) | (12.0) | (4.0) | (26.0) | (42.0) | (100) |
| 30% 미만 | | | 2 | 1 | 2 | 11 | 3 | 19 |
| (%) | | | (10.5) | (5.3) | (10.5) | (57.9) | (15.8) | (100) |
| 합계 | 2 | 3 | 29 | 31 | 22 | 75 | 83 | 245 |
| (%) | (0.8) | (1.2) | (11.8) | (12.7) | (9.0) | (30.6) | (33.9) | (100) |

리 유력자들의 부탁을 받고 그들이 소유한 토지의 면적을 의도적으로 축소하거나 빈한한 농민들의 토지면적을 고의로 부풀리는 일은 별로 없었다. 면적 파악율이 30~50% 사이인 답은 500평 미만을 소유한 시주의 땅에서도 있고, 50,000평 이상을 소유한 시주의 농토에서도 있었다.([표 20] 참조) 면적비가 30% 미만인 답을 가장 많이 소유한 사람들은 1만평~5만평 사이를 소유한 시주들인데, 그들이 소유한 필지가 다른 구간에 속한 시주에 비해 많았음을 감안하면 그들만이 특별히 혜택을 입었다고 보기 어렵다. 한편 1,000평 미만을 소유한 시주는 면적비가 90% 이상인 답을 전혀 소유하지 않은 데 비해 5만평 이상을 가진 시주가 그러한 땅을 가장 많이 소유했다. 5만평 이상을 소유한 시주들의 답에 상대적으로 더 많은 부세가 부과되는

---

106) 본서 3장 1절 참조.

[표 21] 금산리 면적 파악율과 시주의 소유규모 – 전 　　　(단위; 필지)

| 규모<br>파악율 | 500평<br>미만 | 500~<br>1,000 | 1,000~<br>3,000 | 3,000~<br>5,000 | 5,000~<br>10,000 | 10,000~<br>50,000 | 50,000평<br>이상 | 합계 |
|---|---|---|---|---|---|---|---|---|
| 110% 이상 | 1 | | 2 | | | | | 3 |
| (%) | (33.3) | | (66.7) | | | | | (100) |
| 90~110% | 1 | 1 | 4 | 3 | | 4 | 4 | 17 |
| (%) | (5.9) | (5.9) | (23.5) | (17.6) | | (23.5) | (23.5) | (100) |
| 70~90% | 3 | 6 | 9 | 3 | 2 | 11 | 8 | 42 |
| (%) | (7.1) | (14.3) | (21.4) | (7.1) | (4.8) | (26.2) | (19.0) | (100) |
| 50~70% | 3 | 6 | 18 | 6 | 5 | 20 | 11 | 69 |
| (%) | (4.3) | (8.7) | (26.1) | (8.7) | (7.2) | (29.0) | (15.9) | (100) |
| 30~50% | | 4 | 10 | 4 | 4 | 8 | 10 | 40 |
| (%) | | (10.0) | (25.0) | (10.0) | (10.0) | (20.0) | (25.0) | (100) |
| 30% 미만 | 1 | 4 | 7 | 5 | | 11 | 1 | 29 |
| (%) | (3.4) | (13.8) | (24.1) | (17.2) | | (37.9) | (3.4) | (100) |
| 합계 | 9 | 21 | 50 | 21 | 11 | 54 | 34 | 200 |
| (%) | (4.5) | (10.5) | (25.0) | (10.5) | (5.5) | (27.0) | (17.0) | (100) |

셈이다. 그들이 양전 실무자에게 압력을 행사했다면 이러한 일이 발생하기 어렵다.

　면적 파악율이 30% 미만인 전을 소유한 시주도 여러 명 있었다.([표 21] 참조) 면적비가 30% 미만인 전을 가장 많이 소유한 사람들은 1만~5만평을 소유한 시주들이고, 두 번째로 많이 소유한 사람들은 5만평 이상을 소유한 시주들이다. 한편 면적비가 110% 이상인 전은 1천~3천평을 소유한 시주 소유지에서 가장 많았다. 그런데 그들은 면적비가 110% 미만인 밭도 3천 평 이상을 소유한 시주들에 비해 상대적으로 많이 소유하고 있었다. 즉 그들 소유 전에 유독 높은 세율이 적용되었다고 보기 어렵다.

　전답과 달리 면적비가 30% 미만인 대(垈)는 특정 시주가 많이 소유했

[표 22] 금산리 면적 파악율과 시주의 소유규모 - 대 　　(단위: 필지)

| 규모<br>면적비 | 500평<br>미만 | 500~<br>1,000 | 1,000~<br>3,000 | 3,000~<br>5,000 | 5,000~<br>10,000 | 10,000~<br>50,000 | 50,000평<br>이상 | 합계 |
|---|---|---|---|---|---|---|---|---|
| 110% 이상 | | 2 | | | | | | 2 |
| (%) | | (100) | | | | | | (100) |
| 50~70% | 1 | | | 1 | 1 | 4 | | 7 |
| (%) | (14.3) | | | (14.3) | (14.3) | (57.1) | | (100) |
| 30~50% | 1 | 1 | 1 | | 3 | 12 | 16 | 34 |
| (%) | (2.9) | (2.9) | (2.9) | | (8.8) | (35.3) | (47.1) | (100) |
| 30% 미만 | 7 | 3 | 4 | | 6 | 16 | 6 | 42 |
| (%) | (16.7) | (7.1) | (9.5) | | (14.3) | (38.1) | (14.3) | (100) |
| 합계 | 9 | 4 | 7 | 1 | 10 | 32 | 22 | 85 |
| (%) | (10.6) | (4.7) | (8.2) | (1.2) | (11.8) | (37.6) | (25.9) | (100) |

다.([표 22]) 1만평~5만평 사이를 소유한 시주들이 그 같은 대를 많이 가지고 있었다. 그들은 부자였던 만큼 그들 소유 대에는 집이 들어선 자리와 마당, 즉 농사를 지을 수 없는 공간이 빈한한 사람들의 대에 비해 훨씬 많았을 것이다. 양전 실무자들이 부자들의 부탁을 빌고 그들 소유 대 면적을 축소 파악했을 가능성은 높지 않다고 할 수 있다.

조선시대 결부법은 면적 파악율을 탄력적으로 조절할 수 있게 함으로써 모든 필지의 과세율[곡물 생산량 대비 세금량]을 동일하게 할 수 있었다. 그런데 면적 파악율을 탄력적으로 조절하여 균세를 실현하는 것은 이론적으로는 간단하지만 실제로는 매우 어려운 일이다. 균세를 위한 결부 산출 과정을 순전히 논리적으로 정리해 보면 다음과 같다. 먼저 개별 필지마다 곡물생산량을 참고하여 전품을 결정하고, 실제 면적을 파악한다. 다음으로 곡물생산량, 전품, 면적을 참작하여 면적 파악율을 결정한다. 그런데 개별 필지의 실제 토지 생산성은 매우 다양하기 때문에 6등 전품으로는 실상을

[표 23] 금산리 토지 100평당 결부 분포 현황　　　　　(단위: 필지)

| 지목<br>부속 | 답 | (%) | 전 | (%) | 대 | (%) | 합계 | (%) |
|---|---|---|---|---|---|---|---|---|
| 2-8 | 1 | (0.4) | | | 1 | (1.2) | 2 | (0.4) |
| 2-7 | | | | | 1 | (1.2) | 1 | (0.2) |
| 2-5 | 2 | (0.8) | | | | | 2 | (0.4) |
| 2-4 | 1 | (0.4) | | | | | 1 | (0.2) |
| 2-2 | 1 | (0.4) | | | | | 1 | (0.2) |
| 2-0 | 2 | (0.8) | 1 | (0.5) | | | 3 | (0.6) |
| 1-9 | 2 | (0.8) | | | 1 | (1.2) | 3 | (0.6) |
| 1-8 | 5 | (2.0) | | | | | 5 | (0.9) |
| 1-7 | 2 | (0.8) | 1 | (0.5) | | | 3 | (0.6) |
| 1-6 | 3 | (1.2) | 1 | (0.5) | 2 | (2.4) | 6 | (1.1) |
| 1-5 | 10 | (4.1) | | | | | 10 | (1.9) |
| 1-4 | 14 | (5.7) | 3 | (1.5) | 2 | (2.4) | 19 | (3.6) |
| 1-3 | 12 | (4.9) | 5 | (2.5) | 1 | (1.2) | 18 | (3.4) |
| 1-2 | 16 | (6.5) | 4 | (2.0) | 3 | (3.5) | 23 | (4.3) |
| 1-1 | 24 | (9.8) | 3 | (1.5) | 5 | (5.9) | 32 | (6.0) |
| 1-0 | 18 | (7.3) | 12 | (6.0) | | | 30 | (5.7) |
| 0-9 | 22 | (9.0) | 20 | (10.0) | 5 | (5.9) | 47 | (8.9) |
| 0-8 | 18 | (7.3) | 24 | (12.0) | 8 | (9.4) | 50 | (9.4) |
| 0-7 | 18 | (7.3) | 34 | (17.0) | 22 | (25.9) | 74 | (14.0) |
| 0-6 | 27 | (11.0) | 20 | (10.0) | 11 | (12.9) | 58 | (10.9) |
| 0-5 | 19 | (7.8) | 22 | (11.0) | 10 | (11.8) | 51 | (9.6) |
| 0-4 | 9 | (3.7) | 18 | (9.0) | 9 | (10.6) | 36 | (6.8) |
| 0-3 | 10 | (4.1) | 17 | (8.5 | | | 27 | (5.1) |
| 0-2 | 7 | (2.9) | 9 | (4.5) | 4 | (4.7) | 20 | (3.8) |
| 0-1 | 2 | (0.8) | 6 | (3.0) | | | 8 | (1.5) |
| 합계 | 245 | (100) | 200 | (100) | 85 | (100) | 530 | (100) |

온전히 반영할 수 없다. 따라서 곡물생산량은 전품을 책정할 때도 고려하고, 면적 파악율을 결정할 때도 고려해야 한다. 면적 파악율이 결정되면 미리 파악한 실제 면적을 토대로 양안에 기록할 면적을 산출한다.

조선시대 결부제는 매우 정교한 작업 과정이 뒷받침 될 때 비로소 균세를 실현할 수 있는 제도였다. 광무양전에서 균세정책은 어느 정도 실현되었을까? 금산리 사례를 통해 실상을 살펴보도록 하자. 단위면적당 답과 전(대 포함) 결부가 적지 않게 차이 났다. 100평당 결부의 평균은 답 10속, 전 7속, 대 7속이고, 평균 8속이다. 단위면적당 부세량[속]이 전보다 답에서 훨씬 더 높았다는 사실은 균세를 실현해 보려는 정부의 의지가 광무양안에 어느 정도 반영되었다고 볼 수 있다. 하지만 광무양안에서 완전한 균세를 실현하지는 못했다. 개별 필지 단위로 살펴보면 단위면적당 세금량이 지나치게 다양하다.([표 23] 참조) 답의 경우 100평의 부세량이, 1속에서 28속까지 분포했다. 금산리라는 좁은 공간에 위치한 답의 생산성이 개별 필지에 따라 28배나 차이 났다고 보기 어렵다.

## 4) 사람 파악

### (1) 시주

금산리 양안에 올라있는 시주는 89명이고 조사부 땅 소유자는 59명이다. 그런데 금산리 양안 시주명과 조사부 소유자명이 일치하는 사례가 매우 드물다. 두 장부에서 모두 확인되는 사람은 4명[107]에 불과하다. 필지 기준으로 보면 금산리 양안과 조사부를 연결한 자료에서 성명이 일치하는 비율은

---

107) 孫鎰甲, 安致先, 崔元伯, 河多日.

[표 24] 금산리 시주 1인에 연결되는 지주 수 　　　　　(단위: 인)

| 연결유형 | 시주 1인↔지주 1인 | 1↔2 | 1↔3 | 1↔4 | 1↔5 | 1↔10 | 합계 |
|---|---|---|---|---|---|---|---|
| 합계 | 61 | 16 | 6 | 4 | 1 | 1 | 89 |

더욱 낮아진다. 530필지에서 두 장부의 성명이 같은 경우는 9필지로, 전체의 1.7%에 지나지 않는다. 그런데 연결된 자료에서 시주와 소유자의 성(姓)은 같고 이름만 다른 경우, 즉 성동명부동(姓同名不同) 사례가 많다. 예컨대, 양안의 마(磨) 7번은 조사부 3번과 연결되는데, 양안 시주는 김순오(金順五)이고 조사부 소유자는 김환연(金桓演)이다. 연결된 자료에서 성동명부동 사례는 433필지로 전체의 81.7%를 차지한다. 그리고 연결된 필지에서 시주와 소유자의 성과 이름이 모두 다른 경우, 즉 성명부동(姓名不同) 사례는 88필지 16.6%에 지나지 않는다.

　두 장부를 연결한 자료를 들여다보면 성동명부동과 성명부동 사례에서 시주명과 소유자명 사이에 어떤 연관성이 있어 보이는 필지가 많다. 시주 1인의 토지가 조사부에서 1명의 소유지로 되는 사례가 많다는 것이다. 양안 시주 89명 가운데 61명(전체의 68.5%)이 그러한 사례에 속한다.([표 24] 참조) 예컨대, 윤흥복(尹興卜)은 양안 5필지에서 시주로 등장하는데, 그의 토지는 조사부에 모두 윤영근(尹泳根) 소유지로 등재되었다. 광무양전 당시 금산리에는 함안윤씨들이 많이 살고 있었는데, 함안윤씨족보[108]에서 윤영근(1895년 생)은 죽산파 일원으로 파악되나, 윤흥복은 족보에서 이름이 확인되지 않는다. 윤흥복은 윤영근의 호명이었을 것으로 보인다. 양안에서 이시백(李時伯)은 19필지에서 시주로 등장하는데, 조사부에는 이 19필지 소유주로 경성에 거주하는 장기조(張基肇)가 올라있다. 장기조가 경성에 거주

___
108) 국립중앙도서관 소장. 『咸安尹氏世譜』 卷1-5(尹錫祺 等編).

했음을 감안하면 이시백은 그의 땅을 관리하던 마름의 성명이거나, 마름의
호명이었을 것으로 보인다.

이러한 사실로 비추어 볼 때 양안 시주 1인의 토지가 조사부에서 1인의
토지로 되는 경우의 시주명은 소유자 혹은 마름의 호명이었을 것으로 판단
된다. 마름의 호명이 양안에 올라가게 된 배경으로 노비제 해체와 병작에
기반한 지주제 발달을 꼽을 수 있다. 갑술·경자양전 때 다수의 양반들은
원방소재 전답을 관리하던 노비를 기주(起主)로 등재했다.[109] 조선후기에
는 노비제가 해체됨으로써 원방소재 전답의 관리인이 노비에서 양인으로
서서히 바뀌어 갔고, 부재지주들은 광무양전을 맞이하여 자신의 땅을 관리
하던 양인, 곧 마름을 대리인으로 세웠던 것이다.

호명이 광범위하게 사용된 원인 가운데 하나로 '전(全) 직역자(職役者)의
유학화(幼學化)' 현상을 들 수 있다. 17세기 이래 호명을 사용하는 사람들은
대부분 생원(生員)·진사(進士)·유학(幼學)·품직(品職) 등과 같은 상위 직역
을 가진 사람이었다. 그에 비해 군관(軍官)·군역자(軍役者)처럼 양역(良役)
과 관련된 하위 직역을 가진 사람 혹은 노인(老人)·병인(病人)·노비(奴婢)
등은 호명을 사용하지 않았다. 유학과 같은 상위직역을 가진 사람이 적었
던 18세기 전반까지만 하더라도 호명을 양안에 올리는 사람은 그다지 많지
않았다. 그에 비해 직역자 대부분이 유학(幼學)을 칭하는 19세기 후반이 되
면 호명을 사용하지 않은 사람은 극히 소수였다.[110] 개인의 사회적 위상과
호명 사용 여부가 밀접한 관련이 있었다는 사실은 금산리 양안과 조사부에
서도 어느 정도 읽어 낼 수 있다. 금산리 양안에 실명을 올린 4명은 소토지

---

109) 李榮薰, 1997,「量案 上의 主 規定과 主名 記載方式의 推移」, 앞의『조선토
        지조사사업사의 연구』.
110) 김건태, 앞의「戶名을 통해 본 19세기 職役과 率下奴婢」.

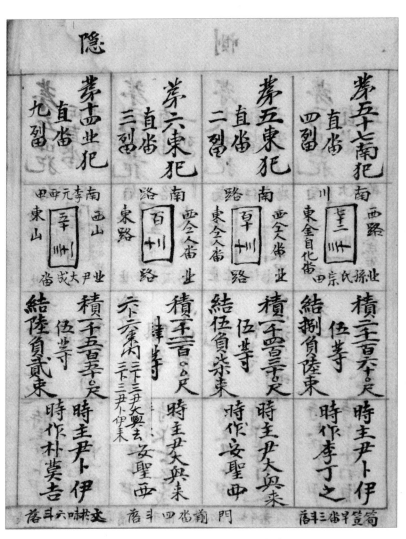

[그림 16] 죽산천남일면이면신양안책 일부
자료: 경기대학교 중앙도서관 소장(K103831)

소유자들이다. 양안에서 손일갑은 3필지, 안치선은 3필지, 최원백은 1필지, 하다일은 4필지의 시주로 등장한다.

광무양안에 등재된 시주명(時主名)의 성격은 다양했지만 지역민과 서원 배들은 그 땅의 실제 소유주가 누구인지를 분명히 알고 있었다. 죽산군 양안 일부를 옮겨 적은 『죽산천남일면이면신양안책(竹山川南一面二面新量案册)』(이하 전답안으로 약함)은 당시의 실상을 구체적으로 전하고 있다.([그림 16] 참조) 전답안에는 남일면 토지 59필지와 남이면 토지 13필지가 실려 있다. 전답안은 그곳에 등재된 남일면 토지를 3부분으로 구분해 두었는데, 첫 번째 부분(이하 大家로 명명함)에는 소유주와 관련된 기록 없이 38필지가 연속해서 나오고, 두 번째 부분(이하 小家로 명명함)에는 '중촌소가대결(中村小家垈結)'이라는 구절 다음에 16필지가 나오고, 마지막에는 '흥덕댁흥복(興德宅興卜)'이라는 구절 다음에 5필지가 나온다.

전답안에 실린 남일면 토지 가운데 53필지가 금산리에 소재해 있다. 한편 남이면 토지는 '이도복이(二道卜伊)'라는 구절 다음에 13필지가 기재되어 있다. 전답안에 실린 금산리 소재 53필지의 자호, 지번, 시목, 결부, 시주, 시작 등에 관한 기록은([표 25 참조]) 광무양전 때 작성된 금산리 양안 내용과 동일하다. 이러한 사실은 전답안을 작성한 사람이 광무양전 결과를 예의 주시하였음을 의미한다. 광무양전을 관심 있게 지켜본 사람이 적지 않았다. 전라도 보성에 거주하던 어떤 지주는 광무양안에 올라있는 자기 땅과 관련된 정보를 그대로 옮겨 적은 전답안을 만들었는데, 매 필지마다 구양안 결부도 기록해 두었다. 그리고 전라도 구례군 오미동에 거주하던 유형업은 그 마을 땅을 양전한 실무자들의 동향을 일기에 남기기도 했다.111)

---

111) 이영호, 1995, 「光武量案의 기능과 성격」, 앞의 『대한제국의 토지조사사업』.

## [표 25] 『죽산천남일면이면신양안책』과 조사부 연결 현황

| 자료 번호 | 전답안 | | | | | | 조사부 | | |
|:---:|:---:|:---:|:---:|:---:|:---:|:---:|:---:|:---:|:---:|
| | 전주 | 자호 | 번호 | 지목 | 부–속 | 시주 | 지번 | 지목 | 소유주 |
| 1 | 大家 | 磨 | 74 | 畓 | 8-6 | 尹卜伊 | 159 | 畓 | 尹錫禎 |
| 2 | 大家 | 磨 | 79 | 畓 | 10-9 | 尹卜伊 | 56 | 畓 | 尹錫禎 |
| 3 | 大家 | 箴 | 3 | 畓 | 26-4 | 尹卜伊 | 60 | 畓 | 尹錫禎 |
| 4 | 大家 | 箴 | 37 | 田 | 7-2 | 尹卜伊 | 132 | 田 | 尹錫禎 |
| 5 | 大家 | 箴 | 51 | 田 | 2-8 | 尹卜伊 | 141 | 田 | 尹錫禎 |
| 6 | 大家 | 規 | 7 | 田 | 2-7 | 尹卜伊 | 98 | 田 | 尹錫禎 |
| 7 | 大家 | 規 | 8 | 田 | 9 | 尹卜伊 | 86 | 田 | 尹錫禎 |
| 8 | 大家 | 規 | 9 | 田 | 5-3 | 尹卜伊 | 91 | 田 | 尹錫禎 |
| 9 | 大家 | 規 | 11 | 畓 | 8-0 | 尹卜伊 | 88 | 畓 | 尹錫禎 |
| 10 | 大家 | 規 | 13 | 畓 | 3-4 | 尹卜伊 | 96 | 畓 | 尹錫禎 |
| 11 | 大家 | 規 | 14 | 畓 | 6-4 | 尹卜伊 | 96 | 畓 | 尹錫禎 |
| 12 | 大家 | 仁 | 43 | 畓 | 22-2 | 尹卜伊 | 327 | 畓 | 尹泳夏 |
| 13 | 大家 | 仁 | 62 | 田 | 7 | 尹卜伊 | 317 | 田 | 尹錫禎 |
| 14 | 大家 | 仁 | 63 | 畓 | 5 | 尹卜伊 | 264 | 畓 | 尹錫禎 |
| 15 | 大家 | 仁 | 66 | 田 | 9-7 | 尹卜伊 | 257 | 畓 | 李聖奎 |
| 16 | 大家 | 仁 | 67 | 田 | 13-1 | 尹卜伊 | 258 | 田 | 尹錫禎 |
| 17 | 大家 | 仁 | 102 | 畓 | 64-0 | 尹卜伊 | 255 | 畓 | 尹錫禎 |
| 18 | 大家 | 仁 | 103 | 畓 | 6-3 | 尹卜伊 | 420 | 田 | 尹錫禎 |
| 19 | 大家 | 仁 | 107 | 畓 | 5-0 | 尹卜伊 | 248 | 田 | 尹錫禎 |
| 20 | 大家 | 慈 | 5 | 畓 | 5-7 | 尹大興 | 253 | 畓 | 尹泳元 |
| 21 | 大家 | 慈 | 6 | 畓 | 6-6 | 尹大興 | 254 | 畓 | 尹興林 |
| 22 | 大家 | 慈 | 7 | 畓 | 15-3 | 尹卜伊 | 268 | 畓 | 尹錫禎 |
| 23 | 大家 | 慈 | 33 | 田 | 4-9 | 尹卜伊 | 107 | 田 | 尹錫禎 |
| 24 | 大家 | 慈 | 40 | 畓 | 4-1 | 尹卜伊 | 146 | 畓 | 尹錫禎 |
| 25 | 大家 | 慈 | 57 | 畓 | 8-6 | 尹卜伊 | 197 | 畓 | 尹錫禎 |
| 26 | 大家 | 隱 | 5 | 畓 | 22-8 | 尹卜伊 | 212 | 畓 | 尹錫禎 |
| 27 | 大家 | 隱 | 14 | 畓 | 6-2 | 尹卜伊 | 424 | 畓 | 尹錫禎 |
| 28 | 大家 | 隱 | 24 | 畓 | 1-0 | 尹卜伊 | 221 | 畓 | 尹錫禎 |
| 29 | 大家 | 惻 | 18 | 畓 | 11-8 | 尹卜伊 | 497 | 畓 | 尹錫禎 |
| 30 | 大家 | 惻 | 24 | 畓 | 3-2 | 尹卜伊 | 492 | 畓 | 尹錫禎 |
| 31 | 大家 | 惻 | 32 | 畓 | 5-0 | 尹卜伊 | 449 | 畓 | 尹錫禎 |

| 32 | 大家 | 惻 | 60 | 畓 | 12-7 | 尹卜伊 | 539 | 畓 | 尹錫禎 |
|---|---|---|---|---|---|---|---|---|---|
| 33 | 小家 | 規 | 39 | 田 | 4-8 | 尹卜伊 | 309 | 田 | 尹泳夏 |
| 34 | 小家 | 仁 | 7 | 田 | 4 | 尹卜伊 | 298 | 畓 | 尹泳夏 |
| 35 | 小家 | 仁 | 12 | 垈 | 2-2 | 尹卜伊 | 342 | 垈 | 尹泳夏 |
| 36 | 小家 | 仁 | 13 | 垈 | 1-5 | 尹卜伊 | 342 | 垈 | 尹泳夏 |
| 37 | 小家 | 仁 | 14 | 垈 | 2-2 | 尹卜伊 | 342 | 垈 | 尹泳夏 |
| 38 | 小家 | 仁 | 15 | 畓 | 10-4 | 尹卜伊 | 344 | 畓 | 尹泳夏 |
| 39 | 小家 | 仁 | 16 | 垈 | 3-5 | 尹卜伊 | 346 | 田 | 尹泳夏 |
| 40 | 小家 | 仁 | 17 | 垈 | 2-3 | 尹卜伊 | 346 | 田 | 尹泳夏 |
| 41 | 小家 | 仁 | 18 | 垈 | 2-6 | 尹卜伊 | 345 | 垈 | 尹泳夏 |
| 42 | 小家 | 仁 | 19 | 垈 | 3-1 | 尹卜伊 | 342 | 垈 | 尹泳夏 |
| 43 | 小家 | 仁 | 20 | 垈 | 2-2 | 尹卜伊 | 342 | 垈 | 尹泳夏 |
| 44 | 小家 | 仁 | 21 | 垈 | 1-5 | 尹卜伊 | 342 | 垈 | 尹泳夏 |
| 45 | 小家 | 仁 | 22 | 田 | 8 | 尹卜伊 | 350 | 田 | 尹泳夏 |
| 46 | 小家 | 仁 | 40 | 田 | 5-4 | 尹卜伊 | 328 | 田 | 尹泳夏 |
| 47 | 小家 | 仁 | 49 | 田 | 8 | 尹卜伊 | 324 | 田 | 尹泳夏 |
| 48 | 小家 | 仁 | 55 | 田 | 2-3 | 尹億萬 | 305 | 田 | 尹泳夏 |
| 49 | 興德宅 | 箴 | 46 | 田 | 6-9 | 尹興卜 | 140 | 田 | 尹泳根 |
| 50 | 興德宅 | 仁 | 44 | 田 | 1-5 | 尹興卜 | 261 | 田 | 尹泳根 |
| 51 | 興德宅 | 仁 | 68 | 田 | 6 | 尹興卜 | 400 | 田 | 尹泳根 |
| 52 | 興德宅 | 仁 | 69 | 田 | 2-2 | 尹興卜 | 400 | 田 | 尹泳根 |
| 53 | 興德宅 | 隱 | 30 | 畓 | 12-4 | 尹興卜 | 195 | 畓 | 尹泳根 |

윤복이(尹卜伊)가 시주로 등재된 필지는 전답안과 금산리 양안 모두 45
필지이다. 이는 전답안의 주인공이 자신의 모든 전답을 윤복이라는 호명으
로 광무양안에 등재했음을 의미한다. 이 사례는 호명과 땅의 실제 소유주
사이에 긴밀한 관련성이 있음을 보여준다. 전답안에 실린 토지의 실제 주
인을 추적해 보기로 하자. 대가(大家) 토지 32필지의 시주는 30필지에 윤복
이(尹卜伊), 2필지에 윤대흥(尹大興)으로 되어있다. 그리고 시주가 윤복이로
등재된 땅 30필지는 조사부에 윤석정(尹錫禎, 28필지), 윤영하(尹泳夏, 1필지
-12번), 이성규(李聖規, 1필지-15번) 땅으로 올라있다. 윤복이(尹卜伊)는 윤석

정(尹錫禎, 1855년 생)의 호명이었음을 알 수 있다.

다음 사실들로 미루어 볼 때 윤석정과 윤영하는 부자지간인 것으로 보인다. ①전답안에 실린 소가(小家) 토지 16필지의 시주는 15필지에 윤복이(尹卜伊)이고, 1필지에 윤억만(尹億萬)이다. 이들 토지는 조사부에 윤영하의 이름으로 올라있다. 대가와 소가의 호명이 동일하다는 사실은 두 집이 긴밀한 사이였음을 의미한다. ②족보에 따르면 윤석정은 아들이 2명이나 있었음에도 불구하고 그의 생가(生家) 조카인 영상(泳相, 1881년 생)을 양자로 들였다. 생자 2명은 소실이 낳은 아들임을 알 수 있다. 따라서 '중촌소가대결'의 소가는 윤석정의 소실이 살던 집을 의미하는 것으로 보인다. 그리고 윤영하는 소실이 낳은 아들이었을 가능성이 크다. 한편 1925년에 편찬된 족보에는 소실이 낳은 아들이 올라있으나 윤영하라는 이름은 확인되지 않는다. 조사부 작성 이후에 개명을 했거나 족보의 이름과 호적의 이름이 상이했을 가능성이 높다. 소가(小家) 토지가 윤영하의 이름으로 조사부에 오르기까지의 상황을 다음과 같이 추론할 수 있다. 윤석정은 광무양전 전후 무렵에 마음 속으로 혹은 구두로 소실 몫으로 상속할 전답을 결정하였고, 토지조사사업을 맞이하여 생자와 양자 사이에 혹시 있을지도 모를 재산 분쟁을 미연에 방지하기 위해 소실 몫의 토지는 생자(生子) 이름으로 신고했다고 판단된다.

시주가 윤복이로 된 토지 가운데 조사부에 이성규 소유지로 올라있는 1필지(仁 66번)에는 복잡한 사연이 얽혀 있었던 것 같다. 광무양전 이후~전답안 작성 이전 사이, 그리고 전답안 작성 이후~조사부 작성 이전 사이 기간에 소유권 이전이 두 번 있었던 것으로 보인다.112) 전답안에 올라 있는

---

112) 양안에서 仁 66번 필지의 시주는 尹卜伊였다. 그리고 전답안을 처음 작성할 때도 仁 66번 필지의 시주는 尹卜伊였으나, 후에 尹興卜이라고 쓴 첨지를 시주란에

[표 26] 윤(尹)씨 시주와 윤씨 소유자의 관계　　　　(단위: 필지)

| 시주＼지주 | 錫年 | 錫烈 | 錫禎 | 錫顯 | 錫喜 | 泳根 | 泳大 | 泳元 | 泳柱 | 泳夏 | 興林 | 합계 |
|---|---|---|---|---|---|---|---|---|---|---|---|---|
| 大成 | 3 | 1 | 4 | 8 | 1 | 1 | 1 | 1 | | 2 | 117 | 139 |
| 大興 | | | | 1 | | | | 27 | | 1 | 3 | 32 |
| 卜伊 | | | 33 | | | | | 1 | | 16 | | 50 |
| 卜興 | 1 | | | | 1 | 1 | | | | | | 3 |
| 億萬 | 2 | | | 29 | | | | | | 2 | 2 | 35 |
| 用成 | 4 | | | | | | | | | | | 4 |
| 一萬 | | | | | | | | 15 | 3 | 6 | | 24 |
| 千得 | | | | 1 | | | 3 | | | | | 4 |
| 興卜 | | | | | | 5 | | | | | | 5 |
| 興億 | | | | | | | | 1 | | | | 1 |
| 합계 | 10 | 1 | 37 | 39 | 2 | 7 | 5 | 44 | 3 | 27 | 122 | 297 |

금산리 소재 대가 토지 32필지 가운데 시주가 윤대흥인 2필지(20번, 21번)
는 공동소유지였던 것으로 보인다.[113]

소가(小家) 토지[中村小家垈結]에 시주가 윤억만으로 된 땅 1필지가 포함
된 이유를 유추해 보기로 하자. 금산리 양안에서 윤억만이 시주로 기재된
토지가 31필지라는 사실로부터 다음과 같은 두 가지 추론이 가능하다. 첫
째, 윤억만이 시주로 기재된 전답안의 토지는 양전 이후 윤영하[실제로는

---

붙였다. 양안에 등재된 尹興卜의 토지는 5필지인데, 이 땅은 조사부에 윤석정의
生家 조카인 尹泳根(1895년 생) 소유지로 되어있다. 이런 사실을 감안하면 仁字
66번 땅은 광무양전 당시 윤석정 소유였으나, 그 후 어떤 이유에서인지는 모르지
만 興德宅(尹泳根) 소유로 되었다가, 조사부를 작성하기 전에 이성규의 땅이 되
었음을 알 수 있다.
113) 두 필지 모두에 '尹大興來'라고 적혀있고, 그 중 1필지에는 첨지를 붙여 '六負六
束內 三負三大興去 三負三卜伊來'라고 부기되어 있다. 윤대흥의 땅 2필지는
조사부에 尹泳元(1879년 생)과 尹興林(1898년 생)의 이름으로 각각 올라있다.

윤석정]가 매득했을 가능성이 있다. 둘째 윤석정과 더불어 억만이라는 호명을 공유하고 있던 어떤 사람의 공동소유지를 양안에는 윤억만 이름으로 올리고, 조사부에는 윤영하 이름으로 등재했을 가능성이 있다.

전답안에 올라있는 홍덕댁 토지는 5필지이며 그곳의 시주는 윤흥복(尹興卜)이다. 금산리 양안에서도 윤흥복 땅이 5필지 확인되는데, 이 두 자료의 내용은 동일하다. 그리고 이 5필지는 조사부에 윤석정 생가(生家) 조카인 윤영근(尹泳根, 1895년 생) 소유지로 되어있다. 이 사실 또한 호명과 땅 실제 소유주 사이에 긴밀한 관련성이 있음을 보여준다.

금산리 윤씨들은 대체로 다른 사람 호명과 구별되는 자신만의 고유한 호명을 사용하고 있었다. 금산리 양안 윤씨 시주와 조사부 윤씨 소유자 사이에 밀접한 관련성이 있는 경우가 많다.([표 26] 참조) 직역자 대부분이 유학을 칭하는 19세기 후반이 되면 양안뿐만 아니라 일상생활 곳곳에서 호명을 사용한 흔적을 발견할 수 있다. 호명을 사용한 사실은 19세기 후반 정부에서 작성한 공문서뿐만 아니라 민간에서 작성한 사문서에서도 광범위하게 확인된다. 시간이 흐를수록 호명을 사용하는 문서 종류가 다양화되는 것과 달리 개인의 호명은 점차 단일화 되어갔다.[114] 18세기 전반만 하더라도 특정인이 여러 호명을 사용하는 사례가 많았으나 19세기 후반에는 1인 1호명 체제가 정착되었다. 금산리 사례는 광무양전 당시 땅 주인들은 시주명(時主名)으로 자신의 실명·호명·자(字), 사망한 조상의 이름, 마름의 호명 등을 사용하더라도 토지소유권 행사에 하등의 제약을 받지 않는다는 사실을 인지하고 있었음을 보여준다. 당시 사람들은 광무양안을 근거로 소유권 확인서인 관계(官契)가 발급될 것임을 잘 알고 있었다.[115]

---

114) 김건태, 앞의 「戶名을 통해 본 19세기 職役과 率下奴婢」.
115) 최원규, 1995, 「대한제국기 量田과 官契發給事業」, 앞의 『대한제국의 토지조사사업』.

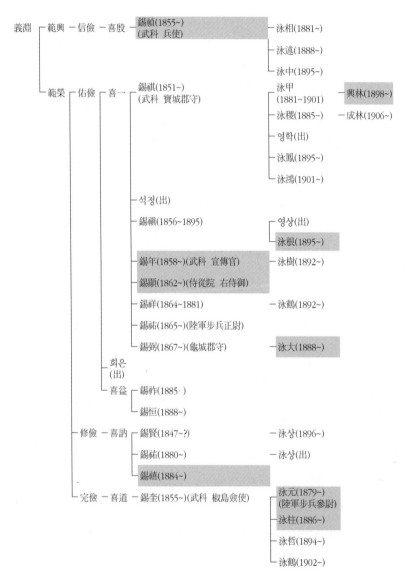

[그림 17] 금산리 함안윤씨 가계도

비고: * 자료-1925년판 함안윤씨족보.

** 음영으로 표시된 부분은 조사부에서 확인되는 사람임.

대체로 금산리 윤씨들은 자신의 토지를 자신의 호명으로 양안에 등록했지만 가끔 합록(合錄)·분록(分錄)도 행했다.([표 26] 참조) 예컨대, 양안에 올라있는 윤대성(尹大成) 소유 토지는 조사부에 등재될 때는 윤흥림(尹興林)을 비롯한 윤씨 10명에게 분할된다. 1925년에 간행된 함안윤씨족보에서 윤대성은 확인되지 않지만 족보와 조사부를 종합해 볼 때 윤대성은 윤흥림의 조부 윤석기(尹錫祺, 1851년 생)의 호명으로 추정된다. 윤대성 소유 토지와 연결되는 토지를 소유한 윤씨 소유자 10명 가운데 8명은 족보에서 확인되며, 그들의 촌수는 11촌을 넘어서지 않는다.([그림 17] 참조)

토지 분할이 매매의 결과였다고 보기 어려운데, 그 이유는 다음과 같다. 첫째, 한 명의 토지가 10명에게 분할 방매되었다고 보기 어렵다. 둘째, 양자가 토지를 서로 주고받았다고 보기 어렵다. 양안에 올라있던 윤대흥(尹大興, 尹泳元의 호명)과 윤억만(尹億萬, 尹錫顯의 호명) 소유 땅 일부가 윤흥림 소유지로 조사부에 등재되었다. 즉 윤흥림과 윤영원, 그리고 윤흥림과 윤석현이 땅을 서로 맞바꾸는 일이 일어났다고 보기 어렵다. 따라서 양안의 윤대성은 여러 명의 땅을 합록하고 있었다고 보는 것이 순리적이다. 한편 윤씨 성을 가진 시주 10명 가운데 윤흥복(尹興卜)과 윤흥억(尹興億)을 제외한 8명은 윤씨 성을 가진 소유자 2명 이상과 연결된다. 8명은 토지를 합록하고 있었던 것으로 보인다. 합록은 문장 혹은 유력자가 제위전, 계답 등과 같은 공동소유지를 자신의 호명으로 양안에 올림으로써 이루어졌던 것으로 보인다.

합록뿐만 아니라 분록으로 추정되는 사례도 보인다. 윤영하(尹泳夏) 소유지로 조사부에 등재된 땅은 6명 이름으로 양안에 올라있었던 것인데, 양안 시주 6명 가운데 5명이 윤씨 성을 가졌다. 그리고 조사부에 등재된 윤영원(尹泳元) 땅도 6명 이름으로 양안에 올라있었던 것인데, 양안 시주 6명 가

운데 4명이 윤씨 성을 가졌다. 나아가 양안과 연결된 조사부에서 윤씨 성을
가진 소유자는 11명 확인되는데, 그 중 윤석렬(尹錫烈)과 윤영주(尹泳柱)를
뺀 9명은 윤씨 성을 가진 시주 2명 이상과 연결된다. 이들 9명 가운데 상당
수는 자신 토지 일부를 다른 사람 이름으로 분록하였다고 할 수 있다.

대록 현상은 조사부에서도 발견된다. 토지조사사업 당시 금산리는 함안
윤씨 동성촌락이었다. 금산리 윤씨 일족은 19세기 말~20세기 초 관직자 8
명을 배출했을 뿐만 아니라 막강한 경제력도 갖추고 있었다. 조사부에 등
재된 소유자 74명 가운데 윤씨 성을 가진 사람은 13명(17.6%)[116]에 지나지
않았으나, 이들이 금산리 땅의 67.7%인 304,742평을 소유했다. 금산리 윤씨
일족은 정치력과 경제력을 바탕으로 함안윤씨 대종회를 이끌어 나가기도
했다. 무과(武科)에 합격하고 보성군수(寶城郡守)를 지낸 윤석기(尹錫祺,
1851년 생)는 1925년에 간행된 함안윤씨족보 서문을 썼다. 그런데 윤석기
는 족보에서만 확인될 뿐 조사부에서 보이지 않는다. 그가 모든 땅을 나이
어린 손자 흥림(興林, 1898년 생) 이름으로 조사부에 올렸기 때문이다. 흥림
이 대토지 소유자로 등장하는 것과 달리 숙부 3명과 사촌 1명은 조사부에
서 보이지 않는다. 무과를 거쳐 초도첨사(椒島僉使)를 역임한 윤석규(尹錫
奎, 1855년 생)도 조사부에서 확인되지 않는다. 윤석규는 토지조사사업 당
시 아들 4명을 두고 있었는데, 조사부에서는 아들 2명만 확인된다.

관직자가 다수 배출되면 집안이 번성하게 되고, 문중이 활성화되면 제위
전(祭位田), 계전(契田) 등과 같은 공동소유지가 크게 늘어나는 것이 조선후
기 일반적인 모습이다. 그런데 금산리 조사부에는 공유지가 1필지도 없다.
토지조사사업 당시 윤씨 일족은 각종 공유지를 개인 소유지로 신고했기 때
문에 그런 현상이 빚어진 것으로 보인다. 이미 보았듯이 양안에 윤대성(尹

---

116) 錫年, 錫烈, 錫祐, 錫禎, 錫顯, 錫喜, 泳國, 泳根, 泳大, 泳元, 泳柱, 泳夏, 興林.

大成) 이름으로 올라있는 토지는 조사부에 등재될 때 윤씨 성을 가진 10명에게 분할된다. 분할된 토지는 공유지였던 것으로 보인다.

토지조사사업 당시 제위전, 계전 등과 같은 공동소유 전답은 대부분 1인 소유지로 신고 되었다. 문중이 잘 유지되고, 각종 계가 활발하게 움직이던 안동지역 사례를 통해 실상을 좀 더 구체적으로 살펴보도록 하자. 토지조사사업 때 작성된 안동군 토지조사부에 기재된 토지[전, 답, 대]는 176,193필지이다. 그 중 종중재산(宗中財産)임을 밝힌 토지는 468필지로, 전체의 0.26%에 불과하다. 종중재산으로 신고 된 토지 가운데 안동을 대표하던 명족(名族) 소유 토지는 일부에 지나지 않는다. 예컨대, 서애 유성룡 후손인 풍산유씨 종중재산 16필지, 학봉 김성일 후손인 의성김씨 종중재산 6필지가 확인될 뿐이다. 퇴계 이황 후손인 진성이씨, 정재 유치명 후손인 전주유씨 문중재산은 조사부에서 1필지도 보이지 않는다. 그런데 이들 네 문중에서는 지금도 조상전래의 종중재산을 다량 소유하고 있다. 안동지역 명족들은 토지조사사업 당시 대부분의 제위전을 1인 소유지로 신고했음을 알 수 있다.

안동군 토지조사부에는 각종 계전과 같이 여러 사람이 공동으로 소유하고 있던 토지가 공유지로 신고된 사례도 소수에 불과하다. 조사부에서 2인 이상이 공유하고 있음을 밝힌 토지는 174필지로, 전체의 0.09%에 지나지 않는다. 이 가운데 진성이씨 일족과 의성김씨 일족 공유지는 각각 18필지와 1필지에 불과하다. 그리고 풍산유씨와 전주유씨 일족 공유지는 조사부에서 단 1필지도 확인되지 않는다. 이들 네 문중에서는 지금도 계전을 비롯한 조상전래의 공유지를 적지 않게 소유하고 있다. 안동지역 명족들은 토지조사사업 당시 대부분의 공유전답을 1인 소유지로 신고했음을 알 수 있다.

## (2) 시작

시주가 양전 당시[현재] 주인을 의미하듯이 시작은 양전 당시[현재] 경작자를 의미한다. 시주와 시작은 어떤 필지에서는 동일인이고, 어떤 필지에서는 다른 사람이다. 기존의 연구에서는 대개 전자의 경우를 시주의 자작지, 후자의 경우를 시작의 차경지로 해석한다.[117] 금산리 양안에서 시작이 기재된 곳은 248필지로, 전체(448필지)의 절반을 조금 넘는다. 그리고 양안에서 확인되는 시작인은 127명이다. 이들 가운데 39명은 양안에 시주로도 올라있고, 5명[118]은 조사부에서 소유주로 확인된다. 시주명 대부분이 호명이었음을 감안하면 시작명도 대부분 호명이었음을 알 수 있다.

기존 연구처럼 모든 시작을 차경인으로 해석하게 되면 자신의 땅 상당부분을 타인에게 빌려주고, 자신은 타인의 땅을 차경하는 사람이 금산리 양안에서 적지 않게 확인된다.([표 27] 참조) 이렇듯 금산리의 경우 모든 시작을 차경인으로 해석하기에는 무리가 따른다. 예컨대, 윤억만(尹億萬)은 14,494평에서 시주로 등장하는데, 그 중 3,803평에는 시작이 없고 10,691평에는 시작이 있다. 동시에 윤억만은 다른 사람의 땅 7,527평에 시작으로 이름을 올리고 있다. 윤억만이 자신의 땅 대부분을 다른 사람에게 빌려주고, 정작 자신은 다른 사람의 토지를 차경했다고 보기 어렵다. 41,594평의 시주로 올라있는 윤복이(尹卜伊)와 39,241평의 시주로 올라있는 윤대흥(尹大興) 또한 윤억만과 같은 경우이다.[119] 윤억만, 윤복이, 윤대흥이 시작으로 기재

---

117) 金容燮, 1960, 「量案의 研究」, 『史學研究』 7·8. 이후 많은 연구자들이 김용섭의 견해를 따랐다.
118) 孫鎰甲, 孫二甲, 安致先, 崔元伯, 河多日.
119) 윤복이의 토지 41,434평 가운데 31,446평에는 시작이 있고, 9,988평에는 시작이 없다. 그리고 그는 타인의 땅 747평에 시작으로 이름을 올리고 있다. 윤대흥의 토지

[표 27] 금산리 양안 시작이 시주란에 이름을 올린 현황 (단위: 명)

| 시작＼시주 | 0 | 500평 미만 | 500 ~ 1,000 | 1,000 ~ 3,000 | 3,000 ~ 5,000 | 5,000 ~ 1,0000 | 10,000 평 이상 | 합계 |
|---|---|---|---|---|---|---|---|---|
| 10,000평 이상 | 1 | | | | | | | 1 |
| 5,000~10,000 | 4 | 1 | 1 | | 2 | | 1 | 9 |
| 3,000~5,000 | 13 | | 1 | 4 | 1 | | | 19 |
| 1,000~3,000 | 30 | 2 | 3 | 5 | | | | 40 |
| 500~1,000 | 11 | | 1 | 3 | 1 | | 2 | 18 |
| 500평 미만 | 29 | 1 | 1 | 5 | 3 | 1 | | 40 |
| 합계 | 88 | 4 | 7 | 17 | 7 | 1 | 3 | 127 |

비고: 면적은 양안과 연결된 조사부에 근거해 계산했음. 본문의 면적도 동일.

된 까닭은 그들이 차경자였기 때문이 아니라 해당 필지의 납세자였기 때문이라고 추정된다.[120]

양안에 시작이 기재되지 않은 토지 또한 모두 자작지였던 것은 아니다. 양안에서 이시백(李時伯)이 시주로 기재된 19필지 가운데 4필지에는 시작이 없다. 그런데 조사부에서 19필지 소유주는 경성에 거주하는 장기조(張基肇)로 확인된다. 장기조가 경성에 거주하면서 이 땅을 자작할 수는 없다.

39,241평 가운데 20,239평에는 시작이 있고, 19,002평에는 시작이 없다. 또한 그는 타인의 땅 858평에 시작으로 이름을 올리고 있다.

120) 윤복이는 윤대성의 땅 1필지(747평)에 시작으로 등장한다. 그런데 조사부에서 이 땅의 소유주는 호명으로 윤복이를 사용하던 윤석정이다. 양전 이후~토지조사사업 이전 어느 시기에 윤석정이 이 땅을 구입했을 가능성을 전혀 배제할 수 없다. 하지만 그럴 가능성은 매우 낮다. 앞서 보았듯이 양안에 올라있는 윤대성의 토지는 조사부에 등재될 때 윤홍림을 비롯한 10명의 윤씨에게 분할되었다. 무슨 이유인지는 모르지만 윤석정이 그의 땅을 윤대성의 이름으로 양안에 올렸다고 보는 것이 자연스럽다. 양전 실무자들은 시주 윤대성이 양전 당시 납세자가 아니기 때문에 실제 납세자인 윤복이를 시작으로 기재했다고 판단된다.

이시백은 장기조의 마름으로 보인다. 양안에서 조군서(趙君西)가 시주로 기재된 6필지 중 5필지에도 시작이 없다. 그런데 조사부에는 6필지 소유주로 음죽군 장호원에 거주하는 조성달(趙聖達)이 올라있다. 금산리에서 약 35km 떨어진 장호원에 거주하는 조군서가 이 땅을 자작했다고 보기 어렵다. 조군서는 조성달의 마름이 사용하던 호명이었을 가능성이 크다. 이같이 마름이 시주란에 이름을 올리게 되면 그가 차경하던 필지의 시작란은 공란으로 남게 되는 것이다.

금산리 양안에 등재된 시작의 성격이 다양했다는 사실에 대해 좀 더 살펴보기로 하자. 금산리 양안에서 가장 넓은 땅에 이름을 올린 시작은 윤명선(尹明先)이다. 그는 시작으로 6필지(15,142평)에 등장하고 시주로는 나타나지 않는다. 그가 시작으로 올라있는 땅은, 오늘날 농촌에서 일반적으로 통용되는 환산율 200평 = 1두락을 적용했을 때 75두락이 넘는다. 이렇게 넓은 토지를 경작하면서 자신 이름으로 양안에 올린 땅이 한 뙈기도 없었다는 사실을 어떻게 이해해야 할까? 두 가지 가능성이 있다. 첫째, 윤명선은 실제 작인이 아니라 가공의 납세자일 가능성이 있다. 윤명선이 시작으로 올라있는 땅은 모두 윤대성이 시주로 되어있는데, 이 땅은 조사부에서 윤흥림, 윤석년, 윤석현 등 3인 소유로 분할 등재된다. 윤석년과 윤석현은 형제간이고, 윤흥림은 이들의 종손자(從孫子)이다. 그런데 앞서 보았듯이 윤흥림은 그의 할아버지 윤석기를 대신하여 조사부에 이름을 올렸다. 이러한 사실로 미루어 볼 때 윤명선이 시작으로 올라있는 땅은 윤석기, 윤석년, 윤석현 형제의 공동소유지였을 가능성이 있다.

둘째, 윤명선은 실제 작인일 가능성도 있다. 즉 광무양전 당시 그는 넓은 땅을 차경하던 무토지 농민일 수 있다. 그렇다면 10년 뒤 그의 사정은 어떻게 되었을까? 조사부에서 윤씨 성을 가진 소유자는 모두 13명이다.([표 28]

[표 28] 금산리 조사부에 등재된 윤씨(尹氏) 소유자 전답의 내력

| 번호 | 소유자(필지) | 양안 시주(필지) | | |
|---|---|---|---|---|
| 1 | 尹興林(132) | 尹大成(117), 尹大興(3), 尹億萬(2), 미등재(10) | | |
| 2 | 尹錫顯(58) | 尹億萬(29), 尹大成(8), 金介卜(2), 李凡石(2), 李丁孫(2), 洪大德(2), 金自化(1), 金致成(1), 金七龍(1), 孫冠一(1), 孫一甲(1), 元申卜(1), 尹大興(1), 尹千得(1), 李利敬(1), 李自先(1), 趙成伯(1), 韓判釗(1), 미등재(1) | | |
| 3 | 尹泳元(57) | 尹大興(27), 尹一萬(15), 李昌之(2), 金自化(1), 元伯萬(1), 尹大成(1), 尹興億(1), 미등재(9) | | |
| 4 | 尹錫禎(53) | 尹卜伊(33), 尹大成(4), 金自化(3), 金章化(1), 朴興吉(1), 李云甫(1), 崔用西(1), 미등재(9) | | |
| 5 | 尹泳夏(38) | 尹卜伊(16), 尹一萬(6), 李生伊(5), 尹大成(2), 尹億萬(2), 尹大興(1), 미등재(6) | | |
| 6 | 尹錫年(11) | 尹用成(4), 尹大成(3), 尹億萬(2), 尹卜興(1), 池聖實(1) | | |
| 7 | 尹泳根(10) | 尹興卜(5), 尹大成(1), 尹卜興(1), 金章化(1), 李自先(1), 미등재(1) | | |
| 8 | 尹泳大(7) | 尹千得(3), 尹大成(1), 尹卜伊(1), 李大仁(1), 趙宗畨(1) | | |
| 9 | 尹泳柱(3) | 尹一萬(3) | | |
| 10 | 尹錫喜(2) | 尹大成(1), 尹卜興(1) | | 田畓 합 1188평 |
| 11 | 尹錫烈(3) | 孫在春(1), 尹大成(1), 미등재(1) | | 田垈 합 1000평 |
| 12 | 尹泳國(1) | 미등재(1) | | 田 887평 |
| 13 | 尹錫祐(1) | 미등재(1) | | 田 261평 |

비고: ( ) 안의 숫자는 필지 수임.

참조) 토지의 내력으로 미루어 볼 때 윤명선이 1번 윤흥림~9번 윤영주 중한 명일 가능성은 거의 없다. 토지조사사업 당시 9명이 소유하고 있던 토지 내력을 살펴보면 광무양안에 특정 시주명으로 올라있던 것이 많다. 이러한 사실은 9명은 광무양전 당시에도 많은 땅을 가지고 있었음을 의미한다. 그리고 윤명선이 10번 윤석희(1884년 생)일 가능성도 거의 없다. 10대 후반의 나이에 그만한 토지를 차경했다고 보기 어렵다. 윤명선이 조사부에서 땅 3필지를 소유한 11번 윤석렬일 가능성에 대해 생각해보자. 윤명선이

곧 윤석렬이라면 광무양전 당시 무토지 농민이었던 윤명선이 토지조사사업 이전에 토지를 매입한 셈이 된다. 그런데 조사부에 등재된 그의 땅 가운데 윤대성 명의로 양안에 올라있던 전(538평)은 매득한 토지라고 보기 어렵다. 이미 보았듯이 이 토지는 윤씨 집안의 공동소유지였을 가능성이 농후하다. 따라서 조사부에 등재된 윤석렬의 소유지 가운데 매득한 토지는 전 1필지(333평)에 불과하다. 윤명선은 윤석우 혹은 윤영국일 가능성도 있다. 윤명선이 윤석렬, 윤석우, 윤영국 가운데 한 명이라고 가정하더라도 그들이 광무양전 이후~토지조사사업 이전에 매득한 토지는 거의 없다.

금산리 양전 실무자들은 실제 작인이 존재하던 필지의 시작란을 비워두기도 하고, 작인이 아니라 납세자를 시작으로 파악하기도 하고, 실제 작인을 시작으로 기재하기도 했던 것으로 보인다. 하지만 금산리 시작 가운데 적지 않은 사람이 시주와 그 이름이 겹치는 사실로 미루어 볼 때 시작 대부분은 실제 작인이었던 것으로 추정된다.

# 소결

광무양전은 실지 조사에서 양안 작성에 이르는 전 과정을 중앙에서 관장하도록 기획되었다. 중앙에서 파견된 양지아문 소속 양전 실무자들은 현지 사정에 밝은 촌로[지심인]의 도움을 받아가면서 실지 조사를 하고 현장에서 야초를 작성하였다. 양지아문은 실무자들이 야초를 토대로 현지[군현]에서 작성한 중초본을 근거로 서울에서 정서본 양안을 작성하였다. 광무양전에서는 현지 사정을 손바닥 들여다보듯이 훤히 알고 있던 서원과 같은 지방행정 인력을 적극 활용하지 않아 많은 비용이 소요되었다. 재정 여유가 없었던 군현에서는 양전 초기부터 비용 마련에 애를 먹기도 했다.

양전 실무자들은 현장 조사를 할 때 목측에 의존함으로써 방위를 간혹 착각하기도 했다. 그러나 그들은 철저한 조사를 통해 당시 경작되고 있던 숙전(熟田)을 빠짐없이 양안에 등재했다. 간혹 양전에서 제외된 전답도 있었는데, 그곳은 개울가 근처에 위치해 자주 수해를 입던 작은 땅뙈기 또는 개간 된지 얼마 되지 않아 생산성이 불안정한 산기슭 주변 농토였다. 이러한 사실은 광무양전 당시 농촌이 매우 안정적이었음을 의미한다. 즉 광무양전 당시에는 한해와 수해 탓에 버려져 진전으로 방치된 곳은 거의 없었다.

양전 실무자들은 전형을 가능한 한 직사각형으로 파악하려고 했다. 그들은 전형을 글로도 적고 그림으로도 묘사했는데, 이는 전답모양을 객관적으로 묘사한 것이 아니라 면적을 산출하기 위해 정형화시킨 것이다. 양전 실무자들은 도형의 면적을 산출하는 방식에 따라 개별 필지의 장관척을 실측한 다음, 즉 사다리꼴은 세 변, 사각형은 두 변의 길이를 재서 그 값을 양안에 기재해 놓았다. 전답 면적은 이전 시기 양안에서는 볼 수 없는 내용이다. 정부는 양지아문 양안을 토대로 소유권 증빙 장부가 되는 지계아문 양안을 작성하려고 했기 때문에 면적을 기재했다. 면적에 대한 관심이 많아졌다는 것은 소유권과 관련된 의식이 이전 시기보다 한층 강해졌음을 의미한다.

광무양전 때의 면적 파악율은 답(畓)에서 제일 높았다. 이것은 광무양전 때 전과 대 면적을 의도적으로 과소평가하였음을 의미한다. 곡물이 생산되지 않는 집 자리와 마당에 대한 부세를 면제해 주고 단위면적당 곡물생산량이 적은 전의 부세량을 낮추어 주기 위해 지목별로 면적 파악율을 달리하였다. 전답등급을 책정할 때도 토지 비옥도와 토지 이용율 등을 참작하였다. 전답등급은 대가 가장 높고, 그 다음이 답이고, 전이 제일 낮다. 균세를 위해 지목별로 면적 파악율과 전답등급을 조절한 결과였다.

정부는 광무양전의 주된 목적이 균세에 있음을 분명히 하였다. 양전에 앞서 시주를 파악할 때 '인민의 편의를 위해 지나치게 엄격하게 따지지 말라'고 지시했다. 시주는 실제 땅 임자를, 시작은 실제 경작자를 등재하려고 했으나 뜻대로 되지 않은 곳이 적지 않았다. 가공의 인물을 시주로 올리기도 하고 차경지를 자작지[시작이 없는]로 기록하기도 했다. 양안에 등재된 시주명과 시작명 또한 일상생활에서 사용하던 실명과는 거리가 있었다. 즉 이름 대부분은 호명이었다. 납세명을 중요하게 여겼다는 사실은 광무양전의 일차 목적이 부세문제를 해결하는 데 있었음을 의미한다. 그런만큼 인민들은 자신들의 전답에 부과될 부세량을 알아보기 위해 광무양안을 등사하기도 했다.

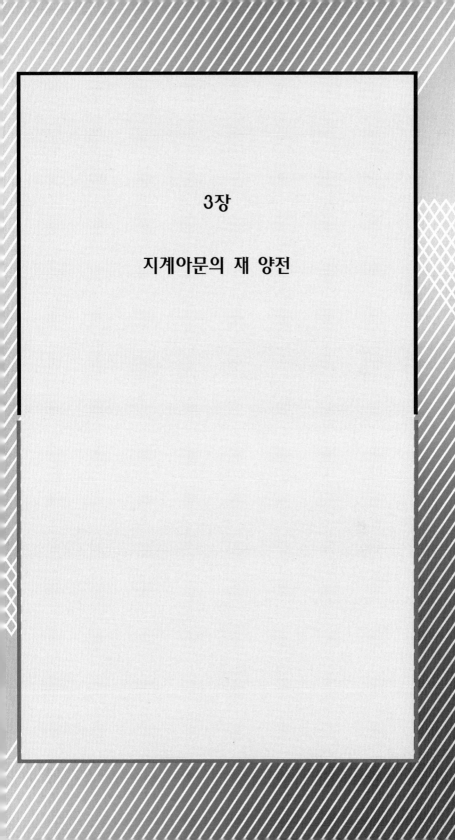

3장

지계아문의 재 양전

# 1. 인민의 요구 수용

## 1) 대상 지역

지계아문은 애초 계획에는 없던 기관이다. 광무양전 초기 단계까지만 하더라도 양지아문에서 관계 발행을 주관하는 것으로 되어있었다. 양지아문 양전을 마치기 전에 전토관계지법(田土官契之法)을 도입하자는 1901년 10월 12일 김중환의 상소가 지계아문 설립을 촉발했다. 정부는 그의 건의를 받아들여 1901년 10월 20일 지계아문 설립을 공포하였다. 설립 당시 지계아문은 현장조사를 거쳐 양안을 작성하는 업무는 담당하지 않고 오직 전토계권(田土契券) 관련 사무만 처리하는 임시 관청이었다. 그러다가 1902년 3월 17일 양지아문을 흡수하면서 토지조사부터 관계 발급에 이르는 전 과정을 주관하는 상설기관이 되었다.

지계아문은 양지아문에서 실지 조사를 실시한 지역에 대해서는 현장조사를 다시 하지 않는 것을 원칙으로 하였다. 그런데 인민들이 양지아문 양전 결과에 대해 거세게 저항하거나 양지아문 양전 때 누락된 곳이 많은 지역에 대해서는 지계아문에서 실지 조사를 다시 진행했다. 지계아문은 양전과 관련하여 32개 항의 지계감리응행사목(地契監理應行事目)을 각 도에 훈령했다. 1903년 2월 27일 전라도에 하달된 훈령 중 주요 내용을 소개하면 다음과 같다.

> 12. 量務를 所管地方에 前往實施호되 正田正畓의 等은 國朝舊典을 依
>     호야 六等으로 定호되 行量홀 時에 舊案을 憑照호야 舊陳中 可陞

者와 原起中 陳落者를 昭詳區別홀 事

13. 定結홀 規例는 國朝舊典을 依ᄒᆞ야 田畓積이 萬尺이면 一等에 一結이오 二等에 八十五負오 三等에 七十負오 四等에 五十五負오 五等에 四十負오 六等에 二十五負式 ᄒᆞ야 十五負式 遞減홀 事

14. 正田正畓은 常耕홀 田畓을 指홈이니 正田正畓以外에 地質이 瘠薄ᄒᆞ고 禾穀이 不穩ᄒᆞᆫ 田은 火粟이라 續降이라 稱ᄒᆞ고 別定三等ᄒᆞ야 積이 萬尺이면 一等은 十二負오 二等은 八負오 三等은 六負로 定ᄒᆞ야 農民에 濫徵홀 寃이 無케ᄒᆞ고 量案에 漏ᄒᆞᆫ 者는 依原結案例ᄒᆞ야 字號犯數와 一字五結로 別成量案홀 事

15. 結負把束名目은 國朝舊典을 依ᄒᆞ야 十把가 一束이오 十束이 一負오 百負가 一結이오 五把以上은 收爲一束ᄒᆞ고 四把以下는 截棄ᄒᆞ야 勿用홀 事

16. 字號는 國朝舊典을 依ᄒᆞ야 千字文으로 標ᄒᆞ야 量滿五結ᄒᆞ거든 字號를 變ᄒᆞ되 每郡客舍北壁에서 字號를 起始홀 事

17. 田畓의 形은 國朝舊典의 方形直形圭形句股形 外에 圓形과 楕形과 弧矢形과 三角形과 眉形을 添定ᄒᆞ고 十形에 不合ᄒᆞᆫ 田畓은 直以邊形으로 定名ᄒᆞ야 等邊不等邊을 勿論ᄒᆞ고 四邊形五邊形으로 以至多形까지 隨形命名ᄒᆞ야 量案에 懸錄홀 事

18. 田畓定等은 土質과 水根과 坐地를 詳察ᄒᆞ며 本價와 穀出을 採探ᄒᆞ고 指審人의 評論을 參聽ᄒᆞ며 舊量案의 本等을 傍照ᄒᆞ야 高下를 定홀 事

19. 量案은 或舊案을 依ᄒᆞ야 字號犯數와 四標를ㄹ 昭詳懸錄成案이되 售奸ᄒᆞᄂᆞᆫ 弊가 有ᄒᆞ면 行量各員과 田土與指審人은 弄結之律을 難免이오 事務에 不審ᄒᆞ야 錯誤홀 境에 至ᄒᆞ면 輕重을 隨ᄒᆞ야 責罰을 必施홀 事

20. 中草는 量案에 字號卜數를 一從ᄒᆞ야 別具成冊이되 陳起와 時主姓名을 區別懸錄홀 事

21. 中草中陳落者를 一一抄出ᄒᆞ야 別成一冊이되 若或執務官吏가 幻弄售奸이거ㄴ 田畓時主가 符同挾雜이다가 監理更査홀 時에 情節이 綻露ᄒᆞ면 該田畓은 一切陞摠ᄒᆞ고 犯科人員은 當律을 必施홀 事

22. 陳落成冊中에 還起흔 土品이 瘠薄흔 者는 續降田에 附ㅎ고 續降一
   等田中에 可合陞摠者는 原結案에 抄入홀 事

23. 舊案外에 或浦或淵或沙或陳荒處의 新起흔 者는 這這查出ㅎ야 原
   結案에 陞入홀 事

24. 各公土中에 年久禾賣ㅎ야 仍作私土者는 這這查覈ㅎ야 從實懸錄홀 事

25. 各公土도 私土例을 依ㅎ야 定等執結홀 事

26. 公廨와 民家를 幷量호되 瓦家草家間數와 戶主姓名을 詳錄홀 事

27. 竹田蘆田楮田漆林을 分別懸錄홀 事

28. 墓陳은 去塚五十步 外에는 勿許懸錄홀 事

29. 行量ㅎ는 地方에 各該洞大小民人中에 宅田公正ㅎ고 農理에 鍊熟흔
   一人을 公薦케ㅎ야 別定有司에 隨事指審ㅎ야 土品을 評論케홀 事

31. 山林川澤을 行量ㅎ는 境遇에는 四表와 尺數를 昭詳케홀 事[1]

양전과 관련된 이전 사목(事目)에서는 볼 수 없는 항목이 적지 않다. 공
사전(公私田, 25조), 가옥(家屋, 26조), 죽전·노전·저전·칠림(竹田蘆田楮田漆
林, 27조), 묘진(墓陳, 28조), 산림천택(山林川澤, 31조) 등과 관련된 항목은
광무양전 때 처음 제정된 것이다. 경자양전 당시 규정보다 더 자세하게 다
룬 항목도 있다. 화속전(火粟田)은 경자양전 때는 대체로 동일한 동급으로
처리했으나 광무양전 때는 3등급으로 나누었다.(14조) 전형은 여섯 가지에
서 열 가지로 늘어났다.(17조) 등급은 경자양전 때는 토지비옥도만 반영했
으나 광무양전 때는 거기에 더하여 지가(地價)도 참작하도록 했다.(18조) 경
자양전 때 규정을 계승한 항목도 있다. 등급(12조), 결부(13·15조), 자호(16
조) 등과 관련된 부분이 그렇다.

여기서는 양지아문 양전 결과에 대해 인민들이 거세게 항의한 용인지역
에 대해 살펴보기로 한다. 검토대상 지역은 1914년 행정구역 재편으로 경

---

1) 『完北隨錄(上)』訓令 各郡 (奎古 5121-1-v).

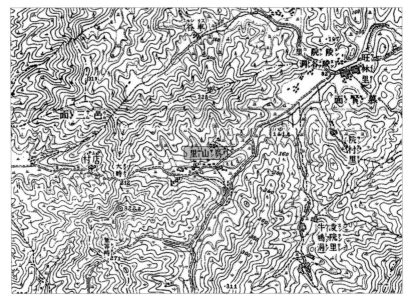

[그림 1] 20세기 초 오산리 전경
자료: 『近世韓國五萬分之一地形圖』, 1914~18年 朝鮮臨時土地調査局測量.

기도 용인군(龍仁郡) 모현면(慕賢面) 오산리(吳山里)로 편제된 곳이다. 오산리는 1914년에 새로 생긴 마을이 아니라 광무양전 당시에도 오산리로 존재했다. 조선후기 양반들이 선호하던 전형적인 배산임수 지역이다. 오산리에서 동남쪽으로 조금 떨어진 곳에 위치한 향수산(香秀山, 해발 457m)에서 뻗어 나온 산록 한 자락이 마을 동쪽을 감싸고 달리다가 동북쪽에서 멈추고, 또 한 자락은 마을 남쪽을 거쳐 서쪽과 북쪽을 휘감아 돌아 동북쪽에서 끝을 맺는다. 이같이 오산리는 사방이 산으로 둘러싸여 있어 산자락 곳곳에서 도랑물이 흘러내려 마을을 관통하는 개울로 모여든다. 오산리를 감싸는 산자락이 동남쪽 향수산에서 뻗어 나온 탓에 오산리 중앙을 관통하는 개울 또한 동남쪽 산록에서 발원하여 마치 굽은 활처럼 서쪽을 휘감아 돌면서 마을 북동쪽으로 빠져나간다.

오산리는 협소한 계곡을 따라 연중 마르지 않는 개울이 흐르는 까닭에 보와 같은 간단한 수리시설만 설치하더라도 농사철에 물 걱정을 하지 않아도 되었다. 하지만 골짜기가 워낙 협소하고 가팔라서 개울 양안(兩岸)에는 농지가 들어설 자리가 그다지 많지 않았다. 따라서 많은 농지는 산비탈에 자리 잡고 있었다. 그 결과 1911년에 작성된 오산리 토지조사부2)(土地調查簿, 이하 조사부로 약함)에 등재된 농지는 전이 66.5%(垈 7% 포함)였고, 답은 33.5%에 불과하였다.3)

1911년 당시 오산리 인가(人家)는 마을이 계곡을 따라 펼쳐진 탓에 한 곳에 모여있지 않고 몇 군데 흩어져 있었다. 북쪽 맨 위 율곡(栗谷)에 집이 몇 채 있었고, 그 아래 죽전(竹田)에 동서로 꽤 많은 집이 늘어섰으며 그 서쪽 양지평(陽地坪)에 집이 몇 채 모여 있었다. 그리고 마을 중간에 위치한 오산소동(吳山所洞)에 여러 집이 옹기종기 모여 살았다. 그 아래 상암곡(裳巖谷)에도 몇몇 집이 흩어져 있었고, 마을에서 가장 깊숙한 곳인 수청동현하(水青洞峴下)에도 몇 집이 살고 있었다.

20세기 초 오산리에는 오씨(吳氏)들 소유지가 많았다. 조사부에 등재된 사유지 지주 67명 가운데 26명이 오씨였는데, 그들은 오산리 전답(318,001평)의 60.8%(193,358평)를 소유하고 있었다. 26명 가운데 22명이 해주오씨 족보4)(이하 족보로 약함)에서 확인된다. 그들은 오윤겸(吳允謙, 1559~1636)을 파조(派祖)로 하는 추탄공파(楸灘公派) 구성원(18명)과 오윤해(吳允諧, 1562~1629)를 파조로 하는 만운공파(晚雲公派) 사람(4명)이다. 오윤겸과 오

---

2) 국가기록록원 소장. 토지조사사업 때 작성된 오산리 토지대장은 현존하지 않는다.
3) 田 187,991평(59.5%), 垈 22,254평(7.0%), 畓 105,928평(33.5%).
4) 吳晙根等編, 1964, 『海州吳氏大同譜』.

윤해가 모두 파조(派祖)여서 그들의 촌수가 꽤 멀었을 것으로 생각하기 쉽다. 그런데 그들은 매우 가까운 사이였다. 두 사람은 원래 형제였는데, 윤해가 삼종숙부(三從叔父) 오희인(吳希仁)에게 양자 감으로써 10촌 사이가 되었다. 한편 윤해와 희인은 혈연적으로는 숙질간이었다. 윤겸의 부 오희문(吳希文)과 윤해의 양부(養父) 오희인은 애초 형제였는데, 희인이 재종숙부(再從叔父) 경호(景顥)에게 양자 감으로써 8촌 사이가 된 것이다. 따라서 만운공파 사람들은 오희문의 후손도 되는 셈이다.

조사부와 족보에서 동시에 확인되는 22명의 조상 가운데 용인과 처음 인연을 맺은 인물은 『쇄미록(瑣尾錄)』을 남긴 오희문이다.[5] 충청도 영동(永同) 외가에서 태어나고 자란 그는 용인의 명족(名族)이었던 연안이씨가(延安李氏家)에 장가들었다. 16세기 신혼부부들이 대체로 신부집에서 결혼생활 초기를 보냈듯이 오희문도 결혼하고 나서 처가살이를 하였다. 오희문의 처가는 용인에 터전을 두었지만 일찍이 재경 종사했던 탓에 서울에도 주거지를 두고 있었다. 그런 관계로 오희문은 혼인 후 오랫동안 서울에 있는 처가에서 생활하였다. 중장년 시절까지 서울에서 생활한 그는 경기도 광주에서 사망하였다. 자료 부족 탓에 오희문의 용인 생활 여부를 확인할 수 없지만 그의 처가가 용인의 명족이었고, 당시 남녀균분상속이 시행되고 있던 사실 등으로 미루어 볼 때 그는 용인에 상당한 노비와 토지를 두고 수시로 그곳을 드나들었을 것으로 보인다.

20세기 초 오산리에 거주하던 해주오씨의 직계 조상으로 용인에서 일정 기간 생활한 사실이 확인되는 최초 인물은 오윤겸이다. 그는 64세 때 경기

---

5) 張賢姬, 2013, 「古文書를 통해 본 朝鮮後期 京畿地域 兩班 家門 研究- 龍仁 海州吳氏 楸灘公派를 중심으로 -」 한양대학교 박사학위논문을 기반으로 오산리 해주오씨 내력을 정리하였다.

도 광주에서 용인현 기곡면으로 이주하였고, 사후 용인현 모현면 오산리에 묻혔다. 이후 오윤겸의 종손을 비롯하여 다수의 추탄공파 후손들이 오산리에 묻힘으로써 조선후기 오산리의 상당 부분이 해주오씨 추탄공파 사람들 소유지와 선산이 되었다.

　조선후기 해주오씨 추탄공파 구성원들의 관력(官歷)이 매우 화려했던 사실로 미루어 볼 때 그들은 오산리와 관련된 크고 작은 일에 큰 영향력을 행사했을 것으로 보인다. 구성원들의 주요 관력을 정리하면 다음과 같다.

16세기 후반 출생 : 允謙(1559~1636, 領議政), 達天(1598~1648, 宗親府典籤)

17세기 전반 출생 : 達周(1600~1659, 金溝縣令), 達朝(1604~1689, 僉知中樞府事), 達士(1611~1659, 典獄署參奉), 道宗(1618~1685, 司憲府監察), 道東(1643~1724, 松羅道察訪), 道一(1645~1703, 兵曹判書), 道近(1650~?, 呂島萬戶)

17세기 후반 출생 : 遂顯(1659~1733, 金川郡守), 遂憲(1674~1705, 同知中樞府事), 遂元(1682~1745, 弘文館校理), 遂郁(1685~1738, 工曹佐郞), 遂國(1688~?, 僉使), 遂煒(1689~1758, 淸州牧使), 遂采(1692~1759, 禮曹參判), 遂福(1694~1766, 工曹參判), 命峻(1662~1727, 左參贊), 命恒(1673~1728, 右議政), 命新(1682~1749, 副提學), 命集(1685~1729, 義禁府都事), 命旭(1687~?, 訓練院都正), 命觀(1699~1756, 杆城郡守), 彦胄(1688~1741, 司諫院大司諫)

18세기 전반 출생 : 遂晃(1708~1796, 同知中樞府事), 命三(1709~?, 軍器判官), 命得(1713~1771, 司僕寺正), 命普(1713~1781, 禮曹佐郞), 命龍(1715~1771, 同知中樞府事), 命久(1718~1797, 同知中樞府事), 彦佐(1708~1781, 掌隷院司評), 彦耆(1718~1774, 忠勳府都事), 彦望(1730~1801, 義禁府都事), 彦思(1734~1776, 活人署別提), 彦謨(1741~1790, 麟蹄縣監), 彦

期(1747~1795, 積城縣監), 彦基(1747~1806, 僉知中樞府事), 泰讓(1715~1778, 宗親府典籤), 泰魯(1723~1783, 平昌郡守), 泰齊(1730~1799, 平康縣監), 泰詹(1744~1794, 漢城府尹), 泰賢(1749~1821, 五衛都摠府副摠管), 晉秀(1736~1796, 曹司五衛將)

18세기 후반 출생 : 彦先(1761~1822, 陰竹縣監), 彦誼(1763~1841, 永平縣令), 彦世(1771~1815, 同知中樞府事), 泰元(1752~1795, 同知中樞府事), 泰曾(1754~1798, 鎭安縣監), 泰昌(1770~1838, 積城縣監), 泰學(1770~1854, 東萊水虞侯), 泰重(1779~1836, 昌寧縣監), 泰雲(1790~1865, 陽根郡守), 鼎秀(1765~1840, 忠州牧使), 學秀(1769~1815, 參奉), 運秀(1775~1857, 同知中樞府事), 日秀(1790~1856, 副司果), 馨秀(1791~1853, 木川縣監), 山秀(1799~1836, 五衛將), 基默(1793~1869, 忠勳府都事), 肯默(1795~1853, 襄陽府使), 正默(1798~1866, 鏡城判官), 光默(1798~1881, 工曹參判)

19세기 전반 출생 : 貞秀(1804~1874, 繕工監役), 憲秀(1807~1880, 高原郡守), 義秀(1808~1879, 顯陵參奉), 兢秀(1830~?, 繕工監監役), 學秀(1840~1900, 司憲府監察), 鶴秀(1845~1908, 巡撫營參謀官), 承默(1804~1860, 翼陵令), 愼默(1807~1871, 同知中樞府事), 時默(1810~1880, 曹司五衛將), 元默(1818~1890, 訓鍊院僉正), 昌默(1820~1881, 雲峰縣監), 章默(1820~1887, 密陽府使), 明默(1822~1902, 平昌郡守), 陽默(1825~?, 義禁府都事), 膺默(1831~1892, 中樞府事), 成默(1832~1904, 咸陽郡守), 宖默(1834~1906, 咸安郡守), 赫默(1835~1890, 忠武衛副司勇), 定默(1838~1881, 僉知中樞府事), 衡默(1841~1905, 宮內府主事), 貞默(1845~1929, 敦寧府都正), 淳善(1810~1865, 司憲府監察), 行善(1818~1877, 英陵參奉), 琮善(1823~1873, 僉知中樞府事), 百善(1825~1869, 繕工監役), 利善(1828~1878, 松禾縣監), 濟善(1830~1892, 忠武衛副司勇), 昌善(1835~?, 昭寧園守奉官), 國善(1840~?, 副司果), 應善(1843~1897, 司憲府監察), 珉善(1845~1904, 秘書院秘書丞), 禹善(1845~1909, 宮內府主事), 能善(1846~1910, 折衝), 長善(1848~1910, 宮內府特進官), 孟泳(1845~1904, 義禁府都事), 鎭泳(1849~1906, 義禁府都事)

19세기 후반 출생 : 仁默(1850~1929, 繕工監監役), 學善(1851~?, 訓練院
判官), 成善(1856~1927, 秘書院秘書丞), 喆善(1857~1927, 中樞院議官),
奎善(1859~1943, 副司果), 衡善(1872~1950, 宮內府主事), 衡根(1876~
1909, 仁陵參奉), 在根(1879~1961, 靖陵參奉), 俊泳(1847~1895, 顯陵參
奉), 昌泳(1857~1916, 英陵參奉), 光泳(1857~1924, 英陵參奉)6)

　해주오씨 추탄공파 구성원들의 관력은 매우 화려하다. 추탄공파는 19세
기 후반까지 관직자를 꾸준히 배출했지만 참판 이상을 역임한 고위 관직자
대부분은 18세기 이전 출생이다. 18세기 후반부터 고위 관직자가 줄어드는
현상은 그들 당색과 밀접한 관련이 있다. 18세기 추탄공파 사람들의 당색
에 결정적인 영향을 미친 인물은 오도일(吳道一, 1645~1703)이었다. 그는
1681년에 발생했던 임술삼고변(壬戌三告變)에 대한 처리 문제를 둘러싸고
1682년에 노론과 소론이 격하게 다툴 때 박세채(朴世采), 조지겸(趙持謙), 한
태동(韓泰東) 등과 함께 소론 영수가 되었다. 이후 추탄공파 후손들도 그와
당색을 같이 하게 된다. 그 결과 소론이 중앙정계 핵심 자리에서 밀려나는
18세기 중엽부터 추탄공파 구성원들의 관력이 그 이전에 비해 현저히 약화
된다.

　이들의 화려한 관력을 보면 앞에 선 사람이 끌어주고, 뒤에 선 사람은
밀어주는 형상이 연상된다. 실제로 이들은 비교적 이른 시기부터 부계친족
결속을 다지기 위해 종계(宗禊) 창설을 도모하였다. 오명항(吳命恒, 1673~
1728, 右議政)이 처음 종계 창설을 시도하였고, 1735년에는 오수원(吳遂元,
1682~1745, 弘文館校理)이 재차 발의하였다. 친족 결속을 다지기 위한 이러
한 노력은 1766년 오희문 후손들이 참여하는 종계 설립으로 결실을 맺었

---

6) 吳晙根等編, 1964, 『海州吳氏大同譜』.

[표 1] 1766년 종계 참여자 현황                                        (단위: 명)

| 거주지역 | 黃海海州 | 京 | 京畿 | | | | | | 忠淸 | | | | | | | | | 慶尙 |
|---|---|---|---|---|---|---|---|---|---|---|---|---|---|---|---|---|---|---|
| | | | 龍仁 | 竹山 | 廣州 | 坡州 | 平澤 | 楊根 | 新昌 | 鎭岑 | 結城 | 公州 | 定山 | 溫陽 | 海美 | 淸州 | 禮山 | 大丘 |
| 인원 | 56 | 52 | 22 | 20 | 5 | 3 | 1 | 1 | 18 | 8 | 4 | 3 | 3 | 2 | 2 | 1 | 1 | 2 |

다. 이들은 여타 문중과 마찬가지로 친족결합을 도모하고 제사를 잘 받들
고자 종계를 설립하였다.

경향 각지에 거주하던 206명이 종계 창설에 뜻을 함께 하였다. 종계 참
여자7)들은 황해, 서울, 경기, 충청 경상 등 여러 도에 흩어져 살고 있었
다.([표 1] 참조) 참여자 가운데 서울 거주자가 많고, 용인 거주자는 10% 정
도 밖에 되지 않았던 사실이 인상적이다. 이때까지만 하더라도 관직자를
비롯한 유력 인물은 대부분 서울에 거주하였던 것으로 보인다. 1766년 종
계 창설을 주도한 추탄공파 종손 오명구(吳命久, 1718~1797, 同知中樞府事)
도 서울에 거주하고 있었다. 추탄 종손들은 종계 창설 이후에도 오랫동안
서울에 거주하면서 문중 대소사를 주관하였다. 서울 생활을 정리하고 오산
리로 낙향한 종손은 오상묵(吳商默, 1829~1895)이다. 그의 아버지 오정수(吳
貞秀, 1804~1874, 繕工監役)는 서울에 살면서 1860년 경 오상묵을 오산리로
보내 용인에 있는 전답 관리와 집안 대소사를 주관하게 하였는데, 오상묵
은 아버지 사후에 서울로 돌아가지 않고 용인에서 생활했다.8)

추탄공파와 마찬가지로 해주오씨 만운공파 또한 17세기 전반에 오산리
와 인연을 맺었다. 파조 오윤해가 사후 오산리에 묻힌 이후 오산리에는 윤
해의 아들로 병자호란 삼학사(三學士) 중 한 명으로 꼽히는 오달제(吳達濟,

---

7) 韓國精神文化研究院, 1998,『古文書集成』36에 실린 首陽宗帖의 내용을 정리
하였음. 거주지 불명 2명은 제외하였음.
8) 張賢姬, 앞의「古文書를 통해 본 朝鮮後期 京畿地域 兩班 家門 硏究」.

1609~1637)의 묘와 그를 기리는 충렬원(忠烈院)이 들어섰다. 조선후기 대명
의리론과 관련된 오달제의 상징성과 만운공파 구성원의 관력을 미루어 볼
때 오산리 대소사에 만운공파 구성원들이 미친 영향력은 매우 컸을 것으로
보인다. 그들의 주요 관력을 정리하면 다음과 같다.

16세기 후반 출생 : 允諧(1562~1629, 敦寧都正), 達升(1591~1638, 同副承旨)

17세기 전반 출생 : 達濟(1609~1637, 弘文館校理), 道玄(1647~1731, 順陵
參奉)

17세기 후반 출생 : 遂一(1659~1707, 丹陽郡守), 命瑞(1688~1740, 觀察
使), 命欽(1693~1745, 高靈縣監), 彦奎(1696~1759, 龍驤衛)

18세기 전반 출생 : 彦儒(1710~1760, 刑曹判書), 彦傳(1713~1796, 全州都
護府使), 彦翼(1721~1756, 恩津縣監), 彦僑(1738~1789, 泗川縣監), 在淵
(1716~1781, 同知中樞府事), 在文(1743~1822, 羅州牧使), 在鎭(1746~
1826, 僉知中樞府事), 在斗(1748~1803, 靈岩郡守)

18세기 후반 출생 : 在臣(1765~1827, 長津都護府使), 慶仁(1781~1861, 內
贍寺奉事), 慶興(1782~1865, 敦寧都正), 顯相(1785~1861, 五衛都摠管副
摠管), 顯申(1789~1849, 繕工監副正), 慶延(1796~?, 慈仁縣監)

19세기 전반 출생 : 顯文(1803~1874, 兵曹參判), 顯圭(1823~1905, 同知中
樞府事), 取善(1804~1877, 吏曹判書), 聖善(1817~1860, 沃川郡守), 最善
(1820~1891, 參奉), 聲善(1823~1884, 繕工監役), 友善(1827~1898, 敦寧府
都正), 有善(1831~1890, 左副承旨), 行善(1839~?, 義禁府都事), 仲善
(1841~1915, 同副承旨), 根善(1849~1926, 石城郡守), 健泳(1824~1890, 繕
工監副正), 學泳(1838~1906, 井邑縣監), 遠泳(1841~1890, 禁府都事), 周
泳(1846~1912, 中樞院議官)

19세기 후반 출생 : 喆根(1862~1946, 槐院副正字), 牲根(1871~1919, 地契衙
門委員), 長煥(1878~1923, 秘書院丞), 斗煥(1883~1954, 農商工部主事)9)

조선후기 해주오씨 만운공파 사람들의 관력 또한 자못 화려하다. 만운공
파는 19세기에도 판서를 배출하고 있다. 더욱이 오장환은 20세기 들어 정3
품 관직인 비서원승(秘書院丞)을 역임하였다.

## 2) 두 종류의 광무양안

조선후기 용인은 전답 결총에서 잡탈액(雜頉額)이 차지하는 비중이 매우
높은 곳이었다.10) 그 비중은 영조연간 62.0%, 1871년 56.0%, 1899년 47.1%
였다.11) 잡탈 비중은 시간이 지날수록 낮아지는데, 이는 정부가 꾸준히 은
결을 찾아냈기 때문이다. 은결 색출은 원총(元摠)을 충당하기 위해 추가로
징수하는 가결(加結)로 이어졌다. 인민들은 가결을 첨징(添徵)으로 인식하
고, 그 폐단을 시정해 줄 것을 여러 차례 호소하였다. 그러나 정부는 묵묵
부답이었다. 이에 인민들은 1899년 6월 말에서 7월 초에 걸쳐 집단적인 실
력 행사에 나섰다. 그 과정에서 다수 농민들이 부상을 입고, 군수가 끌려나
오고, 서리가 구타당하고, 관아와 부속 건물이 불탔다.

---

9) 吳晙根等編, 1964,『海州吳氏大同譜』.
10) 용인지역의 조선후기 田政과 광무양전에 관한 사실은 다음 글을 참조하였다. 李榮
   昊, 1990,「대한제국시기의 토지제도와 농민층분화의 양상 - 京畿道 龍仁郡 二東
   面「光武量案」과「土地調査簿」의 비교분석」,『韓國史研究』69 ; 왕현종, 2006,
   「광무양전사업과 용인·양지지역의 양전」,『龍仁市史』1, 용인시사편찬위원회.
11)『龍仁縣邑誌』(英祖年間) 결총 4,719결 31부 9속, 잡탈 2,926결 7부 4속 ;『龍仁
   縣邑誌』(1871년) 결총 4,719결 31부 9속, 잡탈 2,641결 58부 6속 ;『龍仁郡地圖』
   (1899년) 결총 4,719결 31부 9속, 잡탈 2,223결 31부 9속.

용인군 수세문제를 해결하기 위한 최선의 방안은 새로운 양전이었다. 그리하여 양지아문에서 1899년 11월부터 2달에 걸쳐 용인지역 양전을 실시하였다. 하지만 양전 결과는 인민들 예상과 전혀 다르게 나타났다. 신 양전에서 확보한 실결(實結)이 이전에 비해 무려 41.9%나 증가했던 것이다.[12] 용인 인민들은 양전 결과를 받아들일 수 없다고 거세게 저항하였다. 이에 정부는 인민들의 분노를 누그러뜨릴 방안을 강구할 수밖에 없었고, 그 결과 재 양전이 결정되었다. 그리하여 지계아문에서 1903년 8월 26일부터 약한 달 동안 용인지역 양전을 다시 실시하였다. 지계아문 양전(이하 지계양전으로 약함)에 소요된 시간이 양지아문 양전에 비해 현저히 짧았다는 사실은 지계양전이 모든 것을 새로 조사하는 양전이 아니었음을 의미한다. 즉 지계아문에서는 이전부터 내려오던 행심책(行審冊)을 토대로 양지아문 양안[13]([그림 2] 참조, 이하 양지양안으로 약함) 여백에 1차 수정 사항을 기록하여 초본으로 삼고, 그것을 토대로 지계아문 양안[14]([그림 3] 참조, 이하 지계양안으로 약함) 중초본을 작성하였던 것으로 보인다.[15]

---

12) 『龍仁郡地圖』(1899년) 實結 2,496결 15부 5속, 『龍仁郡量案抄』(奎 17645) 實結 3,540결 84부 3속.

13) 『龍仁郡量案抄』10 (奎 17645).

14) 『京畿道龍仁郡量案』14 (奎 17644).

15) 모현면 지계아문 양안 上卷은 義字부터 시작하는데, 상권에 확인되는 자호는 처음 '義'가 유일하다. 義 86번 필지 다음에 페이지를 바꾸어 자호 없이 '1번'이 시작된다. 이는 동 양안이 중초본임을 의미한다.

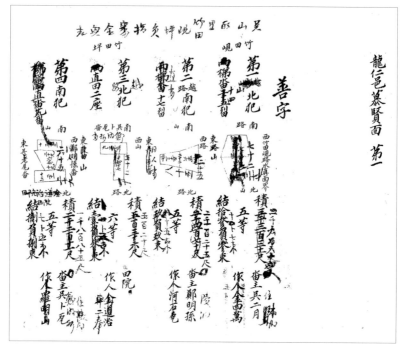

[그림 2] 용인군 모현면 양지아문 양안
자료: 규장각한국학연구원 소장 『龍仁郡量案抄』10, (奎 17645)

　　양전 실무자들이 실지 조사를 할 때 행심책을 활용한 사실은 용인군 지
내면 양지양안[16]에서 구체적으로 드러난다. 지계양전 실무자들은 지내면
양지양안 하권 첫 번째 필지인 목(木) 1번 상단에 '구악자(舊惡字)', 그리고
목 24번 필지 상단에 '구화자(舊禍字)'라고 적어 놓았다. 행심책에 실린 전
답은 화→인(因)→악 순서로 자호가 매겨져 있었는데, 이 토지들이 양지양
안에 실리면서 그 차례가 악→화로 바뀌었던 것이다. 양지양전 실무자들이
책상에 앉아 행심책을 토대로 양지양안을 작성했다면 필지 순서를 이같이

────────────

16) 『龍仁郡量案抄』 9 (奎 17645).

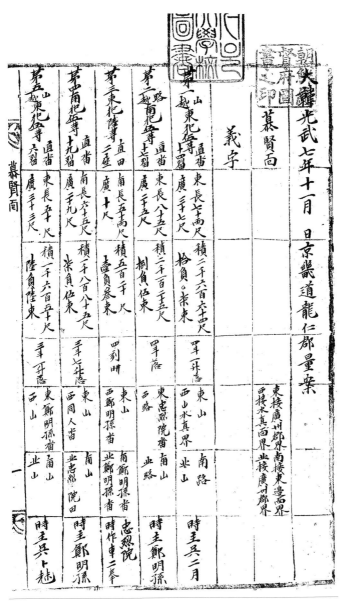

[그림 3] 용인군 모현면 지계아문 양안
자료: 규장각한국학연구원 소장 『京畿道龍仁郡量案』14, (奎 17644)

바꿀 이유가 없다. 다시 말해 기존 행심책만 활용해서는 그렇게 필지 순서가 바뀌는 양안을 도저히 작성할 수가 없다. 한편 조선후기 용인지역 수세에 활용되던 행심책은 두 종류 양안을 종합한 것으로 보인다. 하나는 1662년[17]에 작성된 양안이고, 다른 하나는 1662년 이후 개간된 전답을 정리해 놓은 양안이었을 것이다.

시야를 용인 전체에서 오산리로 좁혀 양지아문 양전(이하 양지양전으로 약함)과 지계아문 양전(이하 지계양전으로 약함)의 실상을 좀 더 구체적으로 살펴보도록 하자. 이를 위해 JigsawMap을 활용하여 광무양안과 1911년에 작성된 조사부에 등재된 토지를 개별 필지별로 연결하였다. 그 결과 1900년에 작성된 양지양안의 선(善) 1번~벽(壁) 23번까지 313필지가 조사부의 토지와 연결되었다.

양지양안 내용은 지계양안에서 소폭 변한 부분도 있고, 대폭 수정된 곳도 있다. 지번은 모두 바뀌었다. 지계양안에서 오산리 토지는 의(義) 1번~퇴(退) 94번까지 모두 307필지다. 이같이 오산리 두 양안에 등재된 전답 필지는 약간 차이가 난다. 지계양안을 작성하면서 양지양안 3필지를 삭제하고, 새로이 4필지를 추가하였다. 그리고 9곳에서 합필, 6곳에서 분필하였다.

지번과 달리 양전 방향은 크게 바뀌지 않았다. 지계양안은 23필지의 양전 방향을 수정하였다.[18] 광무양전 당시 양전 실무자들은 직관으로 방위를 판단하였기 때문에 방향을 착각하는 일이 종종 있었다.[19] 지계양안을 작성

---

17) 광무양전 이전 중앙정부에서 실시한 용인지역에 대한 마지막 양전은 1662년 양전이다.

18) 양지양안에 등재된 313필지 가운데 삭제된 필지, 합필과 분필이 일어난 필지 및 그 전후 필지를 제외하고, 236필지의 양전 방향을 비교하였다. 두 양안의 양전 방향은 213필지에서 동일하고 23필지에서 상이하였다. 변화된 내용은 다음과 같다. 동→서(1), 동→남(3), 동→북(3), 서→남(2), 서→북(2), 남→서(8), 남→동(2), 북→동(2).

19) 본서 2장 2절 참조.

[표 2] 오산리 양지양안 현황

| 지목 \ 현황 | 등급 | 필지 | (%) | 적척 | (%) | 결-부-속 | (%) |
|---|---|---|---|---|---|---|---|
| 답 | 4 | 13 | (12.0) | 24,465 | (10.7) | 1-31-4 | (15.4) |
| | 5 | 52 | (48.1) | 141,853 | (61.8) | 5-60-7 | (65.5) |
| | 6 | 43 | (39.8) | 63,261 | (27.6) | 1-63-4 | (19.1) |
| | 소계 | 108 | (100) | 229,579 | (100) | 8-55-5 | (100) |
| 전 | 2 | 3 | (1.8) | 826 | (0.3) | 7-0 | (1.0) |
| | 3 | 2 | (1.2) | 994 | (0.4) | 6-9 | (1.0) |
| | 4 | 10 | (5.9) | 5,821 | (2.1) | 33-1 | (4.6) |
| | 5 | 10 | (5.9) | 25,968 | (9.5) | 77-6 | (10.7) |
| | 6 | 144 | (85.2) | 239,874 | (87.7) | 5-99-7 | (82.8) |
| | 소계 | 169 | (100) | 273,483 | (100) | 7-24-3 | (100) |
| 대 | 2 | 18 | (50.0) | 4,112 | (24.7) | 34-8 | (29.7) |
| | 3 | 14 | (38.9) | 10,050 | (60.5) | 68-7 | (58.7) |
| | 4 | 4 | (11.1) | 2,457 | (14.8) | 13-6 | (11.6) |
| | 소계 | 36 | (100) | 16,619 | (100) | 1-17-1 | (100) |
| 합계 | | 313 | | 519,681 | | 16-96-9 | |

하면서 그 이전의 양전 방향을 일부 수정하였다는 사실은 지계양전 당시 양전 실무자들이 현장조사를 진행했음을 의미한다. 양전 실무자들이 현장 조사를 실시하여 양지양안의 내용을 수정·보완하여 지계양안을 작성하였 던 것이다. 양전 방향이 수정되어도 개별 필지의 배열순서는 바뀌지 않았 다. 예컨대, 양지양안 경(慶) 6~9번까지 4필지는 그 순서대로 지계양안 의 (義) 74~77번이 되었다. 하지만 양전 방향은 경(慶) 6~9번이 동→서→동→ 남이고, 의(義) 74~77번은 동→남→동→서다. 이같이 4필지 가운데 2필지 의 양전 방향이 바뀌었음에도 불구하고 개별 필지의 배열순서는 동일하다.

두 양안의 전답등급[田品] 또한 거의 변하지 않았다. 등급이 조정된 곳은 4필지에 불과하였다.[20] 양지아문 양전에서 오산리 땅은 대부분 척박한 것으로 판정되었다.([표 2] 참조) 답은 대부분 5·6등급이고, 전은 6등급이 압도적으로 많다. 그리고 대(垈)는 2등급이 절반, 3·4등급이 절반이다. 오산리 대는 다른 마을에 비해 조금 낮은 등급을 받았다고 볼 수 있다. 광무양전 당시 여타 마을의 대는 2~3등급을 받았다.[21] 대의 예로 미루어 볼 때 오산리 전답등급은 실제보다 낮게 평가되었을 가능성이 높다.

두 양안의 지목 또한 전반적으로 보았을 때 큰 변화가 없었다. 지목이 답에서 전으로 바뀐 땅은 3곳 있으나,[22] 전에서 답으로 바뀐 땅은 한 곳도 없다. 한편 대 변화상은 매우 인상적이다. 대 36필지 모두가 전으로 바뀌고, 전 1필지가 대로 변했다. 지계양안에 대가 1필지 밖에 없다는 사실은 지계아문에서 양안을 작성할 때 양지양안뿐만 아니라 1662년 작성된 양안과 그 이후에 개간된 전답을 정리해 놓은 양안도 상당히 참고하였음을 의미한다. 1662년 당시만 하더라도 이 지역에는 민가(民家)가 거의 없었다고 판단된다. 오산리라는 지명은 양안에 등장하는 오산소동(吳山所洞), 오산소리(吳山所里) 등의 준말로 보인다. 이러한 사실은 오씨들의 산소가 조성되면서 이 지역이 본격적으로 개발되었음을 의미한다. 그리고 1662년 이후 개간된 곳도 용인현에서 작성한 장부[양안]에 오를 때 전 혹은 답으로 등재되었을 것이다. 다시 말해 개간한 곳에 바로 집을 짓고 거주하는 사례는 흔치 않은 일이었다.

두 양안의 전형은 크게 다르다. 지계아문은 양지양안 여백에 1차로 수정한 내용을 기록하는 방법으로 지계양안 초본을 작성하고, 그것을 토대로 지계양안을 작성하면서 지계양안 초본을 일부 수정하였다. 그 결과 전형은

---

20) 답 3필지의 등급이 4등→5등, 5등→4등, 6등→5등으로, 전 1필지의 등급이 6등→ 續으로 조정되었다.

21) 본서에서 다루는 7개 마을에서 그러한 현상이 발견된다.

22) 畓 2필지가 田으로, 그리고 畓 1필지의 일부가 분필로 인해 田으로 변하였다.

아래에서 보듯이 대폭 변했다.

양지양안 : 直(149), 梯(71), 三角(16), 方(9), 半環(2), 孤矢(1), 牛角(1), 圓直(1), 兩梯(12), 兩直(11), 三廣(4), 梯帶兩直(3), 梯帶直(3), 三梯(2), 三直(2), 兩帶(2), 兩梯帶三角(2), 兩梯帶直(2), 梯帶三角(2), 四直(1), 三廣帶三角(1), 三梯帶直(1), 兩帶梯直三角(1), 兩三角(1), 兩直帶方(1), 兩直帶三角(1), 六直(1), 梯帶三廣(1), 梯帶三直(1), 梯帶兩三角(1), 梯帶直方(1), 直帶三角(1)

지계양안 초본 : 直(260), 梯(11), 三角(9), 方(7), 兩直(3), 圭(2), 半環(1), 四直(1), 三廣(1), 兩梯(1), 牛角(1)[23]

지계양안 : 直(266), 梯(9), 方(8), 圭(5), 三角(5), 半環(1), 三角(1), 三廣(1), 兩直(1)[24]

이같이 양전 실무자에 따라 동일한 필지도 전형이 바뀌었다.[25] 이러한 현상은 조선시대 양전에서도 확인된다. 경상도 칠곡 감사댁 전답의 경우

---

23) 지계양안을 작성하면서 합필되거나 삭제된 필지는 계산에서 제외하였다. 그리고 지계양안 초본을 작성할 때 전형은 수정하지 않고, 장광척만 수정한 경우, 수정된 장광척을 기준으로 전형을 판단했다. 예컨대, 壁 22번 필지는 양지양안에서 전형을 梯로 파악하고, 밑변(72), 윗변(26), 높이(108)의 길이를 파악했다. 그런데 지계양안 초본을 작성하면서 전형은 그대로 두고, 가로(39), 세로(72) 길이를 기록했다. 이 경우 전형을 直으로 판단했다.

24) 지계양안을 작성할 때 새로 등장하거나, 양지양안에 기재되었던 필지가 분필되어 생긴 곳은 계산에서 제외하였다.

25) 지계양안 초본의 전형과 면적 구하는 방법이 일치하지 않은 경우가 있다. 善 16번이 그러한 예이다. 양지양안에는 전형이 梯로 파악되고, 3변(밑변, 아랫변, 높이)의 척수가 기재되어 있다. 지계양안 초본에는 전형이 여전히 梯로 파악되었지만 2변(가로, 세로)의 척수만 기재되어 있고, 가로와 세로를 곱한 값이 면적으로 기재되어 있다.

[표 3] 오산리 양지양안과 지계양안 면적 현황                    (단위: 척)

| 면적<br>변동 | 양지양안<br>필지 | 양지양안<br>면적(A) | 지계양안<br>필지 | 지계양안<br>면적(B) | 변동현황<br>(A-B=C) | 변동율<br>C/A×100 |
|---|---|---|---|---|---|---|
| 증가 | 22 | 27,346 | 27 | 33,610 | 6264 | (22.9) |
| 유지 | 108 | 91,288 | 108 | 91,288 | 0 | (0) |
| 감소 | 180 | 399,243 | 168 | 300,641 | -98602 | (-24.7) |
| 합계 | 310 | 517,877 | 303 | 425,549 | -92338 | (-17.8) |

비고: 지계양안 단계에서 삭제되거나 추가된 필지는 계산에서 제외함.

1634년 양전에서 결정된 전형 중 50%가 1720년 양전을 거치면서 변형되었다.[26] 이러한 사실은 양전 실무자가 면적을 산출하는 데 효과적인 모형(模型)이 무엇인지를 먼저 결정하고, 이어서 양안에 글자 혹은 그림으로 전형을 표시했음을 의미한다.

지계아문에서 실시한 용인군 양전의 목표는 양지양전에서 확보된 결부 총액을 줄이는 것이었다. 그런데 이미 보았듯이 지계양전은 전답등급을 거의 손대지 않았다. 그 이유는 등급 조정은 결부에 지나치게 큰 영향을 미치게 되기 때문이다. 오산리 양전 실무자들은 목표를 달성하기 위해 전답 면적을 줄여야 했던 것이다. 전체 필지의 58.1%에 해당하는 180필지에서 면적 축소가 이루어졌다. 그 결과 지계양안 면적은 양지양안에 비해 17.8% 줄어들었다.([표 3] 참조) 한편 지계아문은 결부 조정을 많이 해야 할 경우 면적과 등급을 함께 고치기도 했다. 용인면 구흥면(駒興面) 지계양전 실무자들은 전체 필지의 24.4%에서 등급을 변경했고, 44.5%에서 면적을 수정했다.[27]

---

26) 김건태, 1999, 「갑술·경자양전의 성격」, 『역사와 현실』 31.
27) 『龍仁郡量案抄』 26 (奎 17645). 전체 1211필지 가운데 296필지의 등급을 변경했고, 539필지의 면적을 수정했다.

지계아문에서 개별 필지 면적을 산출하던 과정을 살펴보면 지계양전 과정을 어느 정도 유추할 수 있다. 양지아문에서 양지양안 선(善) 9번 필지에 대해 전형을 4직(四直)으로, 즉 직사각형 4개로 구성된 것으로 파악하고, 4개 직사각형의 가로와 세로 길이를 기재해 놓았다. 그리고 지계아문에서 지계양안 초본을 작성하면서 전형은 4직(四直)으로 두면서, 8변 가운데 3변의 길이를 이전보다 짧게 파악했다.[28] 그런데 지계양안에서 이 필지(義 9번)는 전형이 직(直)으로 바뀌었다. 그 결과 두 변(가로, 세로)의 장광척만 기재되어있고, 면적은 지계양안 초본에 비해 축소되었다.[29]

양지아문은 선(善) 73번 필지 전형을 제(梯)로 파악하고 세 변의 길이를 기재해 놓았다.[30] 그리고 지계아문은 지계양안 초본을 작성하면서 전형을 직(直)으로 바꾸고, 두 변의 길이를 새로 파악했다.[31] 그런데 지계아문은 지계양안 초본 한 변의 길이, 면적, 결부를 다시 수정하고,[32] 그 결과(義 64번)를 지계양안에 기재했다. 이처럼 지계아문은 지계양안을 작성할 때 지계양안 초본 내용 일부를 수정하였는데, 이는 지계아문에서 이전부터 내려오던 전세 관련 장부를 토대로 양지양안 내용을 수정·보완하는 방법으로 지계양안을 작성하였음을 의미한다.

개별 필지의 면적을 산출하고 나면 앞서 확정한 등급을 참조하여 결부

---

28) 양지양안에는 각 변이 60×13척, 60×18척, 15×5척, 30×8척, 면적이 2175척으로 기재되어 있다. 그리고 지계양안 초본에는 각 변이 60×10, 60×10, 15×5, 30×6, 면적이 1455로 기재되어 있다.

29) 길이 (南長)66척×(廣)22척, 면적 1452척.

30) 길이 (밑변)44척×(윗변)39척×(높이)26척, 면적 1079척.

31) 길이 (東長)37척×(廣)30척, 면적 1110척, 결부 6負1束.

32) 길이 (東長)37척×(廣)20척, 면적 740척, 결부 3負1束. 이 필지는 4등급이기 때문에 결부 4부1속이 되어야 한다. 지계양안에는 이 오류가 바로잡혀 4부1속으로 기재되어 있다.

[표 4] 오산리 양지양안과 지계양안 결부 현황     (단위: 결-부-속)

| 결부 / 지목 | 양지양안 | | 지계양안 | | 지계양안 실결 | | |
|---|---|---|---|---|---|---|---|
| | 필지 | 결부(A) | 필지 | 결부 | 필지 | 결부(B) | B/A×100 |
| 답 | 108 | 8-55-5 | 104 | 6-93-0 | 104 | 6-69-5 | (78.3) |
| 전 | 169 | 7-24-3 | 202 | 7-52-5 | 198 | 6-97-6 | (96.3) |
| 대 | 36 | 1-17-1 | 1 | 6-6 | 1 | 6-6 | (5.6) |
| 소계 | 205 | 8-41-4 | 203 | 7-59-1 | 199 | 7-04-2 | (83.7) |
| 합계 | 313 | 16-96-9 | 307 | 14-52-1 | 303 | 13-73-7 | (81.0) |

를 산출하게 된다. 지계양안 단계에서 전답면적이 크게 줄어든 만큼 결부 또한 상당히 감소하였다.([표 4] 참조) 지계양안은 양지양안과 달리 진전도 실었기 때문에 실결(實結)은 그 이전에 비해 더욱 줄어들었다. 지계양안에서는 기존의 3필지와 추가된 1필지가 전진(全陳), 기존 17필지의 일부가 진(陳)으로 판정되었다.[33] 그 결과 오산리 지계양안의 실결은 양지양안에 비해 19.0% 감소하였다. 지계양전으로 오산리 실결이 크게 축소되었지만 광무양전 이전에 비해서는 상당히 늘어난 액수였다. 이미 보았듯이 양지양전 결과 용인지역 실결은 그 이전에 비해 41.9%나 증가하였다.

양전 실무자들은 결부를 산출하고 나서 시주(時主)를 확정하였다. 양지양안에 등재된 시주 43명 가운데 조사부에서 그 이름이 확인되는 사람은 1명에 불과하다.[34] 이는 시주명은 대부분 호명이었음을 의미한다. 양지양안과 조사부에 등장하는 오씨 성을 가진 사람들 이름을 비교해보면 시주명의 성격이 좀 더 자세히 드러난다. 조사부에 등장하는 인물은 모두 이름에 항렬자를 사용하고 있는 데 반해 양안에 등장하는 인물 가운데 이름에 항

---

33) 全陳(田 4필지 427속)과 일부 陳(田 6필지의 12부 2속 畓 11필지의 23부 5속)은 계산에서 제외함.

34) 시주 吳憲永↔지주 吳憲泳.

[표 5] 오산리 양지양안과 조사부에 등재된 오씨

| 양안 | 조사부 | |
|---|---|---|
| | 항렬 | 성명 |
| 吳今得, 吳萬釗, 吳白石, 吳卜老未, 吳性卜, 吳卜丏, 吳十月, 吳玉順, 吳用喆, 吳云喆, 吳二孫, 吳二月, 吳正釗, 吳昌先, 吳春吉, 吳治永, 吳判丏, 吳學斤, 吳憲永 | 善 | 吳萬善, 吳平善 |
| | 泳 24세 | 吳建泳, 吳寬泳, 吳吉泳, 吳樂泳, 吳斗泳, 吳文泳, 吳石泳, 吳新泳, 吳仁泳, 吳宅泳, 吳弼泳, 吳學泳, 吳漢泳, 吳憲泳, 吳和泳 |
| | 根 25세 | 吳德根, 吳培根, 吳錫根, 吳洙根, 吳壽根, 吳長根, 吳俊根, 吳忠根 |
| | 煥 | 吳仁煥, 吳長煥 |

렬자를 사용하는 인물은 단 1명도 없다.([표 5] 참조) 시주명과 지주명에서 풍기는 분위기 또한 상당히 다르다. 한 눈에 보아도 시주명은 노비 이름에서 유래한 호명임을 알 수 있다.

지계아문은 양지양안을 활용해서 지계양안 초본을 작성하면서 24필지의 시주를 수정하였고,[35] 지계양안을 작성할 때 5필지의 시주를 또 수정하였다. 이는 지계아문에서 양전을 하면서 양지아문 양전 이후에 발생한 소유권 변동 상황을 정확히 반영하려고 하였음을 의미한다. 나아가 지계양안을 작성하면서 둔전(屯田)과 원전(院田) 소속처를 분명히 하기도 했다. 지계양안은 양지양안과 지계양안 초본 시주란에 단순히 '둔(屯)'이라고 기록된 71 필지의 소속처가 '부곡둔(釜谷屯)'이며, '원(院)'이라고 된 13필지의 소속처가 '충렬원(忠烈院)'임을 밝혔다. 지계양안 초본을 작성할 때 시주에 더하여 시작[가주(家主) 포함]도 수정했다. 양지양안에서 시작이 기재된 곳은 228 필지인데, 지계양안 초본을 작성하면서 37필지의 시작을 고쳐 썼고, 24필지의 시작을 삭제했다. 그리고 지계양안 초본은 양지양안 단계에서 시작이

---

35) 수정 결과 실명을 사용한 시주가 2인이 되었다. 시주 吳憲永↔지주 吳憲泳, 시주 金石凡↔지주 金石凡.

[표 6] 오산리 지계양안 초본에 기재된 시주 거주지 현황 　(단위: 명)

| 거주지 확인 가능 여부 | | 시주 | 필지 | (%) |
|---|---|---|---|---|
| 가능 | 거주지 기재 | 31 | 96 | |
| | 거주지 미기재 A | | 70 | |
| | 소계 | 31 | 166 | (77.6) |
| 불가능 | 거주지 미기재 B | 14 | 48 | (22.4) |
| 합계 | | 45 | 214 | (100) |

없던 곳에 시작을 기재하기도 했는데, 10필지의 시작이 새로 기재되었다. 이렇듯 지계아문은 소유와 경작 상황을 정확히 파악하려고 애썼다.

　지계양안에 등재된 시주명이 대부분 호명이었지만 당시 사람들은 어렵지 않게 호명의 주인공, 곧 땅 주인을 파악할 수 있었다. 지계양전 실무자들은 양지양안을 활용하여 작성한 지계양안 초본 96필지에 시주의 거주지를 기재해 두었다.([표 6] 참조) 시주 거주지가 기재되어 있지 않은 필지 중에서도 시주 거주지를 확인할 수 있는 곳이 다수 있다. 예컨대, 오이월(吳二月)은 17필지에서 시주로 등장한다. 그 중 4필지에는 '본동(本洞)'이라고 기재되어있고, 13필지에는 아무런 표시가 없다. 오이월 같은 사례를 포함하면 시주 거주지를 확인할 수 있는 필지는 전체의 77.6%이다.

　지계양전 실무자들은 거주지에 대한 기록이 전혀 없는 호명의 실제 주인공도 알고 있었을 가능성이 높다. 시주 오이손(吳二孫)은 그러한 추론의 설득력을 높여 준다. 그는 26필지에서 시주로 등장하지만 거주지가 기록된 예가 전혀 없다. 그런데 지계양전 당시 오이손을 호명으로 사용하던 사람은 오산리에 살고 있었다. '이손(二孫)'은 1766년에 태어난 추탄종가 노(奴)였는데, 19세기 추탄종가에서는 그의 이름을 호명으로 사용하였다.[36] 그가

---

36) 二孫은『古文書集成』36 戶籍9~11, 戶籍19에 등장하며 생년이 1776년이다. 동

시주로 올라있는 필지와 연결되는 조사부 전답 소유주를 살펴보면 오이손이 추탄종가와 관련된 호명임을 더 분명히 알 수 있다. 26필지는 토지조사부의 토지 29필지와 연결되며, 그 땅은 대부분 오화영(吳和泳, 20필지, 오산동 거주) 소유이고, 일부는 오씨 6명(5명 오산동 거주, 1명 읍내면 거주; 6필지) 소유였다. 이같이 오이손 땅 대부분은 추탄공파 종손 명의로 조사부에 등재되었다. 오화영은 지계양전 당시 오산동에 살고 있었는데, 지계양전 실무자들은 왜 오이손의 거주지를 기재해 두지 않았을까? 오이손이 시주로 등재된 토지 가운데는 문중 토지도 있었기 때문에 그의 거주지를 기재해 두지 않았을 가능성이 높다. 주지하듯이 조선후기에는 제위전을 비롯한 종중토지는 종손의 단독 소유가 아니라 문중 구성원의 공동 소유로 인정하였다.[37)

## 3) 다양한 성격의 전답

### (1) 은결

여기서는 오산리 지계양안과 조사부에 올라있는 토지를 개별 필지별로 연결하여 몇 가지 분석을 시도하고자 한다. 1911년 10월 1일 작성된 오산리 조사부에는 지계양안에 등재되지 않은 임야(林野)와 분묘지(墳墓地)도 올라 있다.([표 7] 참조) 이들 지목은 지계양안에 등재되지 않은 만큼 우리 분석대상에서 제외된다. 다만 지계양안과 조사부 토지를 필지별로 연결하

---

『古文書集成』에 실린 所志(10~14, 18, 20~21), 侤音, 招辭1, 不忘記2~3, 牌旨6, 手記2 등에 奴二孫이 등장한다.

37) 김건태, 2004, 『조선후기 양반가의 농업경영』, 역사비평사.

[표 7] 오산리 조사부의 지목 현황　　　　　　　(단위: 평)

| 지목 ＼ 면적 | 필지 | (%) | 면적 | (%) |
|---|---|---|---|---|
| 답 | 194 | (35.2) | 105,928 | (33.3) |
| 전 | 297 | (53.9) | 187,991 | (59.1) |
| 대 | 59 | (10.7) | 22,254 | (7.0) |
| 임야1 | 1 | (0.2) | 1,828 | (0.6) |
| 소계 | 551 | (100) | 318,001 | (100) |
| 분묘지 | 2 | | 642 | |
| 임야2 | 13 | | 21,189 | |
| 합계 | 566 | | 339,832 | |

는 과정에서 지계양안 답 1필지가 조사부에 임야로 등재된 사실을 발견하였다. 이 필지(조사부 330번 1,828평)는 조사부보다 약간 늦은 1912년 봄부터 여름에 걸쳐 작성된 오산리 지적도에는 답으로 올라가 있다. 답으로 경작되던 땅을 조사부에 임야로 올렸을 가능성이 높다. 이러한 사실을 염두에 두면서 이 필지의 지목을 답으로 변경하여 분석에 포함하기로 한다. 따라서 분석대상은 지계양안 307필지 441,919척과 조사부 551필지 318,001평이다.

　지계아문은 양지아문처럼 용인현 모현면 양전을 오산리부터 시작하였다. 수진면(水眞面) 양전을 끝낸 양전 실무자들은 동쪽으로 죽전현(竹田峴)을 넘어 모현면에 이르렀는데, 양전을 처음 시작한 곳은 오산리 북서쪽 죽전현에 위치한 의(義) 1번 필지이다. 그곳에서 양전을 시작한 까닭은 수진면 양전이 죽전현 서쪽에서 끝났기 때문이다. 광무양전 당시 양전 담당자들은 개별 군현의 관아(官衙)에서 측량을 시작하여 모든 토지가 서로 연결되도록 조사를 진행하였다. 따라서 개별 마을[里] 양전 시작 지점은 마을마다 달랐다. 마을에 따라 양전 시작 지점은 동쪽이 될 수도, 서쪽이 될 수도 있고, 남쪽 또는 북쪽이 될 수도 있었다. 오산리 양전은 서북쪽에서 시작하

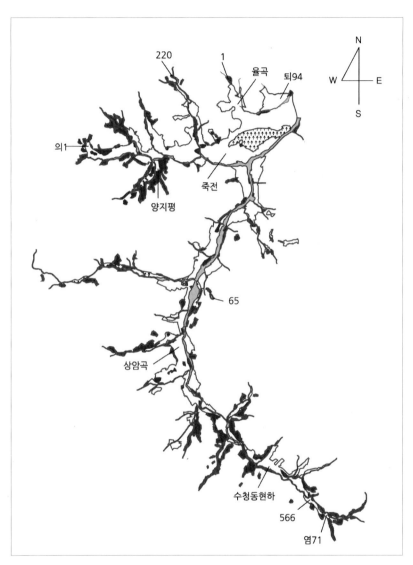

[그림 4] 오산리 지계양안 미등재지 현황
비고: 검은색 부분-양안 미등재지, ↑ 무늬 부분-임야.

[표 8] 오산리 조사부 토지의 지계양안 등재 현황 (단위: 평)

| 현황\지목 | 양안 등재 | | | | 양안 미등재 | | | | 합계 | |
|---|---|---|---|---|---|---|---|---|---|---|
| | 필지 | (%) | 면적 | (%) | 필지 | (%) | 면적 | (%) | 필지 | 면적 |
| 답 | 107 | (54.9) | 89,497 | (83.1) | 88 | (45.1) | 18,259 | (16.9) | 195 | 107,756 |
| 전 | 151 | (50.8) | 137,489 | (73.1) | 146 | (49.2) | 50,502 | (26.9) | 297 | 187,991 |
| 대 | 37 | (62.7) | 16,744 | (75.2) | 22 | (37.3) | 5,510 | (24.8) | 59 | 22,254 |
| 합계 | 295 | (53.5) | 243,730 | (76.6) | 256 | (46.5) | 74,271 | (23.4) | 551 | 318,001 |

비고: ( ) 안 숫자는 합계 대비 백분율임.

여(義 1번) 개울을 따라 남쪽으로 내려왔다가(廉 71번) 개울 반대편을 타고 북쪽으로 올라가 마을 북동쪽(退 94번)에서 끝났다.([그림 4] 참조)

오산리 조사부 지번은 북쪽(1번)에서 시작하여 마을 동변을 따라 마을 중앙까지 내려왔다가(65번) 다시 북쪽으로 방향을 튼다. 북쪽 위까지(220번) 갔다가 마을 서변을 따라 남쪽으로 내려와 남동쪽(566번)에서 끝난다. 이같이 지적도와 조사부의 지번은 마을 북쪽이 빠르고, 남쪽이 늦다. 그런데 이러한 지적도의 지번 배치는 매우 특별한 것이다. 토지조사사업 때 작성된 지적도는 하나의 마을을 여러 구획으로 나누는데, 개별 구획은 가로 500m, 세로 400m이다. 일반적으로 개별 마을 지번은 동쪽 맨 위쪽에 위치한 구획에서 시작하여 남북을 오가며 서쪽 맨 아래쪽에 위치한 구획에서 끝난다. 따라서 대체로 지번은 동쪽이 빠르고, 서쪽이 늦다. 오산리 지번 배치가 일반적 방법을 따르지 못한 까닭은 마을 지형이 독특하기 때문이었던 것으로 보인다. 오산리 지형은 마을 남동쪽 깊숙한 산록에서 발원한 개울이 마치 그믐달처럼 휘어져 마을 서쪽을 거쳐 북동쪽으로 빠져나가고 그 양안(兩岸) 비탈진 곳에 많은 전답이 분포하는 형태를 취한다.

지계양안에 올라있는 전답 307필지를 조사부에서 찾아보니, 무주진전 1필지를 제외한 306필지(418,719척)가 확인되었다. 그에 비해 조사부에 등재된 필지 가운데 상당 부분은 지계양안 토지와 연결되지 않았다.([표 8] 참조) 조사부에 올라있는 전답 가운데 필지 기준으로 46.5%, 면적 기준으로 23.4%에 해당하는 땅이 양안에서 확인되지 않는다. 이같은 누락율은 여타 마을에 비하면 매우 높은 편이다.[38]

지계양안에서 확인되지 않은 토지 대부분은 산기슭에 위치하였다. [그림 4]에서 검게 칠해진 부분이 지계양안에 미등재된 땅이다. 미등재 면적이 매우 넓은 사실로 미루어 볼 때 그 땅 대부분은 농부들이 매년 경작하고 있던 숙전(熟田)이었던 것으로 보인다. 즉 단기간에 계곡지역 넓은 땅을 개간하는 것은 매우 어려운 일이었다. 미등재지 가운데 일부는 광무양전 직전에 개간하여 아직 숙전으로 바뀌지 않은 곳일 가능성도 있다. 또 일부는 광무양전 이후에 개간된 곳일 수도 있다. 광무양전 전후 시기 오산리 개간 실상은 광무양전 직전 해주오씨와 영일정씨 사이에 벌어졌던 산송 관련 자료에서 잘 드러난다. 산송은 오산리 이웃 마을 능원리에 거주하던 정몽주 후손들이 1898년 8월부터 3차에 걸쳐 관에 정소(呈訴)함으로써 발생하였다.[39] 1899년 6월 9일 용인군수가 내린 전령에 따르면 정씨들은 문충공(文忠公) 정몽주 산소가 있는 자신들 산에 오산리 거주 오씨들이 들어와 나무를 베어내어 숯을 굽고 화전을 일군다고 주장하였다.[40] 당시 오산리 일대

---

38) 본서는 8개 마을을 다루는데, 오산리 누락율이 앞도적으로 높다.

39) 두 집안의 산송에 대해서는 장현희, 앞의 「古文書를 통해 본 朝鮮後期 京畿地域 兩班 家門 研究」참조. 중종대에 정몽주 묘소 주변 10리를 環封해주었는데, 이에 근거하여 능원리 정씨들은 정몽주 묘소 환봉 10리 내에 있는 산을 정씨 산이라고 주장하였다. 한편 오산리 오씨들은 이미 1630년대부터 오씨들이 정몽주 환봉지에 入葬, 禁養하여 오랜 세월이 지나 吳山이 되었다고 주장하였다.

40) 『古文書集成』 36 傳令4, 245~246쪽, "矣先祖山文忠公墳墓在於龍仁郡慕賢村面……中廟朝 以矣先祖文忠公特命從享於聖廡 環封其墓定界……吳氏族孫居山下 菑畬而收稅 埋炭而殖利 以致全局童濯 不勝痛迫……取考兩家

[표 9] 오산리 지계양안에 미등재된 조사부 전답 현황

| 구간 \ 토지 | 필지 | (%) | 면적 | (%) |
|---|---|---|---|---|
| 400평 이상 | 45 | (17.6) | 42676 | (57.5) |
| 200~400 미만 | 59 | (23.0) | 17218 | (23.2) |
| 100~200 미만 | 61 | (23.8) | 8992 | (12.1) |
| 50~100 | 59 | (23.0) | 4375 | (5.9) |
| 50평 미만 | 32 | (12.5) | 1010 | (1.4) |
| 합계 | 256 | (100) | 74271 | (100) |

[표 10] 오산리 지계양안에 미등재된 조사부 토지 소유자 현황

| 구간 \ 지주 | 지주 | (%) | 양안 미등재 | | | 양안 등재 | | 합계 | |
|---|---|---|---|---|---|---|---|---|---|
| | | | 필지 | 면적 | (%) | 필지 | 면적 | 필지 | 면적 |
| 50,000평 이상 | 2 | (5.1) | 129 | 43,536 | (58.6) | 175 | 74,282 | 304 | 117,818 |
| 30,000~50,000 | 1 | (2.6) | 9 | 1,650 | (2.2) | 39 | 31,692 | 48 | 33,342 |
| 10,000~30,000 | 8 | (20.5) | 71 | 19,025 | (25.6) | 178 | 117,758 | 249 | 136,783 |
| 1,000~10,000 | 16 | (41.0) | 33 | 7,844 | (10.6) | 97 | 52,334 | 130 | 60,178 |
| 1000평 미만 | 12 | (30.8) | 14 | 2,216 | (3.0) | 19 | 3,686 | 33 | 5,902 |
| 합계 | 39 | (100) | 256 | 74,271 | (100) | 508 | 279,752 | 764 | 354,023 |

에는 산송의 빌미가 될 정도로 개간이 왕성하게 진행되고 있었음을 알 수 있다.

오산리 지계양안에서 확인되지 않은 땅 면적을 살펴보면 개간 과정을 어느 정도 짐작할 수 있다. 지계양안에 미등재된 필지의 면적 편차가 매우 큰데,([표 9] 참조) 이는 양전 당시 그곳이 여전히 개간 중에 있었음을 의미한다. 200평(한 마지기) 미만인 곳은 전체 필지의 절반 이상을 점하지만 전

文蹟 則原告文蹟中環封句語明在 被告文蹟判下的確矣 盖此訟起自斫楸埋炭火田."

체 면적의 19.4%에 불과하다. 그에 비해 400평 이상인 곳은 전체 필지의 17.6%에 불과하지만 전체 면적의 절반 이상을 차지한다. 이를 통해 화전을 일구기에 적당한 곳이 있으면 나무를 베어내고 좁은 밭을 만든 다음 차츰 그 주변을 농지로 만들어가는 농민들의 모습을 연상할 수 있다.

지계양안에 등재되지 않은 토지를 소유한 사람들은 모두 양안에 등재된 다른 토지도 소유하고 있었다.([표 10] 참조) 그러한 가운데 지계양안 미등 재지를 소유한 사람 가운데 소유 농지가 1,000평(5마지기) 미만인 사람은 30.8%에 불과하였다. 이러한 사실은 어느 정도 부를 소유한 사람들이 오산 리 개간을 주도하고 있었음을 의미한다. 2명이 지계양안 미등재 토지의 절 반 이상을 차지하고 있다. 그리고 이들은 50,000평(250마지기)이 넘는 농지 를 소유하고 있었다. 이들이 소유한 지계양안 미등재 토지 모두가 짧은 시 간에 개간되었다고 보기에는 그 면적이 너무 넓다. 다시 말해 개간된 지 꽤 오래된 숙전도 적지 않게 포함되었을 가능성이 있다. 즉 미등재지 가운 데 상당 부분은 은결(隱結)이었던 것이다. 이미 보았듯이 정부는 영조 이래 19세기말까지 용인지역 은결을 꾸준히 찾아내었고, 용인지역 인민들은 그 러한 정부정책을 첨징(添徵)으로 인식하고 있었다. 정부가 용인지역 은결을 색출할 때 추탄공파와 만운공파는 실력을 행사해 적지 않은 오산리 토지를 여전히 은결로 남겨 놓았다고 판단된다. 이러한 추정은 그들의 신상을 살 펴보면 설득력이 더 높아진다.

지계양안 미등재지를 가장 많이 소유한 사람은 추탄공파 종손 오화영(吳 和泳)이다. 그가 소유한 농지는 모두 66,873평인데, 그 중 22,400평(220마지 기)이 미등재지다. 그가 종손임을 감안하면 미등재지 가운데 제위전(祭位 田)과 같은 종중토지(宗中土地)가 섞여 있었을 가능성이 높다. 지계양안 미 등재지를 두 번째로 많이 소유한 사람은 조사부 작성 당시 경기도 안성군

(安城郡) 목촌면(木村面) 보체리(保體里)에 거주하던 오장환(吳長煥)이다. 그가 소유한 농지는 모두 50,945평인데, 그 중 21,136평이 미등재지다. 그는 삼학사(三學士) 중 한명인 오달제(吳達濟) 종손으로 지계양전 당시 정3품 관직인 비서원승(秘書院丞)으로 있었다. 그가 오달제 종손이었음을 감안하면 미등재지 가운데 제위전을 비롯한 각종 종중 토지가 섞여 있을 가능성이 높다. 다시 말해 광무양전 당시 개간한 지 오래되어 이미 숙전으로 변한 추탄공파와 만운공파의 종중 소유 농지 가운데 상당 부분이 양안에 등재되지 않았던 것으로 보인다. 추탄공파와 만운공파 후손들이 종중 토지가 양안에 등재되는 것을 권력으로 막았다고 판단된다. 이러한 추정은 양지양안에 등재되었다가 지계양안에서 삭제된 3필지의 성격을 살펴보면 설득력이 더욱 높아진다. 3필지 모두 조사부에 오장환 이름으로 등재되어 있는 사실로 볼 때 이들 토지는 종중 소유였던 것으로 보인다. 지계양전 당시 정3품 관직인 비서원승으로 있던 오장환이 힘을 써서 3필지를 지계양안에서 삭제했을 가능성이 높다.


## (2) 둔전 출세지

오산리에는 일반 민전에 더하여 부곡둔전(釜谷屯田), 오달제를 기리는 충렬원 소속 전답 등도 섞여 있었다. 이 둔전은 원래 수원 유수영(留守營) 소속이었는데, 1896년 궁내부(宮內府)로 이속되었다가 1897년 화녕전(華寧殿) 수리비용 충당 목적으로 경기도에 획급되었다. 오산리에는 부곡둔전이 매우 많아 전체 토지의 21.1%를 점했다.([표 11] 참조) 오산리 전보다 답이 특히 부곡둔에 많이 포함되었다. 전체 답의 26.1%가 부곡둔 소속이었다.

[표 11] 오산리 지계양안 전답 시주 현황          (단위: 결-부-속)

| 시주<br>전답 | 개인 | | 둔전 | | | 충렬원 | | 합계 | |
|---|---|---|---|---|---|---|---|---|---|
| | 필지 | 면적 | 필지 | 면적(A) | A/B×100 | 필지 | 면적 | 필지 | 면적(B) |
| 답 | 61 | 5-07-9 | 41 | 1-81-2 | (26.1) | 2 | 3-9 | 104 | 6-93-0 |
| 전 | 153 | 5-68-2 | 36 | 1-17-6 | (16.2) | 13 | 40-3 | 202 | 7-26-1 |
| 합계 | 214 | 10-76-1 | 77 | 2-98-8 | (21.1) | 15 | 44-2 | 306 | 14-19-1 |

비고: 무주진전 1필지는 계산에서 제외하였음.

　권세가 토지 주변에 둔전이 넓게 분포한다는 사실이 매우 인상적이다. 그리고 둔전과 연결된 조사부 전답 소유주 성격 또한 흥미롭다. 지계양안에 등재된 부곡둔전 77필지는 조사부 전답 99필지와 연결되었다. 99필지는 모두 개인 소유지로, 국유지가 전혀 없다. 지계양전 당시 오산리 부곡둔전의 소유주는 누구였을까? 궁내부였을까? 일반 인민이었을까? 이 둔전은 이미 오래전부터 개인 소유지였다. 그러한 사실은 1830년 영일정씨와 해주오씨 사이에 산송이 벌어졌을 때 용인현에서 경기감영에 올린 아래 보장(報狀)에서 확인된다.

　　吳山 境界 내의 산허리 이상 이하에는 무수한 火田이 있는데, 公稅는 비록 慕賢屯에서 수취해 가지만 所出은 이전부터 吳氏家에서 나누어 갔다.[41]

　오씨들은 오래전부터 자신의 땅 상당 부분을 둔전에 투탁시켰던 것이다. 지계양안에 등재된 부곡둔전은 민전모입지(民田冒入地), 이른바 투탁둔전이었음을 알 수 있다. 조선후기에는 둔전에 대해 군역, 요역 등과 같은 각

---

41) 『古文書集成』36 報狀1, 256~260쪽, "且吳山境界之內 山腰以上以下有無數 火田 而公稅則雖自慕賢屯收去 所出則旣自吳氏家分去."

[표 12] 오산리 지계양안의 둔전 면적 파악율　　　(단위: 평)

| 지목　＼　면적 | 지계양안(A) | 조사부(B) | 파악율(A/B×100) |
|---|---|---|---|
| 답 | 15,748 | 33,656 | (46.8) |
| 전 | 13,657 | 30,095 | (45.4) |
| 합계 | 29,405 | 63,751 | (46.1) |

　종 역(役)을 면제시켜 주었기 때문에 인민들이 자신의 소유지를 둔전에 투탁하는 경우가 적지 않았다.42) 1830년 용인현감 보장에서 보았듯이 애초에 둔전 소유주 가운데 오씨가 많았다. 이들은 세금을 적게 내기 위해 자신들의 전답을 둔전에 소속시켰던 것으로 보인다. 당시 용인현감은 오씨들이 소유지를 둔전에 투탁하는 것을 막을 수 없었을 것이다. 앞에서 보았듯이 조선후기 추탄공파와 만운공파 위세는 대단하였다.

　오씨들은 자기 땅을 둔전에 투탁할 때 면적을 축소함으로써 전세 감면도 많이 받을 수 있었다. 지계양안에 등재된 둔전은 29,405평이고, 이들 둔전과 연결되는 조사부 전답은 63,751평이다.([표 12] 참조) 따라서 지계양안에 등재된 둔전의 면적 파악율은 46.1%에 불과하다. 이같은 파악율은 광무양전 당시 여타 마을 민전에 비하면 현저히 낮다.43) 오씨들의 위세를 보건대, 둔전 관리기관인 수원 유수영 또한 면적을 실제에 가깝게 파악하기 어려웠을 것이다. 어쩌면 오씨들 땅에서 수취하는 전세가 유수영 입장에서는 망외의 수입이었기 때문에 면적 파악에 적극적으로 나서지 않았을 수도 있다. 용인현감 보장, 조사부 등이 말하듯이 지계양안에 등재된 부곡둔의 실제 소유주는 인민이었다. 지계아문은 양안을 작성할 때 둔전의 실제 소유주를 어떻게 처리하였을까? 이러한 의문에 답하기 위해 양지양안 시주와

---

42) 宋亮燮, 2006, 『朝鮮後期 屯田 硏究』, 경인문화사.
43) 본서는 8개 마을을 다루는데, 오산리 둔전 면적 파악율이 가장 낮다.

[표 13] 둔전 시작 중 대여지를 보유한 인물     (단위: 필지)

| 유형 / 호명 | 시주 | | | 시작 | | |
|---|---|---|---|---|---|---|
| | 자작 | 대여 | 합계 | 둔전 | 민전 | 합계 |
| 吳今得 | 19 | 15 | 34 | 12 | 2 | 14 |
| 吳萬釗 | 15 | 4 | 19 | 7 | 1 | 8 |
| 吳卜乭 | 16 | 3 | 19 | 11 | 1 | 12 |
| 吳用喆 | 5 | 4 | 9 | 17 | | 17 |
| 吳二月 | 16 | 11 | 27 | 7 | | 7 |
| 吳正釗 | 6 | 6 | 12 | 1 | | 1 |
| 합계 | 77 | 43 | 120 | 55 | 4 | 59 |

시작의 성격을 살펴보기로 하자. 양지양안과 지계양안에 등재된 둔전 시작명이 크게 다르지 않기 때문에 양지양안을 통해 지계양안 둔전에 기재된 작인의 성격을 살필 수 있다.[44] 양지양안 둔전 75필지의 시작은 21명이고,[45] 그 가운데 시주로 등장하는 인물은 11명이며,[46] 이들 가운데 토지 일부를 대여[시작이 기재된 필지]한 인물이 6명이다.([표 13] 참조)

이들은 대체로 토지를 많이 소유한 사람이다. 즉 둔전 시작이 실제로 작인[차경인]이었다면 이들은 자신 토지 일부를 타인에게 빌려주고 자신들은 둔전을 차경한 것이 된다. 현실에서 그러한 현상이 광범위하게 일어날 가능성은 없다고 해도 무방하다. 즉 양지양안과 지계양안은 둔전 실제 소유

---

44) 양지양안 둔전 75필지가 지계양안에서는 74필지로 줄어든다. 그리고 74필지에서 작인이 수정된 곳은 13필지에 불과하다.

45) 김순교(3), 김재봉(1), 김준엽(2), 나순일(1), 노명선(1), 류월성(1), 박경천(3), 박부길(1), 송완손(1), 안순근(1), 오금득(12), 오만쇠(7), 오복돌(11), 오석영(1), 오용철(16), 오이월(7), 오정쇠(1), 정희득(1), 천신통(1), 한삼월(1), 한이월(1). ( ) 안 숫자는 필지수임.

46) 김순교, 김준엽, 나순일, 안순근, 오금득, 오만쇠, 오복돌, 오용철, 오이월, 오정쇠, 천신통.

[표 14] 모현면 지계양안 둔전 시작 기재 현황 　　(단위: 필지)

| 이름 ＼ 성격 | 둔전 시작 | 순위 | 시주 | 순위 |
|---|---|---|---|---|
| 吳二月 | 19 | 1 | 19 | 24 |
| 閔中卜 | 17 | 2 | 68 | 3 |
| 吳用喆 | 16 | 3 | 5 | |
| 吳卜乭 | 11 | 4 | 6 | |
| 金乭石 | 10 | 5 | 13 | 45 |
| 金興伊 | 10 | 5 | 8 | |
| 柳光艾 | 10 | 5 | 8 | |
| 柳碧山 | 9 | 8 | 52 | 5 |
| 朴漢京 | 8 | 9 | 36 | 9 |
| 李順每 | 8 | 9 | 3 | |
| 金元伊 | 6 | 11 | 1 | |
| 朴且釗 | 6 | 11 | 42 | 8 |
| 李卜仁 | 6 | 11 | 7 | |
| 成奉孫 | 5 | 14 | 201 | 1 |
| 南啓卜 | 2 | | 58 | 4 |
| 鄭得興 | 2 | | 46 | 7 |
| 閔判石 | 1 | | 89 | 2 |
| 韓今孫 | 1 | | 51 | 6 |
| 鄭京釗 | 1 | | 33 | 10 |
| 합계 | 156 | | 746 | |

주를 시작으로 올렸던 것이다. 오씨 성을 가진 사람이 둔전 55필지(전체의 73.3%)를 소유했다는 사실은 앞서 살펴본 용인현 보장의 내용과 잘 부합한다. 한편 이들 가운데 3명은 민전 시작으로도 등장한다. 이들이 차경인일 가능성은 거의 없다. 이들 6명의 사례를 통해 볼 때 양지양안 시작의 성격은 매우 복잡했음을 알 수 있다.

광무양전 당시 용인현에는 투탁둔전이 많았다. 모현면 지계양안 둔전 시

작과 그들이 시주로 올라있는 필지를 살펴보면 당시 정황을 유추할 수 있
다.([표 14] 참조) 둔전 시작 가운데는 많은 필지에 시주로 등재된 사람이
적지 않다. 둔전 시작(267명, 529필지) 가운데 가장 자주 등장하는 오이월
(吳二月)은 시주(841명, 3621필지) 순위 24번째이다. 그리고 두 번째로 많이
확인되는 민중복(閔中卜)은 시주 순위 3번째이다. 한편 가장 많이 시주로
등장하는 성봉손(成奉孫)은 둔전 시작 순위 15번째이다. 그리고 두 번째로
많이 확인되는 시주 민판석(閔判石)도 둔전 시작에서 보인다. 많은 필지에
서 시주로 확인되는 사람들이 둔전을 차경했을 가능성은 거의 없었다고 보
아도 무방하다.


## (3) 민전 수세지

지계아문은 오산리 지계양안에 등재된 토지 가운데 호조에서 전세를 수
취하는 민전 면적을 95,285평으로 산출했다.([표 15] 참조) 지계아문에서 산
출한 오산리 민전 면적은 실제 면적에 비해 턱없이 좁았다. 지계양안 민전
면적은 실제 면적의 56.4%에 불과하였다. 이같은 파악율은 광무양전 당시
여타 마을 민전에 비하면 낮다.[47]

지계양안에 등재된 민전 면적 파악율이 왜 이렇게 낮았을까? 해주오씨
들이 힘을 썼을 가능성이 매우 높다. 이미 보았듯이 17세기 후반~18세기
중반은 해주오씨들이 중앙정계에서 한창 위세를 떨칠 때이다. 지계양안에
등재된 민전은 1662년 작성된 양안과 1662년 이후~18세기 후반에 개간된
전답을 정리해 놓은 양안에 올라가 있던 토지였을 가능성이 높다. 앞에서
살펴보았듯이 19세기 전후에 개간된 전답은 상당 부분 둔전에 투탁되었다.

---

47) 본서는 8개 마을을 다루는데, 오산리 민전 면적 파악율은 여타 마을에 비해 낮다.

[표 15] 오산리 지계양안의 민전 면적 파악율 (단위: 평)

| 지목＼면적 | 지계양안 | | | | 조사부 | | 파악율 A/B×100 |
|---|---|---|---|---|---|---|---|
| | 필지 | (%) | 면적(A) | (%) | 면적(B) | (%) | |
| 답 | 61 | (28.5) | 39,559 | (41.5) | 61,801 | (36.6) | (64.0) |
| 전 | 152 | (71.0) | 55,362 | (58.1) | 105,081 | (62.2) | (52.7) |
| 대 | 1 | (0.5) | 364 | (0.4) | 1,930 | (1.1) | (18.8) |
| 합계 | 214 | (100) | 95,285 | (100) | 168,812 | (100) | (56.4) |

그리고 19세기 후반에 개간된 전답은 지계양안에 오르지 않았다.

전후 사정으로 미루어 볼 때 오산리 전답은 민전→둔전→양안 미등재지 순서로 개간되었을 가능성이 있다. 그러한 가능성은 오산리 전답 분포도 남쪽 부분을 살펴보면 설득력이 더 높아진다.([그림 5] 참조) 민전 대부분은 마을 중앙에 자리 잡고, 둔전(격자무늬 지역) 대부분은 민전 아래쪽 계곡에 위치하고, 둔전 외곽에 지계양안 미등재지(회색 부분)가 분포되어 있다. 한편 지계양안 미등재지 가운데 마을 북서쪽 양지평 일대에 넓게 분포하는 지역은 비교적 이른 시기에 개간이 이루어진 곳이다. 1820년대 해주 오씨와 영일정씨가 신송을 벌일 당시에도 이 일대 산하(山下) 지역이 개간되고 있었다.[48] 오래전부터 경작되고 있었는데도 왜 양안에 등재되지 않았을까? 오씨들이 힘을 써서 그렇게 된 것으로 보인다. 이 지역 미등재지와 연결되는 조사부 전답의 79.5%가 오장환(吳長煥) 소유지다.[49] 앞에서 보았듯이 조사부에 오장환 명의로 등재된 토지의 상당 부분은 만운공파 종중전답일 가능성이 높다. 만운공파는 대의명분론과 관련된 오달제(吳達濟)의 상

---

48) 장현희, 앞의 「古文書를 통해 본 朝鮮後期 京畿地域 兩班 家門 硏究」.

49) 이 지역 지계양안 미등재지 대부분은 조사부 200~289번 사이 필지와 연결된다. 미등재지와 연결되는 조사부 전답은 24,442평이고, 그 가운데 오장환 소유는 19,428평이다.

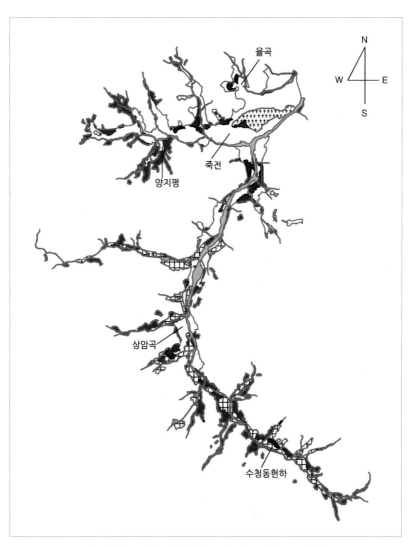

[그림 5] 오산리 지계양안의 둔전, 미등재지 분포 현황
비고: 검은색 부분-양안 미등재지, 격자무늬 부분-둔전, ↑ 무늬 부분-임야

[표 16] 오산리 지계양안과 조사부에 등재된 농지면적 (단위: 평)

| 토지성격 \ 면적 | | 조사부(A) | 지계양안(B) | 양안 미등재 | 면적 파악율 (B/A×100) |
|---|---|---|---|---|---|
| 면세지 | | 74,271 | 0 | 74,271 | (0) |
| 납세지 | 부곡둔/충렬원 | 63,751 | 29,406 | 34,345 | (46.1) |
| | 민전 | 179,979 | 100,512 | 79,467 | (55.8) |
| | 소계 | 243,730 | 129,918 | 113,812 | (53.3) |
| 합계 | | 318,001 | 129,918 | 188,083 | (40.9) |

비고: 지계양안의 무주진전 1필지 계산에서 제외.

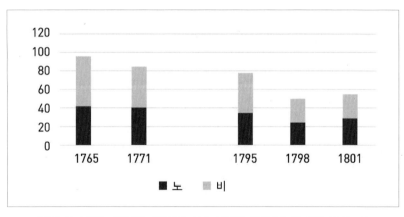

[그림 6] 1765~1801년 추탄공파 종손 호적에 등재된 노비 현황 (단위: 구)

징성과 후손들의 힘에 기대어 이른 시기에 개간된 종중전답을 줄곧 양안 미등재지, 곧 은결로 만들어 면세 혜택을 누렸을 가능성이 있다.

두 차례 양전에도 불구하고 오산리 토지의 적지 않은 부분이 여전히 은결로 남아 있었다. 그리고 양안에 등재된 토지의 면적 파악율도 53.3%로[50])

---

50) 참고로 양지양안의 면적 파악율은 64.9%이다. 양지양안에 등재된 313필지의 면적은 157,479평이고, 이에 대응되는 토지조사부의 토지는 242,598평이다.

턱없이 낮았다. 그 결과 오산리 지계양안에 등재된 농지면적은 조사부에 등재된 농지의 40.9%에 불과하다.([표 16] 참조) 광무양전으로 용인지역 결부가 그 이전에 비해 대폭 증가하였음을 감안하면 조선후기 오산리 양안의 농지 파악율은 40%[51] 이하였을 가능성이 매우 높다. 해주오씨 권력은 조선후기부터 줄곧 오산리 농지 파악율에 영향을 미쳤을 것으로 보인다.

   해주오씨의 권력이 조선후기 오산리 농지 파악율에 영향을 미쳤다는 사실은 조선후기 추탄공파 호구단자를 살펴보면 설득력이 더 높아진다. 1765~1801년 서울에 거주하던 추탄종가는 노비 52구~93구를 솔하노비(率下奴婢)로 호적에 등재하였다.([그림 6] 참조) 오명구(吳命久, 1718~1797)와 오태영(吳泰榮, 1778~1830)이 호적[52]에 등재한 솔하노비 수가 크게 차이난다. 오명구가 주호로 등재된 1795년 호적은 오태영이 주호로 등재된 1798년 호적에 비해 솔하노비를 26구나 더 많이 등재하고 있다. 실제로 3년 만에 보유 노비수가 급격히 감소했다고 보기 어렵다. 이러한 현상이 빚어진 원인은 호적의 주호가 오명구에서 오태영으로 바뀌었기 때문이라고 판단된다. 즉 종 2품직(同知中樞府事)을 역임한 오명구와 평생 유학(幼學)으로 지낸 오태영의 권력 차이에서 비롯되었다고 볼 수 있다. 오태영은 자기 할아버지만큼 많은 노비들을 솔하질에 등재할 힘이 없었던 것이다. 조선후기 솔하질에 등재된 노비들은 요역, 환곡 등과 같이 호적을 근거로 부과되는 부세를 면제받았다.[53]

---

51) 여기서는 면적 파악율과 농지 파악율의 개념을 구별하여 사용하였다. 면적 파악율은 지계양안과 조사부 땅 가운데 서로 연결되는 필지의 면적을 비교하는 개념이다. 그리고 농지 파악율은 지계양안의 토지면적과 조사부 땅의 전체 면적을 비교하는 개념이다.

52) 『古文書集成』 36.

53) 김건태, 2011, 「18세기 중엽 私奴婢의 사회·경제적 성격 - 慶尙道 安東 金溪里 義城金氏家 사례」, 『大東文化硏究』 75.

조선후기 양반들이 통상 적지 않은 노비를 호적에 등재시키지 않은 사실로 미루어 볼 때 당시 추탄종가 호적 솔하질에 등재된 노비와 호적에 등재되지 않은 그들의 가족을 합하면 100구를 훌쩍 넘었을 것으로 추정된다. 크고 작은 집들로 꽉 차 있던 서울에서 어떻게 자신들 집 근처에 100여구 이상의 노비들이 거주할 수 있는 집을 마련할 수 있었을까? 19세기 무렵 서울 상황을 고려할 때 머리 속에서 그러한 모습이 쉽게 그려지지 않는다. 실제로 당시 서울에 살고 있던 추탄종가 노비들은 호적 솔하질에 기재된 수보다 훨씬 적었다. 즉 추탄종가는 용인에 거주하던 다수의 노비들을 자신의 호적 솔하질에 등재하였던 것이다. 1800년 무렵 추탄종가 용인지역 전답 추수기에서 호적 솔하질에 등재된 노비들이 적지 않게 발견된다.[54] 이같이 추탄종가는 외방에 거주하던 노비들을 자신의 호적 솔하질에 등재함으로써 노비들이 거주지역 호적에 오르지 않을 수 있도록 해주었다. 그 결과 추탄종가 호적 솔하질에 등재된 외방노비들은 요역, 환곡 등 호적을 근거로 부과되는 부세 부담에서 벗어날 수 있었다. 묘직노비들을 면역시켜 주는 것은 조선후기의 관행이었다. 그리고 면역 대상이 되는 노비규모는 양반가의 권세와 밀접한 관련이 있었다.[55] 18세기 추탄종가에서 외방에 거주하던 노비 다수를 면역시킨 사실로 미루어 볼 때 조선후기 해주오씨 종중은 오산리 토지의 상당 부분을 은결로 만들었을 것으로 보인다.

---

54) 장현희, 앞의 「古文書를 통해 본 朝鮮後期 京畿地域 兩班 家門 硏究」.

55) 김혁, 2008, 『특권문서로 본 조선사회 - 完文의 문서사회학적 탐색』, 지식산업사.

## 2. 왕실 지시 이행

### 1) 대상 지역

여기서는 양지아문 양전 때 많은 전답이 누락된 경기도 광주(廣州) 지역에 대해 살펴보기로 한다. 검토대상 지역은 토지조사사업 때 경기도 광주군(廣州郡) 언주면(彦州面) 청담리(淸潭里)로 편제된 곳이다. 청담리는 광무양전의 실상을 살펴보기 좋은 마을이다. 양지아문에서 작성한 『경기광주부양안(京畿廣州府量案)』,[56] 지계아문에서 작성한 『선릉정릉위토양안(宣陵靖陵位土量案) - 광주군언주면(廣州郡彦州面)』,[57] 1912년에 작성된 청담리 토지조사부[58](이하 조사부로 약칭), 청담리 지적도[59] 등이 전하기 때문이다.

청담리는 1914년 행정구역 개편 때 새로 생긴 마을이 아니라 광무양전 당시에도 청담리로 존재했다. 20세기 초 청담리는 남북으로 뻗은 두 개 골짜기로 형성된 마을이었다.([그림 7] 참조) 전답은 골짜기를 따라 남에서 북으로 흘러 한강에 합류하는 개울 양쪽에 펼쳐있었다. 청담동 논밭은 그 규모가 서로 비슷했다. 토지조사사업 때 청담리 농지에서 답이 차지하는

---

56) 『京畿廣州府量案』 14 (奎 17641).

57) 『宣陵靖陵位土量案-廣州郡彦州面』 (奎 17661).

58) 국가기록원 소장.

59) 국가기록원 소장. 현존하는 지적도는 토지조사사업 때 작성된 지적원도가 1922년 소실되어 1923년에 다시 그린 것이다. 그런데, 지적도 토지와 1912년 작성된 토지 조사부 토지가 모두 339필지로 일치한다. 따라서 현존하는 지적도를 활용하여도 양 안과 조사부를 연결하는 데 별다른 문제가 없다.

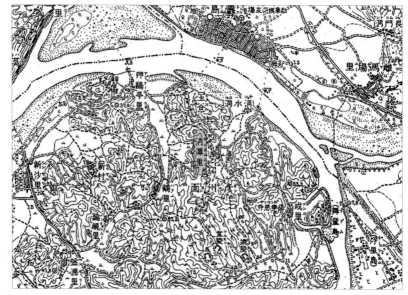

[그림 7] 20세기 초 청담리 전경
자료: 『近世韓國五萬分之一地形圖』, 1914~18年 朝鮮臨時土地調査局測量.

비중은 48.3%로 절반에 미치지 못했다.60) 주변에 높은 산이 없는 탓에 개울은 수량이 매우 적고, 가뭄이 들면 쉽게 말라버렸던 것으로 보인다. 사람들은 대부분 서쪽 골짜기 중간쯤에 많이 모여 살았다. 이들 중에는 이씨가 많았다. 조사부에 등재된 청담동 땅을 소유한 청담동 주민은 모두 30명이다. 그 중 이씨 18명, 김씨 6명, 강, 방, 이, 임, 조, 홍씨가 각 1명이다.

1901년에 작성된 광주부 양안에서 '청담(淸潭)'이 들어간 지명은 확인되지 않는다. 하지만 양안을 자세히 들여다보면 그곳에 등장하는 청식곡(淸式谷), 청시곡(淸時谷), 압구정옥동(鴨鷗亭玉洞) 일대가 토지조사사업 때 청담리로 편제되었음을 알 수 있다. 양안에서 선(禪) 23~정(亭) 80번까지 281

---

60) 청담리 토지조사부.

[표 17] 청담리 양안과 조사부의 지목 현황                        (단위: 평)

| 지목＼자료 | 양안 | | | | 토지조사부 | | | |
|---|---|---|---|---|---|---|---|---|
| | 필지 | (%) | 면적 | (%) | 필지 | (%) | 면적 | (%) |
| 답 | 84 | (32.1) | 57,927 | (51.9) | 103 | (31.0) | 115,356 | (48.3) |
| 전 | 127 | (48.5) | 51,049 | (45.7) | 196 | (59.0) | 111,194 | (46.6) |
| 대 | 51 | (19.5) | 2,741 | (2.5) | 33 | (9.9) | 12,038 | (5.0) |
| 소계 | 262 | (100) | 111,718 | (100) | 332 | (100) | 238,588 | (100) |
| 분묘지 | | | | | 4 | | 611 | |
| 임야 | | | | | 3 | | 1,341 | |
| 합계 | 262 | (100) | 111,718 | (100) | 339 | | 24,0540 | |

필지가 이 세 지역에 해당한다. 청담리 조사부는 339필지를 싣고 있다. JigsawMap을 활용하여 조사부에 등재된 땅과 양안에 올라있는 전답을 연결한 결과 양안의 281필지 가운데 262필지만 청담리로 편제되었음이 확인되었다. 즉 일제는 청식곡(禪 23번~主31번)과 청시곡 전체(主 32번~云 32번), 압구정옥동 일부(云 32번, 云 52번~후 80번)를 청담리로 편제했다.[61] 여기서는 양지아문 양안의 262필지(이하 청담리 양안이라 칭함)와 조사부에 등재된 전, 답, 대 332필지만 살펴보기로 한다([표 17] 참조). 즉 광무양전 당시 조사대상에서 제외된 분묘지와 임야는 분석에서 제외하기로 한다.

## 2) 양지아문 양전

경기도 양무감리(量務監理) 이종대(李鍾大) 지휘 하에 양무위원(量務委員) 1인, 학원(學員) 8인, 조사위원(調査委員) 2인[62]이 주도한 경기도 광주부 양

---

61) 云 33에서 51번까지 19필지는 다른 마을로 편제되었다.
62) 양무위원-朴載敦. 학원-尹泰凡, 丁奎河, 李鍾龍, 權命采, 李憲浩, 申澈雨, 兪

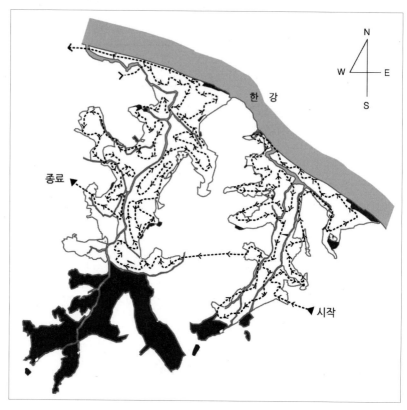

[그림 8] 청담리 양전경로 및 양안 미등재지 현황
비고: 점선-양전 경로, 검은색 부분-양안 미등재지, ↑ 무늬 부분-임야.

전은 1900년 6월 24일~7월 27일까지 약 1달 동안 현장조사를 진행했다. 양전 실무자들은 저자도(楮子島) 조사를 끝내고, 산을 넘어 청담리[淸式谷]로 들어와 양전을 시작하였다. 동선이 꼬이지 않도록 마을 이곳저곳을 조사하고 산을 넘어[越山] 학동으로 넘어갔다. 양지아문 양안 정서본(正書本)은 실지 조사가 이루어진 이듬해 3월 10일에 작성되었다.

---

哲濬, 安鍾烈. 조사위원-洪正裕, 兪漢老.

[표 18] 청담리 조사부 토지의 양안 등재 현황 　　　　　(단위: 평)

| 현황<br>지목 | 전체 | | 양안 미등재 | | | |
|---|---|---|---|---|---|---|
| | 필지(A) | 면적(B) | 필지(C) | C/A×100 | 면적(D) | D/B×100 |
| 답 | 103 | 115,356 | 13 | (12.6) | 45,215 | (39.2) |
| 전 | 196 | 111,194 | 56 | (28.6) | 23,624 | (21.2) |
| 대 | 33 | 12,038 | 8 | (24.2) | 2,521 | (20.9) |
| 합계 | 332 | 238,588 | 77 | (23.2) | 71,360 | (29.9) |

　양전 실무자들은 당시 경작되고 있던 청담동 전답 가운데 상당 부분을 조사대상에서 제외시켰다. 조사되지 않은 전답 대부분은 마을 남쪽 골짜기에 위치했다. [그림 8]에서 검게 칠해진 부분이 양안에서 확인되지 않은 전답이다. 조사부에 등재된 전답 가운데 양안에서 확인되지 않은 곳은 필지 기준으로 23.2%, 면적 기준으로 29.9%이다.([표 18] 참조) 남쪽 골짜기 주변이 나지막한 야산임을 감안하면 그곳 논밭은 비교적 오래전에 개간되었을 가능성이 있다. 즉 양안에서 누락된 전답이 광무양전 이후에 개간되었을 가능성은 많지 않다고 할 수 있다. 양전 실무자들이 실지 조사를 하면서 고의로 남쪽 골짜기에 위치한 전답을 배제하였던 것으로 보인다. 청담리 답은 양안에서 누락된 곳이 특히 많았다. 면적 기준으로 답의 39.2%가 양안에서 누락 되었다.

　실무자들은 실지 조사를 할 때 전형을 7가지로 판별했는데, 다음에서 보듯이 대부분 전답을 직사각형으로 판정했다.

　　전형 : 直231(88.2%), 方22, 三角3, 圭2, 牛角2, 眉1, 弧矢1

　실무자들은 전체 전답의 88.2%를 직사각형으로 판정했다. 정사각형까지 합하면 전답의 96.6%를 사각형으로 확정했다. 청담리가 골짜기로 이루어

[표 19] 청담리 양안과 조사부에 등재된 토지 연결 유형 (단위: 필지)

| 연결유형 | | | 양안 | 조사부 |
|---|---|---|---|---|
| 양안 1필지 | ↔ | 조사부 1필지 | 146 | 146 |
| 양안 1필지 | ↔ | 조사부 다(多)필지 | 30 | 69 |
| 양안 다필지 | ↔ | 조사부 1필지 | 46 | 16 |
| 양안 다필지 | ↔ | 조사부 다필지 | 40 | 24 |
| 합계 | | | 262 | 255 |
| 분석대상 필지 | | | 315 | 315 |

진 지역임을 감안하면 그곳의 전답이 사각형으로 만들어졌을 가능성은 많지 않다. 즉 양안의 전형과 실제 농지 모습 사이에는 상당한 괴리가 있었다고 볼 수 있다. 실무자들이 많은 전답을 조사에서 제외시키고 전답의 대부분을 사각형으로 확정한 사실로 미루어 볼 때 그들은 청담리의 농지 실태를 정확히 파악하려는 의지가 강하지 않았던 것으로 보인다.

광무양전 이후 약 10여년 사이에 청담리 지목은 거의 변하지 않았다. 그러한 사실은 양안과 조사부의 토지를 필지별로 연결하여 지목 변화상을 살펴보면 잘 드러난다. 실상을 살펴보기 위해 양안과 조사부 일부 필지를 인위적으로 분필할 필요가 있다. 두 장부 토지가 1↔1로 연결되지 않은 경우가 적지 않기 때문이다.([표 19] 참조) 필지별 연결 유형은 양안 1필지↔조사부 1필지, 양안 1필지↔조사부 2필지 이상 등 다양했다. 대체로 양안 대(垈)는 여러 필지가 토지조사부 1필지와 연결된다. 예컨대, 조사부 대 252번 필지는 양안의 10필지, 그리고 대 260번 필지는 양안의 15필지와 연결된다. 광무양전 때는 대를 조사할 때 가옥 소유주를 중심으로 파악했기 때문에 한 사람이 소유한 대지에 여러 사람의 가옥이 들어서 있을 경우 이 대지는 양안에 여러 필지로 분할되어 등재된다. 하지만 토지조사사업 때는 토지 소유주 중심으로 조사했기 때문에 이 대지는 토지조사부에 1필지로 등

[표 20] 청담리 양안과 조사부의 면적 비교                    (단위: 평)

| 지목 \ 자료 | 양안(A) | 조사부(B) | 파악율 A/B×100 |
|---|---|---|---|
| 답 | 57,927 | 74,688 | (77.6) |
| 전 | 51,049 | 85,053 | (60.0) |
| 대 | 2,741 | 7,487 | (36.6) |
| 합계 | 111,718 | 167,228 | (66.8) |

[표 21] 청담리 양안의 면적 파악율                    (단위: 필지)

| 파악율 \ 지목 | 답 | (%) | 전 | (%) | 대 | (%) | 합계 | (%) |
|---|---|---|---|---|---|---|---|---|
| 100% 이상 | 15 | (13.6) | 9 | (6.0) | | | 24 | (7.6) |
| 80~100% | 25 | (22.7) | 15 | (10.1) | | | 40 | (12.7) |
| 60~80% | 47 | (42.7) | 44 | (29.5) | 10 | (17.9) | 101 | (32.1) |
| 40~60% | 18 | (16.4) | 47 | (31.5) | 6 | (10.7) | 71 | (22.5) |
| 40% 미만 | 5 | (4.5) | 34 | (22.8) | 40 | (71.4) | 79 | (25.1) |
| 합계 | 110 | (100) | 149 | (100) | 56 | (100) | 315 | (100) |

재된다. 이같이 연결과정에서 양안과 조사부의 필지가 315필지로 늘어났다.

양안 지목이 조사부에서 변경된 경우는 315필지 가운데 26필지에 불과했다. 그나마 답에서 전으로 변경된 사례는 110필지 가운데 14필지에 불과하고 그 나머지는 전→대(10필지), 대→전(2필지)으로 변한 곳이다. 양전 실무자들이 지목을 판정할 때 세심한 주의를 기울였다고 할 수 있다.

실무자들은 전형을 확정한 다음 변의 길이를 측량하여 면적을 산출했다. 실무자들이 파악한 면적은 실제보다 크게 축소된 것이다. 조사부 대비 양안 면적 비율, 즉 면적 파악율은 답, 전, 대의 순서로 낮으며, 평균 66.8%에 불과했다.([표 20] 참조) 실무자들이 현장에 나가 실지 조사를 했던 사실로 미루어 볼 때 청담리 양전 실무자들은 의도적으로 면적을 축소시켰다고 판단된다. 양전 때 대의 면적이 특히 과소평가 되었는데, 그곳의 면적 파악율은 36.6%에 지나지 않았다. 대의 면적파악율이 특히 낮게 나타나는 현상은 다른 마을에서도 확인된다.[63] 한편 면적 파악율은 필지에 따라 크게 달랐다. 면적을 실제보다 넓게 파악한 곳(100% 이상)이 있는가 하면, 실제의 절반도 되지 않게 파악한 곳도 적지 않았다.([표 21] 참조)

청담리 면적 파악율은 경기도 죽산군 금산리와 비슷하고, 충청도 아산군 2개 마을보다 현저히 낮다.[64] 광무양전 때 경기도와 충청도의 면적 파악율이 크게 차이나는 까닭은 조선후기 전세정책의 특성 때문이었다. 효종은 아래와 같은 전세정책을 시행하고 명령했다.

> 임금이 이르기를, "경기의 田政이 형편없으므로 측량하는 일은 본디 그만 둘 수 있는 것이 아니나, 토지가 척박하고 백성이 가난한데 賦役이 번다한 것이 먼 지방과는 다르니, 측량할 때에는 반드시 그 등급을 낮추어 관대하도록 힘써야 하고, 일체 엄한 政事를 하여 민심을 잃어서는 안 될 것이다."라고 했다.[65]

효종은 경기도는 여타 지역에 비해 부역(賦役)이 번다하니 전답등급을 현실보다 낮게 책정하여 전세를 헐하게 하라고 지시했다. 경기도 전세를 헐하게 하라는 효종의 지시는 1662년 경기도 양전 때 반영되었다. 경기도 전세를 헐하게 하기 위해 여타 지역보다 면적 파악율을 낮추었던 것이다. 정약용에 따르면 18세기 경기도 전세는 삼남 지방에 비해 가벼웠다.[66]

---

63) 본서에서 분석한 여타 7개 마을에서도 그러한 현상이 확인된다.
64) 본서 2장 참조.
65) 『孝宗實錄』 11권 4년 9월 2일, "上曰 畿甸田政無形 打量之擧 固非得已 土地 磽瘠 人民貧殘 而賦役煩重 異於遠方 打量之日 必須降其等第 務從寬大 不可爲一切嚴急之政 以失民心也"

[표 22] 청담리 양안 전답등급                    (단위: 필지)

| 지목<br>전품 | 답 | (%) | 전 | (%) | 대 | (%) | 합계 | (%) |
|---|---|---|---|---|---|---|---|---|
| 3 | 3 | (3.6) |  |  | 6 | (11.8) | 9 | (3.4) |
| 4 | 34 | (40.5) | 21 | (16.5) | 41 | (80.4) | 96 | (36.6) |
| 5 | 46 | (54.8) | 45 | (35.4) | 4 | (7.8) | 95 | (36.3) |
| 6 | 1 | (1.2) | 61 | (48.0) |  |  | 62 | (23.7) |
| 합계 | 84 | (100) | 127 | (100) | 51 | (100) | 262 | (100) |

등급은 면적과 더불어 결부에 직접 영향을 미치는 요소다. 청담리 전답
은 대체로 척박했다. 답은 5등급이 제일 많고 전은 6등급이 많다.([표 22]
참조) 대도 대부분 4등급을 받았는데, 이러한 현상은 여타 마을에서는 흔히
확인되는 현상은 아니다. 여타 마을에서 대는 대체로 2·3등급을 받았다.[67]
    양전 실무자들은 등급 판정에 이어 시주를 확정했다. 청담리 양안 시주
는 60명[68]이고, 조사부 지주는 53명(국유지, 봉은사 소유지 제외)이다. 이
가운데 성명이 동일한[姓名同] 사람은 4명에 지나지 않는다.([표 23]에서 진
하게 표시한 인물) 한편 시주 권춘석(權春石)과 지주 권용구(權用九)처럼 성
은 같고 이름이 다른 경우[姓同名不同]가 많다. 전체의 73.3%가 성동명부동
필지이다.([표 24] 참조)

---

66) 『牧民心書』卷四「戶典」田政, "畿田雖瘠 本旣從輕 南田雖沃 本旣從重 凡
    其負束 悉因其舊"
67) 본서에서 분석한 여타 7개 마을 垈는 대체로 높은 등급을 받았다.
68) 시주명이 同音異字인 경우 동일인으로 간주. 예, 金順在, 金順才.

[표 23] 청담리 양안의 시주와 조사부의 지주 성명

| 성 \ 자료 | 양안 | 조사부 |
|---|---|---|
| 姜 | | 漢基 |
| 孔 | 云根 | |
| 權 | 春石, 漢基 | 克相, 吉相, 用九 |
| 金 | 癸用, 己用, 性根, 順在, 永萬, 永春, 用安, 昌五, 七卜 | 性根, 永瑞, 永春, 用完, 鍾泰, 俊西, 平心 |
| 盧 | 性文 | |
| 朴 | 士辰 | 敬樂, 春植 |
| 方 | 仲君, 昌業 | 昌根 |
| 宣 | | 春根 |
| 申 | 陳士 | 範休 |
| 梁 | | 春三 |
| 延 | 基先, 辰先 | |
| 禹 | 應用, 致順 | 應鼎 |
| 元 | | 石玄 |
| 殷 | 作元, 在寬 | |
| 李 | 京順, 京植, 公西, 今石, 今植, 今春, 德七, 道實, 道心, 道汝, 道七, 得伊, 萬根, 石用, 成用, 順五, 順好, 順會, 汝成, 永三, 永順, 永植, 英西, 英先, 用順, 元祚, 千釗, 平山, 漢永, 漢用 | 康爽, 康璇, 景九, 敬喆, 起連, 起潤, 起濟, 敦器, 明植, 奉儀, 錫均, 忭九, 淳儀, 舜載, 承鶴, 氏種, 用順, 雲卿, 應澤, 仁儀, 鍾斗, 晋鎔, 鐵儀, 春根, 春植, 台三, 華祥, 華應, 興儀 |
| 林 | 永水 | 永守 |
| 曺 | | 敬先, 点植 |
| 許 | | 文弘 |
| 洪 | 明先 | 永周 |
| 黃 | 伯用 | |
| 기타 | 官屯田, 內藏院, 奉恩寺, 守禦營 | 國, 奉恩寺 |

[표 24] 청담리 양안 시주와 조사부 지주의 관계

| 유형 \ 사례 | | 필지 | (%) | 면적[坪] |
|---|---|---|---|---|
| 姓名同 | 民有 | 4 | (1.3) | 1,824 |
| | 奉恩寺 | 3 | (1.0) | 2,524 |
| | 國有 | 21 | (6.7) | 16,248 |
| 소계 | | 28 | (8.9) | 20,596 |
| 姓同名不同 | | 231 | (73.3) | 119,370 |
| 姓名不同 | | 56 | (17.8) | 27,262 |
| 합계 | | 315 | (100) | 167,228 |

[표 25] 청담리 조사부의 지주 거주지 현황    (단위: 평)

| 지주 주소 \ 지목 | | 답 | 전 | 대 | 합계 |
|---|---|---|---|---|---|
| 國有(A) | | 53,291 | 25,447 | 1,398 | 80,136 |
| A/D×100 | | (46.2) | (22.9) | (11.6) | (33.6) |
| 民有 | 청담리 바깥(B) | 40,256 | 44,255 | 6,411 | 90,922 |
| | B/C×100 | (64.9) | (51.6) | (60.3) | (57.4) |
| | 청담리 | 21,809 | 41,492 | 4,229 | 67,530 |
| | 소계(C) | 62,065 | 85,747 | 10,640 | 158,452 |
| 합계(D) | | 115,356 | 111,194 | 12,038 | 238,588 |

　　양안과 조사부의 이름을 비교해 보면 시주명은 노비명에서 유래한 호명 같은 분위기를 풍기는 사례가 많다. 청담리 땅을 소유한 부재지주들은 대체로 호명을 사용했던 것으로 보인다. 예컨대, 양안과 조사부의 연결 상황을 보면 이금식(李今植)이 시주로 등장하는 79필지 중 55필지가 조사부의 이종두(李鍾斗) 땅과 연결된다. 이종두가 경성에 거주하던 부재지주였던 사실을 감안하면 시주 이금식은 그의 호명일 가능성이 농후하다. 청담리 조사부에 등재된 땅의 1/3 이상이 국유지고 민유지의 57.4%가 부재지주다.([표 25] 참조) 이러한 사실로 미루어 볼 때 광무양전 당시에도 청담리에는 부재지

주지가 많았다고 판단된다. 즉 부재지주 대부분은 자신 혹은 마름의 호명을 양안에 등재했던 것으로 보인다.

조사부 작성 당시 타지 사람들이 청담리 땅 대부분을 차지하고 있었던 만큼 20세기 초 그곳 사람들은 대부분 가난하게 살아갔다. 양안의 시작 65인 가운데 42명은 시주명에서 그 이름이 확인되지 않는다. 즉 이들은 오로지 타인의 땅에 기대어 연명하던 사람이라고 할 수 있다. 나머지 23인[69]은 시주로도 이름을 올리고 있으나 그 땅이 그들의 소유지라고 확신하기 어려울 뿐만 아니라(마름일 가능성도 있음) 그 면적 또한 얼마 되지 않는다.

### 3) 지계아문 양전

#### (1) 왕실 소유지 조사

앞에서 보았듯이 청담리 조사부에는 국유지가 많이 등재되어 있다. 그런데 국유지 80,136평 가운데 양안에 올라있는 땅과 연결되는 곳은 23.4%(18,783평)에 불과하다. 그러다 보니 양안과 연결되지 않은 조사부 땅은 대부분 국유지였다.([표 26] 참조)

지계아문에서 파견된 위원 이규신(李圭信)[70]과 사무원(事務員) 4명(梁在

---

69) 시주와 시작으로 모두 등장하는 23인은 다음과 같다. 공운근, 김기용, 김성근, 김순재, 김영춘, 김용안, 김창오, 박사진, 방중군, 방창업, 이경식, 이금춘, 이도여, 이만근, 이순오, 이순회, 이영삼, 이영순, 이영식, 이용순, 이평산, 임영수, 황백용.

70) 다음 자료에서 보듯이 李圭信은 광무 7년 25일 京畿地契委員에 임명되었다. 『官報 第二千四百四十七號』光武 7年 2月 27日 金曜, "九品 李圭信 九品 林炳漢 九品 張圭煥 九品 金正斗 九品 姜明欽 九品 梁在植 六品 金炳璇 安鍾烈 金秉翰 柳翼達命京畿地契委員 九品金永順 黃大永 李義鍾 金秉泌 金相潤 李學鎔 盧悳翼 玄承麟 洪在學 郭漢皐 梁基赫命平安北道地契委員 以上

[표 26] 양지아문 양전 때 누락된 토지의 성격  (단위: 평)

| 지목 \ 성격 | 국유 | (%) | 민유 | 합계 | (%) |
|---|---|---|---|---|---|
| 답 | 45,094 | (100) | 121 | 45,215 | (100) |
| 전 | 16,259 | (68.8) | 7,365 | 23,624 | (100) |
| 대 | | | 2,521 | 2,521 | (100) |
| 합계 | 61,353 | (86.0) | 10,007 | 71,360 | (100) |

植, 孫錫胤, 金永周, 鄭翰錫) 등은 언주면 양지아문 양전 때 누락된 왕실 소
유지를 조사하고 1903년 6월 『선릉정릉위토양안(宣陵靖陵位土量案)』(이하
위토양안으로 약함)을 작성하였다. 이 위토양안과 여타 지계아문 양안(이
하 지계양안으로 약함)의 구성은 매우 상이 하다. 위토양안은 자호 없이 단
순히 지번만 기재하고 개별 필지의 내용을 4단으로 나누어 기재했다.([그림
9] 참조) 양안의 첫째 단을 유심히 살펴볼 필요가 있다. 두락이 첫째 단에
기재되어있는데, 일반 지계아문 양안에서는 셋째 단에 기재된다. 위토양안
에 기재된 두락은 양전 당시 현장에서 통용되던 것이 아니다. 여타 지계양
안처럼 양안의 평방척을 500척 = 1두락으로 환산71)한 수치다.

---

二月二十五日."

71) 宮嶋博史, 1991, 『朝鮮土地調査事業史の研究』, 東京大學東洋文化研究所.
宮嶋博史는 일찍이 지계아문 양안에 기재된 斗落數와 耕數는 현지에서 통용되
던 것이 아니고 1두락 = 500평방尺, 1刻耕 = 125평방尺을 기준으로 量田實尺數
로부터 기계적으로 산출된 수치라고 보았다.

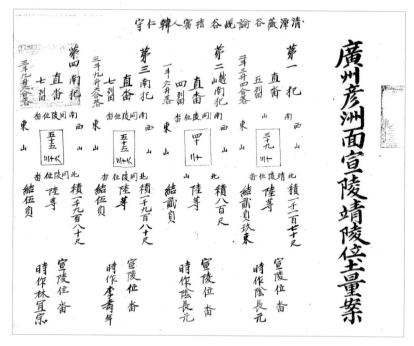

[그림 9] 선릉정릉위토 양안

자료: 규장각한국학연구원 소장 『宣陵靖陵位土量案』, (奎 17661)

위토양안은 177필지를 싣고 있는데,([표 27] 참조) 크게 두 부분으로 구분된다. 앞부분은 자호 없이 지번이 1~81번까지 이어지고 모두 선릉위토다. 뒷부분은 자호 없이 지번이 1~96번까지 이어지는데, 대부분은 정릉위토고 나머지는 선릉위토(2필지)와 순회세자위토(順懷世子位土, 4필지)다. 177필지 가운데 청담곡가탄(淸潭谷佳灘), 보앙곡(甫仰谷), 청담미곡(淸潭薇谷), 청담하고개(淸潭下古介) 등에 위치한 45필지가 토지조사사업 때 청담리로 편제된 것으로 보인다. 이러한 추론은 몇 가지 사실을 고려하면 개연성이 매우 높아진다. 첫째, 지명에 청담(淸潭)이 들어간다. 둘째, 45필지 시작 일부가 청담리 양지양안 시주 혹은 시작으로 확인된다.[72] 셋째, 앞에서 보

[표 27] 위토양안 전답 현황　　　　　(단위: 결-부-속, 필지)

| 능\지역 | 선릉위토 | | 정릉위토 | | 순회세자위토 | | 합계 | |
|---|---|---|---|---|---|---|---|---|
| | 결-부-속 | 필지 | 결-부-속 | 필지 | 결-부-속 | 필지 | 결-부-속 | 필지 |
| 淸潭谷佳灘 | 1-6 | (1) | 17-6 | (8) | | | 19-2 | (9) |
| 甫仰谷 | | | 48-2 | (10) | | | 48-2 | (10) |
| 淸潭薇谷 | 2-9 | (1) | 1-70-9 | (33) | | | 1-73-8 | (34) |
| 淸潭下古介 | | | 5-2 | (1) | | | 5-2 | (1) |
| 論峴谷 | 1-18-2 | (22) | | | | | 1-18-2 | (22) |
| 長筏谷 | | | 20-0 | (4) | | | 20-0 | (4) |
| 防築坪 | 21-3 | (3) | | | | | 21-3 | (3) |
| 陸司諫坪 | 81-8 | (13) | | | | | 81-8 | (13) |
| 陸司諫谷 | 2-45-6 | (41) | 1-88-7 | (31) | | | 4-34-3 | (72) |
| 相羅戌谷 | | | 5-7 | (1) | | | 5-7 | (1) |
| 大峙前谷 | 4 | (1) | 12-3 | (2) | 30-9 | (3) | 43-6 | (6) |
| 癸仲阿飛谷 | 8-3 | (1) | | | 6-2 | (1) | 14-5 | (2) |
| 합계 | 4-80-1 | (83) | 4-68-6 | (90) | 37-1 | (4) | 9-85-8 | (177) |

비고: 논현곡과 장무곡의 선후 관계는 추정임.

았듯이 청담리에는 양지양안에 누락된 국유지가 넓게 분포한다.

　광주부 언주면 양지양안을 살펴보면 이상한 점이 발견된다. 청담리 양안에는 선릉·정릉위토가 단 1필지도 없지만 언주면 양지양안에는 선릉·정릉위토를 비롯한 많은 능원위토(陵園位土)가 실려 있다. 언주면 양지양안에는 능원위토가 359필지 등재되어 있다.([표 28] 참조) 언주면 양지아문 양전은 오늘날 강남구 삼성동에서 시작해서 반시계 방향으로 청담리, 학동, 압구정동, 논현동, 양재동([표 28]의 良才洞浦 부근) 순으로 진행되었다. 선정릉과 가까운 이들 지역에는 위토가 거의 없는 데 비해 헌인릉(獻仁陵)과 가까운 지역([표 28]의 良才洞浦 이후)에는 능원위토가 많다. 양지아문에서 양전할 때 위토양안에 등재된 토지를 조사하지 않은 까닭은 그곳과 관련된 기

---

72) 그들은 김성근, 김용안, 이경진, 이기준, 이순오, 이후진이다.

[표 28] 언주면 양지양안 능원위토 현황 (단위: 필지)

| 지역 \ 능원 | 宣陵 | 靖陵 | 합계 | 지역 \ 능원 | 宣陵 | 靖陵 | 獻陵 | 仁陵 | 順康園 | 합계 |
|---|---|---|---|---|---|---|---|---|---|---|
| 浮念島 | | | | 京峴坪 | | | | | | |
| 舞童島 | | | | 磚石坪 | | | | | | |
| 楮子島 | | | | 馬粥巨里 | 17 | | | | | 17 |
| 舞童島 | | | | 獨谷坪 | 7 | | | | | 7 |
| 舞童島前坪 | | | | 良才洞浦 | | | 6 | | | 6 |
| 僧坪 | | | | 水潮洞 | | | 9 | | | 9 |
| 楮子島 | | | | 新院坪 | | | 14 | 2 | 4 | 20 |
| 淸式谷 | | | | 新院洞 | | | 7 | 5 | 27 | 39 |
| 淸時谷 | | | | 彌勒堂 | | | | | 2 | 2 |
| 鴨鷗亭玉洞 | | | | 遠村坪 | | | 4 | | 3 | 7 |
| 鵲坪 | | | | 新亭洞 | | | 34 | | 3 | 37 |
| 鶴洞 | | | | 新院坪 | | | 2 | 3 | 6 | 11 |
| 鴨鷗汀 | | | | 新院洞 | | | 10 | | 16 | 26 |
| 鴨鷗亭 | | | | 內谷前坪 | | | 41 | 13 | 5 | 59 |
| 洪浦坪 | | | | 廉谷 | | | 29 | | | 29 |
| 新坪 | | | | 浦一洞支石坪 | | | 3 | | | 3 |
| 新村 | | | | 浦一洞 | | | 4 | | | 4 |
| 沙坪里 | | | | 浦洞前坪 | | | 6 | | | 6 |
| 論峴 | | | | 花田坪 | | | | | | |
| 方下橋 | 10 | | 10 | 望谷 | | | | | | |
| 方橋洞 | 8 | | 8 | 盤谷里 | | | 28 | | | 48 |
| 方橋前坪 | | | | 大峙里 | | 20 | | | | |
| 方橋 | | | | 米島 | | | | | | |
| 蜂巖前坪 | 5 | | 5 | 鶴灘洞 | | | 2 | | | 2 |
| 觀草里坪 | 3 | | 3 | 逸院 | | | | | | |
| 驛村 | 1 | | 1 | 合計 | 27 | 44 | 199 | 23 | 66 | 359 |

존 양안이 없었기 때문이었을 것이다. 위토양안 표제에 쓰어 있는 '신기간(新起墾)'이라는 표식은 이들 토지가 경기도 양전이 있었던 1662년 이후 어느 때 개간되었음을 알려준다. 이러한 사실로 미루어 볼 때 위토양안이 작성된 저간의 사정을 다음과 같이 추론할 수 있다. 선릉·정릉위토 대부분이 언주면 양지양안에 등재되지 않은 사실을 확인한 왕실이 누락된 곳을 조사하여 정리하라고 지시함으로써 지계아문에서 그곳을 양전하였던 것으로 보인다.

## (2) 광무양전에 대한 왕실의 대응

왕실이 광무양전에 적극적으로 대응했음을 보여주는 자료가 더 있다. 그것은 바로 1902년 8월에 작성된『경상북도상주군북수신개전답양안(慶尙北道尙州郡北藪新開田畓量案)』[73]이다. 상주군수 이한응(李漢膺) 지휘 하에 사음(舍音, 朴奎洪), 감관(監官, 姜來相) 보도감(洑都監, 車載亨) 등이 상주읍성 바깥 서북쪽 장대평(將臺坪)과 수기평(藪基坪) 등에 소재한 영친왕궁 소유 신개간 전답을 조사하고 동 양안(이하 영친왕궁 양안으로 칭함)을 작성하였다. 아마도 영친왕궁은 지계아문 양전에 앞서 그때까지 양전한 적이 없던 개간전답을 조사하고 양안을 작성하라는 명령을 상주군에 내린 것으로 보인다.[74]

영친왕궁 양안은 여타 양안에서 볼 수 없는 매우 독특한 내용을 담고 있다. 양안 앞부분에 천연색 그림이 실려 있다.([그림 10] 참조) 실상을 정확히 파악하기 위해 작성한 지적도라기보다 그 지역의 특성을 상징적으로 표현한 한 폭의 산수화에 가깝다. 20세기 초 그 지역 실상은 그림처럼 단순하지 않고 매우 복잡했다.([그림 11] 참조) 점박이무늬로 표시된 지역은 국유지인데, 광무양전 당시 영친왕궁 소유지였던 것으로 추정된다. 토지조사사업 당시 개별 필지의 구획이 양안 그림처럼 네모반듯하지 않고 다양한 모습을 하고 있다. 상주군 지적도는 다른 사람이 그렸다 하더라도 [그림 11]과 비슷한 모습이었을 것이다. 하지만 영친왕궁 양안에 실린 그림은 다른 사람이 그렸다면 [그림 10]과 전혀 다른 분위기를 띠는 그림이 되었을 가능성

73) 『慶尙北道尙州郡北藪新開田畓量案』(奎 18577).
74) 지계아문에서 상주군 양전을 실시했다. 최원규, 1995, 「대한제국기 量田과 官契發給事業」,『대한제국의 토지조사사업』(한국역사연구회 근대사분과 토지대장연구반 엮음), 민음사.

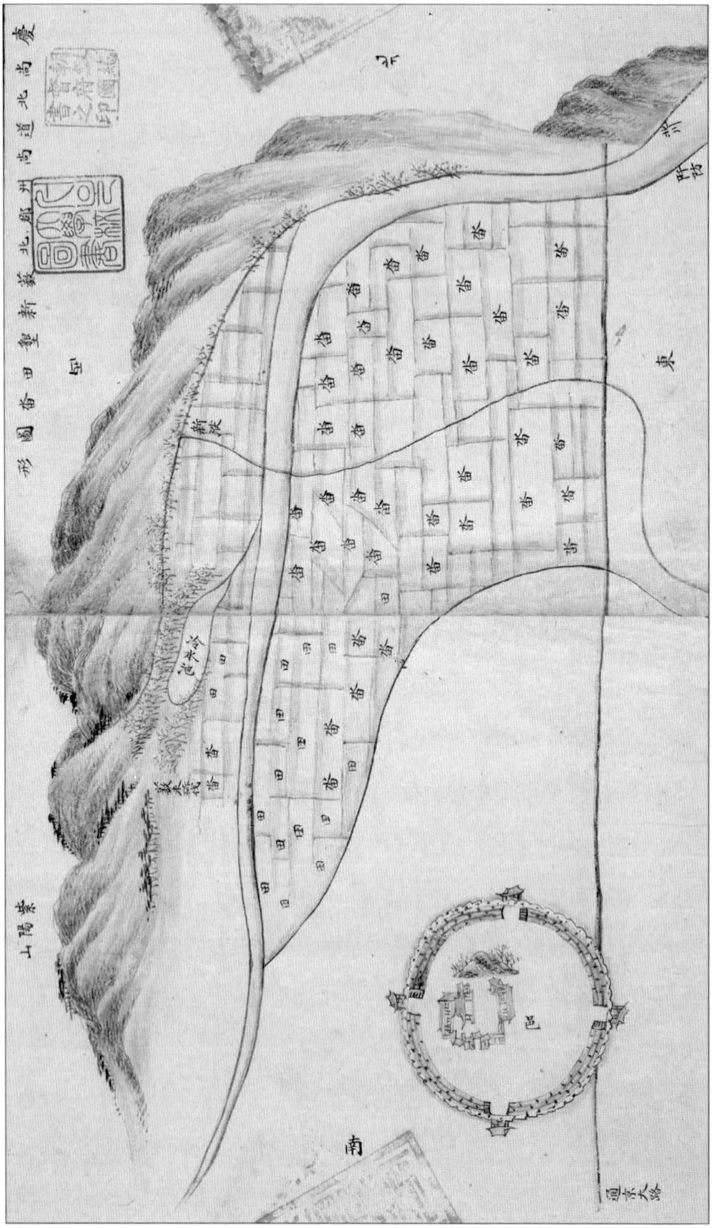

[그림 10] 영천왕궁 양안에 실린 전답도형

자료 : 규장각한국학연구원 소장 『慶尙北道尙州郡北數新開田畓量案』, (奎 18577)

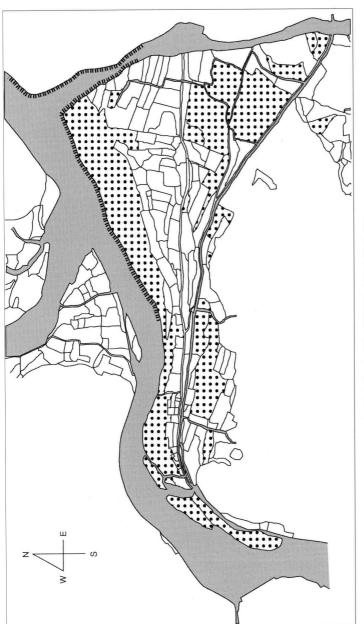

[그림 11] 1913년 영친왕궁 소유지 부근 모습

자료: 1913년 작성 낙양리·연원리 지적도 및 토지대장

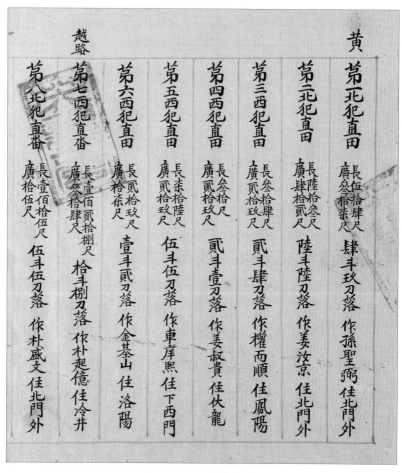

[그림 12] 영친왕궁 양안
자료: 규장각한국학연구원 소장 『慶尙北道尙州郡北藪新開田査量案』, (奎 18577)

이 높다. 즉 영친왕궁 전답의 모습을 정확히 묘사하기 위해 [그림 10]을 그린 것이 아니었다. 영친왕궁 전답과 그 주변 모습을 개략적으로 묘사하기 위해 그림을 그렸다고 볼 수 있다.

그림에 이어 개별 필지에 대한 정보를 싣고 있는 부분이 뒤따른다. 이부

[표 29] 영친왕궁 양안의 1두락 면적 (단위: 척)

| 면적<br>지목 | -400 | | 400 | | +400 | | 불명 | | 합계 | |
|---|---|---|---|---|---|---|---|---|---|---|
| | 필지 | (%) | 필지 | (%) | 필지 | (%) | 필지 | (%) | 필지 | (%) |
| 답 | 17 | 20.2 | 53 | 63.1 | 13 | 15.5 | 1 | 1.2 | 84 | 100 |
| 전 | 2 | 4.4 | 34 | 75.6 | 7 | 15.6 | 2 | 4.4 | 45 | 100 |
| 대 | | | 1 | | | | | | 1 | |
| 합계 | 19 | 14.6 | 88 | 67.7 | 20 | 15.4 | 3 | 2.3 | 130 | 100 |

분 역시 여타 지계양안에 비해 매우 독특하다. 한 자호는 10필지로 구성되고, 개별 필지의 전품과 결부 관련 정보가 없다.([그림 12] 참조) 아마도 영친왕궁의 사적(私的) 조사여서 토지등급을 결정할 수 없었고, 그렇기 때문에 결부를 산출할 수 없었던 것으로 보인다. 영친왕궁 양안은 154필지를 싣고 있는데, 모든 필지에 두락이 기재되어 있고 130필지에는 장광척도 기재되어 있다. 영친왕궁 양안에 기재된 두락 또한 현장에서 통용되던 것이 아니고 장광척을 근거로 산출한 면적을 기계적으로 환산한 수치이다. 130필지 가운데 1두락 = 400척[75] 88필지, 400척 미만 19필지, 400척 초과 20필지, 불명 3필지[76]이다.([표 29] 참조) 아마 400척을 1두락으로 환산하는 과정에서 계산 착오가 있었던 것으로 추정된다. 평방척을 두락으로 환산하는 식이 여타 지계양안과 다르다. 지계양안에 적용된 환산식은 500척 = 1두락이다. 두 기관의 환식이 다르다는 사실은 영친왕궁 소유의 전답에 대한 상주군의 양전이 지계아문 양전보다 먼저 이루어졌음을 의미한다. 영친왕궁 양전이 늦게 실시되었다면 상주군은 지계아문의 환산식을 따랐을 것이다.

위토양안과 영친왕궁 양안은 광무양전을 바라보는 왕실의 생각을 잘 보

---

75) 두락을 산출할 때 장광척을 400으로 나눈 다음 소수점 두 번째 자리 이하는 버렸다. 宇1번을 예로 들면, 39×32(1638)/400 = 3.12에서 0.02를 버리고 3두 1승락으로 계산했다.
76) 불명 3필지는 田形이 弧矢로, 면적산출 방법을 알 수 없다.

여주고 있다. 왕실은 완성된 광무양안을 살펴보고 자신들의 토지가 양안에 누락된 경우 재양전을 지시하기도 했다. 그리고 자신의 소유지가 기존 양안에 올라있지 않을 경우 광무양전에 앞서 미리 조사하기도 했다. 이러한 사실은 왕실이 광무양전을 통해 자신의 토지에 대한 소유권을 명확히 하려고 했음을 의미한다.

# 소결

　정부는 광무양전 결과에 불만을 품고 거칠게 항의하는 인민들을 달래기 위해 양전을 다시 실시하여 부세량을 줄여주었다. 지계아문 소속 양전 실무자들은 결부수를 이전과 비슷하게 맞추기 위해 면적을 축소시키기도 하고 등급을 낮추기도 했다. 그리고 그들은 이전 양안을 참작하여 양지아문 양전 때 결정한 지목(地目)을 바꾸기도 했다. 이러한 사실은 광무양전의 목적이 비척도, 면적, 지목 등과 관련된 실상을 정확히 파악하려는 데 있었던 것이 아님을 의미한다. 광무양전의 1차 목적은 은루결을 파악하는 데 있었던 것이다.

　권세가들은 광무양전을 맞이하여 부세량을 줄이기 위해 여러 방안을 강구했다. 숙전(熟田)을 둔전에 투탁하기도 하고 개간지 인근에 위치한 전답을 방금 개간한 땅이라고 우기면서 양안에 등재하지 않기도 했다. 권세가와 달리 왕실은 양전 때 누락된 자신들의 토지가 있으면 양전을 다시 하여 그 토지를 양안에 등재하도록 했다. 기존 양안에 자신들의 토지가 올라가 있지 않았을 경우 정부에서 실지 조사를 하기 전에 그곳의 실상을 파악해 둘 것을 지시하기도 했다. 이같이 광무양전을 바라보는 인민과 왕실의 입장은 상당히 달랐다. 인민들은 부세문제에 촉각을 곤두세웠고, 왕실은 소유문제에 관심을 두었다. 실지 조사를 토대로 새롭게 작성될 양안이 부세수취와 토지소유권 증빙에 활용된다는 사실은 모두가 알고 있었다. 그러나 자신이 처한 위치에 따라 광무양안을 바라보는 시각은 차이가 있었다.

　대한제국은 양전정책뿐만 아니라 전세정책도 조선시대 전통을 계승했다. 조선시대에는 비옥도와 면적이 같은 땅이라도 위치하는 곳에 따라 전세량[결부]이 상이했다. 조선후기 정부는 경기도 인민들에게 요역을 많이 부과한다는 이유를 들어 그곳의 전세량을 줄여주었다. 광무양전 때도 경기도 전답은 다른 지역 땅에 비해 부과되는 전세량이 상대적으로 적었다. 이처럼 광무양안에는 전세량을 결정할 때 다른 부세량을 참작하던 전통이 녹아있었다.

# 4장

# 지계아문 양전

# 1. 조선시대 소유권 증빙제도 계승


## 1) 대상 지역

지계아문은 양지아문 양안을 근거로 발행하는 전토계권(田土契券) 사무만 처리하는 임시 관청으로 설립되었다. 정부는 지계아문 설립 때 이미 관계(官契)와 관련된 자세한 규정을 마련했다. 1901년 10월 20일 공포된 「지계아문직원급처무규정(地契衙門職員及處務規程」의 주요 내용을 소개하면 다음과 같다.

제1조 地契衙門은 漢城府와 十三道 各府郡의 田土契券 整釐實施ᄒᆞᄂᆞᆫ
　　　事務를 專行ᄒᆞᄂᆞᆫ 處所로 權設ᄒᆞᆯ 事
제18조 田土時主가 官契를 不肯印出ᄒᆞ고 舊券으로 仍存타가 新官契의
　　　無흠이 現發되ᄂᆞᆫ 境遇에는 該田土의 關흔 訟事가 有ᄒᆞᆯ지라도 受理치
　　　아니ᄒᆞ며 該田土ᄂᆞᆫ 一切屬公ᄒᆞᆯ 事
제19조 官契를 印出割半ᄒᆞ야 右片은 田土時主의게 付與ᄒᆞ고 左片은 該
　　　地方官廳에 保存케ᄒᆞ되 式樣은 左와 如ᄒᆞᆯ 事
제20조 官契를 闊失ᄒᆞᄂᆞᆫ 境遇에는 該地方官의게 告實ᄒᆞ야 証訂이 的確
　　　흔 然後에 成給ᄒᆞᆯ 事
제21조 地契實施흔 後에 田土賣買ᄒᆞᄂᆞᆫ 境遇에는 各該地方官이 証券을
　　　成給호되 該證券을 領有흔 者가 他人의게 轉賣ᄒᆞᆯ 時에는 各該地方官
　　　이 舊証券을 繳鎖ᄒᆞ고 原地契ᄂᆞᆫ 還給ᄒᆞ며 新証券을 成給ᄒᆞᆯ 事 但該
　　　地契를 典執ᄒᆞᄂᆞᆫ 境遇라도 各該地方官에게 請願ᄒᆞ야 認許를 得흔 後
　　　에 實施ᄒᆞᆯ 事
제22조 田土賣買証券을 印出割半ᄒᆞ야 右片은 田土買主의게 付與ᄒᆞ고

左片은 該地方官廳에 保存케호되 式樣은 左와 如훌 事

제23조 田土原契와 賣買証券一件에 銅貨二錢式 收入호야 該契券印出
費을 當케홀 事

제24조 地契事務告竣훈 後에는 漢城五署는 漢城府의셔 各地方은 各該
府尹牧使郡守의게 事務를 擔任홀 事

제25조 契券의 印頒에 關훈 各項細則은 本衙門總裁가 衙令으로 臨時頒
行홀 事[1]

제1조에서 지계아문이 임시기구임을 밝혀두었다. 모든 토지는 관계를
발급받아야 하며,(18조) 동일한 관계를 시주와 정부가 각각 보관하도록 했
다.(19조) 전답을 매매할 때는 구관계를 관에 반납하고 신관계를 발급받도
록 했다.(21·22조) 그리고 관계 발급비용은 시주가 부담하도록 했다.(25조)

지계아문은 25조 규정에 따라 관계발급과 관련된 세칙을 공포했다. 1903
년 2월 27일 전라도에 하달한 훈령 가운데 주요 내용을 소개하면 다음과
같다.

4. 大韓帝國人民 外에는 田畓山林川澤家舍所有主되는 權이 無호니 借
名或私相賣買典質讓與호는 弊가 有훈者는 幷一律에 處호고 該田畓
山林川澤家舍는 原主記名人의 有훔으로 認호야 一切屬公홀 事

5. 官契를 水沈火災或遺失훈 境遇에는 領有者가 該地方官廳에 報明호
야 証據가 的確훈 後에 更히 成給호되 如或証據가 無훔을 許施호엿다
가 現露호면 該田畓山林川澤家舍價額을 其時 地方官에게 責徵홀 事

6. 田畓山林川澤家舍官契를 三片에 印出호야 第一片은 本衙門에 保存
호고 第二片은 領有者에게 付與호고 第三片은 該地方官廳 存案件으

---

1) 『官報』 2024호, 1901년(광무 5) 10월 22일. 한편 「地契衙門職員及處務規程」은
『勅令』 10(奎 17006)에도 실려있는데, 양자의 내용이 약간 다르다. 이에 대한 자세
한 내용은 왕현종, 2017, 『대한제국의 토지조사와 토지법제』, 혜안, 참조.

로 符准後에 施行홀 事

7. 官契를 成給홀 時에 畓一負에 葉錢五分 田一負에 葉錢三分 火田一
負에 葉錢壹分 山林積百尺에 葉錢壹分 川澤積百尺에 葉錢二分 瓦家
一間에 葉錢五分 草家一間에 葉錢壹分式을 收入ᄒ야 紙地及印刷費
에 應用홀 事

8. 田畓山林川澤家舍를 賣買ᄒᄂ 境遇에ᄂ 原價百分의 壹을 抽ᄒ되 賣
買人이 折半式分當ᄒ야 該地方官廳에 納ᄒ야 本衙門에 輸納홀 事[2]

　세칙에서는 오직 대한제국 인민만이 전답·산림·천택·가사를 소유할 수
있다고 밝히고 있다.(4조) 관계는 3부를 작성하여 지계아문·소유주·지방관
청 등이 각각 한부씩 보관하도록 했다.(6조) 관계발급 비용(7조)뿐만 아니
라 일종의 '매매세'(8조)도 수취한다고 규정했다.

　1901년에 제정된 규정과 그 다음에 하달된 세칙의 내용은 중국제도와
매우 유사하다. 중국 명·청대에는 전답 매매 후 관청에 매매명문을 제출하
고 매매와 관련된 세금을 납부하도록 했다. 관청에서는 매입자가 제출한
매매명문 위에 관인(官印)을 찍고 매매를 인정하는 증서(證書)를 그 명문에
연접해서 돌려주었다. 청대 휘주에서는 증서를 계미(契尾)라 칭했는데, 계
미와 대한제국 관계는 내용과 발급 절차 면에서 매우 흡사했다. 중국 정부
는 계미 양식을 미리 인쇄해 두었다가 매입자가 매매명문을 제출하면 매입
자 거주지·성명, 전답 면적, 매매가, '매매세' 등을 계미에 적은 다음 계미
를 반으로 잘라 그 절반은 관에 남겨두고 나머지 절반은 당사자에게 발급
했다. 나아가 19세기 중국 정부는 외국인에게 전답과 가옥을 매도할 수 없
다는 사실을 계미에 밝혀두었다.[3] 이러한 사실로 미루어 볼 때 대한제국은

---

2) 『完北隨錄(上)』「訓令 各郡」(奎 古5121-1-v).

3) 嚴桂夫·王國健, 2005, 『徽州文書檔案』, 安徽人民出版社. 동서에 실린 契尾
　일부를 소개하면 다음과 같다. ① "(前略) 前半幅照常細書業戶等姓名 買賣田

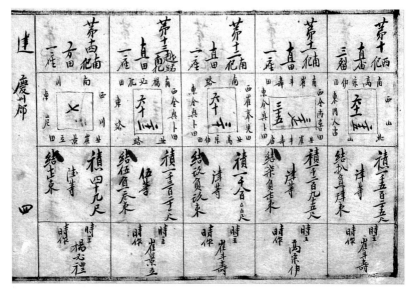

[그림 1] 경주군 양안
자료: 규장각한국학연구원 소장 『慶尙北道慶州郡量案』7, (古大 4258.5-17)

관계발급 계획을 세울 때 중국제도를 참고했던 것으로 보인다.

지계아문은 현장조사를 실시하지 않고 양지아문에서 작성한 야초나 중
초본을 활용하여 양안을 작성하기도 하고 직접 실지 조사를 실시하여 양안
을 작성하기도 했다. 1903년에 작성된 『경상북도경주군양안(慶尙北道慶州郡
量案)』4)은 양지아문 야초를 활용하여 지계아문에서 만든 중초본이다. 1책

房數目 價銀 稅銀若干 後半幅於空白處預鈐司印 以便投稅時將契價銀數目
大字塡寫鈐印之處 令業戶看明 當面騎字截開 前幅給業戶收執 後幅同季冊
匯送布政司査核等因 奉旨 依議 欽此欽遵 咨院行司 奉此 合印契尾頒發 凡
有業戶呈契投稅 務遵定例 照格登塡 仍令業戶看明 當面騎字截開 前幅粘
給業戶收執 後幅匯同季冊送司査核 轉報院部 毋違 須至契尾者 (後略)" 乾
隆 연간에 인쇄된 게미이다. ② "(前略) 此項官契紙 如敢射影弊混 違背定章
以己産賣非本國之人 立卽作廢 (後略)." 光緖 연간에 인쇄된 게미이다.

표지에 붙어있는 조사안에 '중초(中草) 1책'이라는 구절이 있다. 이 양안의 외형은 양지양안과 흡사하다.([그림 1] 참조) 가로 세로 선을 그어 개별 필지 기재내용을 네 칸으로 나눈 사실, 전답모양을 그림으로 나타낸 부분, 면적을 척(尺)으로만 기재하고 그것을 두락으로 환산하지 않은 점 등이 양지아문 양안(이하 양지양안으로 약함) 형식과 동일하다. 이러한 사실로 미루어 볼 때 양지아문에서 작성한 야초(野草)를 활용하여 지계아문에서 이 양안을 작성하였다고 할 수 있다. 그런데 이 중초본은 지계양안과 비슷한 면도 있다. 즉 이 양안은 시작을 파악하지 않았다. 양전은 실지 조사에서 양안작성까지를 지칭하므로 지계아문에서도 경주 양전에 참여했다고 볼 수 있다.

여기서는 토지조사사업 때 경주군 내남면(內南面) 부지리(鳧池里)로 편제된 지역을 살펴보기로 한다. 부지리는 역사가 그리 오래지 않은 마을이다. 1914년 행정구역 통폐합 조치 때 와지리(瓦旨里)와 천면리(川面里)를 합쳐 부지리로 만들었다. 광무양전 당시 부지리는 경주최씨 동성마을이었다. 1912년 작성된 부지리 토지대장5)(이하 토지대장으로 약함)은 당시의 실상을 전한다. 토지대장에 등장하는 지주 207명 가운데 부지리 주민은 100명이고, 그들의 성씨는 13종류였다.6) 100명 가운데 최씨가 51명이다. 부지리 경주최씨 조상은 오랫동안 경주의 향중공론을 좌지우지하였다. 부지리 경주최씨는 이웃 마을 이조리(伊助里)에 거주하던 최씨와 친척인데, 이조리는 조선후기 경주를 대표하는 반촌으로 꼽혔다.7)

---

4) 『慶尙北道慶州郡量案』 7 (奎 古大 4258.5-17).

5) 경주시청 보관.

6) 100명의 성씨는 다음과 같다. 최 51, 박 15, 김 11, 이 9, 황 4, 유 2, 한 2, 신 1, 문 1, 양 1, 윤 1, 주 1, 천 1.

7) 善生永助, 1935, 『朝鮮の聚落』, 朝鮮總督府.

[그림 2] 20세기 초 부지리 전경
자료: 『近世韓國五萬分之一地形圖』, 1914~18年 朝鮮臨時土地調査局測量.

　부지리는 산, 물, 들이 잘 어우러진 마을이었다.([그림 2] 참조) 야산이
북쪽과 서쪽에 자리 잡고, 화곡리(花谷里)를 거쳐 온 개울이 마을 북쪽을
지나 용장리(茸長里)를 가로지르는 형산강으로 흘러들고, 덕천리를 감싸고
도는 형산강에서 끌어온 봇도랑이 남에서 북으로 흘러 마을 북쪽 개울과
만난다. 이렇듯 관개시설이 잘 갖추어진 덕분에 토지조사사업 당시 부지리
농지에서 답이 차지하는 비중이 60.5%나 되었다.[8]
　경주군 양안에서 부지리 부근 전답을 어렵지 않게 찾을 수 있다. 내남면
양안에 천면평(川面平)과 와지평(瓦旨坪)이 등장하는데, 양안 건(建) 1번에서

---

8) 부지리 토지대장.

[표 1] 부지리 양안과 토지대장의 지목 현황   (단위: 평)

| 자료<br>지목 | 양안 | | | | 토지대장 | | | |
|---|---|---|---|---|---|---|---|---|
| | 필지 | (%) | 면적 | (%) | 필지 | (%) | 면적 | (%) |
| 답 | 378 | (52.9) | 423,561 | (59.5) | 356 | (51.2) | 199,732 | (60.5) |
| 전 | 298 | (41.7) | 280,371 | (39.4) | 247 | (35.5) | 119,896 | (36.3) |
| 대 | 39 | (5.5) | 7,841 | (1.1) | 92 | (13.2) | 1,0671 | (3.2) |
| 소계 | 715 | (100) | 711,773 | (100) | 695 | (100) | 330,299 | (100) |
| 분묘지 | | | | | 12 | | 7,586 | |
| 임야 | | | | | 3 | | 10,331 | |
| 합계 | | | | | 710 | | 348,176 | |

전(傳) 3번까지 852필지가 이 두 지역에 해당한다. 한편 1912년 작성된 토지대장에는 710필지가 등재되었다. JigsawMap을 활용하여 양안과 대장 전답을 연결한 결과 양안 852필지 가운데 715필지는 부지리로, 나머지 137필지는 용장리와 이조리로 편제되었음이 확인되었다.9) 여기서는 양안에 올라있는 715필지와 토지대장에 등재된 전, 답, 대 695필지를 비교 분석한다.([표 1] 참조) 즉 광무양전 당시 조사대상에서 제외된 임야와 분묘지는 분석에서 제외했다.

---

9) 建 1번부터 建 22번까지, 그리고 立 98번부터 形 1번까지 96필지는 용장리로, 形 35번부터 形 42번까지, 그리고 谷 46번부터 傳 3번까지 41필지는 이조리로 편제되었다.

## 2) 실지 조사

### (1) 결부 산출 과정

양전 실무자들은 마을 북쪽으로 들어와 동선이 꼬이지 않게 이리저리 다니면서 조사를 마치고 마을 동남쪽으로 빠져나갔다.([그림 3] 참조) 이들 은 마을 토지를 꼼꼼히 조사했다. 양안 토지는 모두 토지대장에서 확인되 고 토지대장 토지도 거의 대부분 양안에서 찾아진다. [그림 3]에서 검게 칠 해진 부분이 양안에서 확인되지 않는 토지다. 이들 토지가 북쪽 개울 주변 과 서쪽 산기슭에 위치하는 사실로 미루어 볼 때 광무양전 당시 미개간지 였거나 숙전(熟田)이 되지 못한 곳이었을 가능성이 높다. 토지대장 토지 가 운데 양안에서 확인되지 않은 곳은 면적 기준으로 2.8%에 지나지 않는다. 특히 답은 0.8%에 불과하다.([표 2] 참조)

양전 실무자들은 현지조사를 통해 전형을 판정했다. 그들이 결정한 전형 은 아래에서 보듯이 매우 단순했다.

전형 : 直 667(93.3%), 方 43, 句 2, 圭 1, 牛角 1, 直帶方 1

전형이 6가지에 불과하다. 직사각형과 정사각형[方]까지 합하면 양안에 등재된 전답 대부분이 사각형으로 파악되었다. 실무자들은 면적계산을 쉽 게 하려는 목적에서 전형을 극단적으로 단순화시켰다고 할 수 있다. 즉 면 적을 구할 때 사각형은 연산과정을 한 번[곱셈] 거치지만 삼각형은 두 번 [곱셈과 나눗셈], 사다리꼴은 세 번[덧셈, 나눗셈, 곱셈] 진행해야 하기 때 문이다.

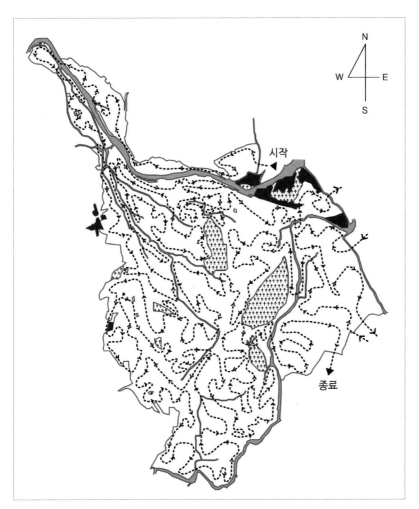

[그림 3] 부지리 양전경로 및 미등재지 현황

비고: 점선-양전경로, 검은색 부분-양안 미등재지, ↑ 무늬 부분-임야.

[표 2] 부지리 토지대장 토지의 양안 등재 현황  (단위: 평)

| 현황 지목 | 전체 | | 양안 미등재 | | | |
|---|---|---|---|---|---|---|
| | 필지(A) | 면적(B) | 필지(C) | C/A×100 | 면적(D) | D/B×100 |
| 답 | 356 | 199,732 | 12 | (3.4) | 1,652 | (0.8) |
| 대 | 92 | 10,671 | 5 | (5.4) | 467 | (4.4) |
| 전 | 247 | 119,896 | 20 | (8.1) | 7,075 | (5.9) |
| 합계 | 695 | 330,299 | 37 | (5.3) | 9,194 | (2.8) |

[표 3] 부지리 양안과 토지대장에 등재된 토지 연결 유형  (단위: 필지)

| 연결유형 | | | 양안 | 토지대장 |
|---|---|---|---|---|
| 양안 1필지 | ↔ | 토지대장 1필지 | 420 | 420 |
| 양안 1필지 | ↔ | 토지대장 다(多)필지 | 53 | 115 |
| 양안 다필지 | ↔ | 토지대장 1필지 | 200 | 84 |
| 양안 다필지 | ↔ | 토지대장 다필지 | 42 | 39 |
| 합계 | | | 715 | 658 |
| 분석대상 필지 | | | 799 | 799 |

양전 실상은 양안과 토지대장에 등재된 토지를 필지별로 비교해보면 좀 더 분명해진다. 양안과 토지대장을 연결하는 과정에서 분석대상이 되는 필지가 증가했다. 그러한 현상은 양안과 토지대장의 필지가 1↔1로 연결되지 않은 경우 인위적으로 분필했기 때문에 발생했다.([표 3] 참조) 인위적 분필결과 분석대상 필지는 799필지로 늘어났다.

양전 때 확정된 지목은 토지조사사업을 거치면서 적지 않게 변경되었다. 지목변경은 104필지(전체의 13%)에서 발생했다. 양안에 올라있던 전이 토지대장에 대(垈) 혹은 답으로 등재된 곳이 많았다. 전(광무양안)→대(토지대장)로 변한 곳이 55필지, 전→답 41필지, 답→전 2필지, 대→전 6필지다. 그 결과 두 장부에 등재된 대의 필지 수가 크게 다르다. 대는 양안 38필지, 토지대장 92필지이다. 이러한 사실은 부지리 양전 때 대를 전으로 파악한

[표 4] 부지리 양안과 토지대장의 면적 비교    (단위: 평)

| 지목 \ 자료 | 양안(A) | 토지대장(B) | A/B×100 |
|---|---|---|---|
| 답 | 128,352 | 180,670 | (71.0) |
| 전 | 84,961 | 134,451 | (63.2) |
| 대 | 2,376 | 5,984 | (39.7) |
| 합계 | 215,689 | 321,105 | (67.2) |

[표 5] 부지리 양안의 면적 파악율    (단위: 필지)

| 구간 \ 지목 | 답 필지 | 답 (%) | 전 필지 | 전 (%) | 대 필지 | 대 (%) | 합계 필지 | 합계 (%) |
|---|---|---|---|---|---|---|---|---|
| 100% 이상 | 20 | (4.8) | 11 | (3.3) | | | 31 | (3.9) |
| 80~100% | 104 | (25.2) | 46 | (13.7) | | | 150 | (18.8) |
| 60~80% | 186 | (45.0) | 94 | (28.0) | 6 | (12.0) | 286 | (35.8) |
| 40~60% | 77 | (18.6) | 97 | (28.9) | 20 | (40.0) | 194 | (24.3) |
| 40% 미만 | 26 | (6.3) | 88 | (26.2) | 24 | (48.0) | 138 | (17.3) |
| 합계 | 413 | (100) | 336 | (100) | 50 | (100) | 799 | (100) |

곳이 많았음을 의미한다. 10년 사이 이곳 호수(戶數)가 2.5배 가량 증가했을 가능성은 매우 희박하다. 지계아문은 대를 전으로 파악하려는 경향이 강했다. 예컨대, 용인군 모현면 오산리 경우 양지양안에서 36필지나 되던 대가 지계양안에서 1필지로 줄었다.[10] 이러한 사실은 지계아문이 양지아문에 비해 부세 문제에 더 많은 관심을 가졌음을 의미한다. 전세를 부과하는 곳은 건물이 들어선 집터가 아니라 곡식이 자라는 텃밭이다.

  양전 실무자들은 지목에 따라 면적 파악율(토지대장 면적 대비 양안 면적)을 달리했다. 면적 파악율은 답, 전, 대 순이며 평균 67.2%였다.([표 4] 참조) 개별 필지 면적 파악율도 다양했다. 1/3 정도가 파악율 60~80% 구간

---

10) 본서 3장 1절 참조.

에 위치하며 약간의 필지는 100% 이상 구간에도 존재한다.([표 5] 참조) 개별 필지의 면적 파악율이 다양하게 나타날 가능성은 이미 전형을 살펴볼 때 감지되었다. 경지 정리가 되지 않은 상태에서 전형을 사각형으로 단순화시키면 정확한 면적을 구하는 것이 어렵게 된다.

부지리 평균 전품은 대 1등급, 답 3.5등급, 전 4.3등급으로 답은 3·4등급(85.2%)이, 전은 4·5등급(전체의 67.5%)이 주류였다. 부지리 양안의 대가 모두 1등급이었다는 사실이 매우 인상적이다. 여타 마을에서도 대의 등급이 답이나 전에 비해 높았지만 모두 1등급은 아니었다.[11) 부지리 대가 여타 마을에 비해 특별히 높은 등급을 받아야 할 이유가 없었다고 생각된다. 즉 부지리의 모든 대에 1등급이 부여된 데에는 양전 실무자들의 주관적 판단이 작용했던 것이다.

조선시대에는 대의 등급을 논이나 밭에 비해 높게 책정했다. 그런데 경자양전 때는 그 이전의 등급을 계승해야 한다는 원칙 때문에 일반 농지에서 대로 변한 곳의 등급 조정이 이루어지지 않기도 했다.[12) 경자양전 때와 달리 19세기 읍양전 때는 대에 대한 등급 조정이 이루어졌다. 전라도 영광군 서부면의 경우 1719년 양전 때는 대였으나 1868년 양전[13) 때 일반 농지로 변한 곳의 등급을 그 이전에 비해 낮게 책정했다.([표 6] 참조) [표 6]에서 대각선으로 진하게 표시된 사각형의 아래 부분에 위치한 필지는 1719년

---

11) 본서 2·3장 참조.

12) 『備邊司謄錄』肅宗 45年 9月 17日, "金(昌集)曰 垈田等處當變等數 而亦似不多矣 略倣舊等而無至太變 似合事宜 使之依所達爲之何如 令曰 依爲之." ; 『備邊司謄錄』英祖 6年 11月 16日, "右議政趙(文命)曰 量田如式年之規 頻頻爲之 則未知如何 而臣待罪金溝時 適當庚子量見之 則是大擧措也 靡費甚多 而等數不改 故實無量效矣 大抵入垈 則爲一等 而古垈 今人未必居 新垈未必爲一等."

13) 『全羅道靈光郡西部面改量案』(奎 25036).

[표 6] 대[1719년]에서 전답[1868년]으로 바뀐 곳의 등급 변화    (단위: 필지)

| 1720년＼1868년 | 1등 | 2등 | 3등 | 4등 | 5등 | 6등 | 합계 |
|---|---|---|---|---|---|---|---|
| 합계 | 1 | 3 | 11 | 19 | 4 | 1 | 39 |
| 6등 | | | | | | | 0 |
| 5등 | | 1 | | | | | 1 |
| 4등 | | | 1 | 1 | | 1 | 3 |
| 3등 | | | | | | | 0 |
| 2등 | | 2 | 9 | 15 | 3 | | 29 |
| 1등 | 1 | | 1 | 3 | 1 | | 6 |

비고: 1868년 지목불명 1필지 제외.

[표 7] 전답[1719년]에서 대[1868년]로 바뀐 곳의 등급변화    (단위: 필지)

| 1720년＼1868년 | 1등 | 2등 | 3등 | 4등 | 5등 | 6등 | 합계 |
|---|---|---|---|---|---|---|---|
| 합계 | 115 | 49 | 7 | 0 | 0 | 0 | 171 |
| 6등 | | | | | | | 0 |
| 5등 | 43 | 32 | 3 | | | | 78 |
| 4등 | 24 | 11 | 4 | | | | 39 |
| 3등 | 12 | 5 | | | | | 17 |
| 2등 | 13 | 1 | | | | | 14 |
| 1등 | 23 | | | | | | 23 |

양전 때에 비해 1868년 양전 때 등급이 낮아진 곳이다. 대로 유지되고 있던 1719년에는 대부분 1등급(6필지) 혹은 2등급(29필지)을 받았으나 일반 농지로 바뀐 1868년에는 그 대부분이 3~5등급을 받았다. 이러한 사실은 대의 등급이 높게 책정된 이유가 토질이 비옥해서가 아니라 1년2작 실시, 집약

[표 8] 부지리 양안 전품과 토지대장 등급 사이의 관계 (단위: 필지)

| 지목 | 전품<br>등급 | 1 | 2 | 3 | 4 | 5 | 6 | 합계 |
|---|---|---|---|---|---|---|---|---|
| 답 | 9 | | 6 | 10 | 10 | 1 | | 27 |
| | 10 | | 13 | 34 | 16 | . | | 63 |
| | 11 | | 5 | 29 | 40 | 2 | | 76 |
| | 12 | | 7 | 74 | 58 | 7 | 3 | 149 |
| | 13 | | | 32 | 36 | 6 | | 74 |
| | 14 | | | | 11 | 11 | | 22 |
| | 합계 | | 31 | 179 | 171 | 27 | 3 | 411 |
| 전 | 7 | | | 16 | 4 | | | 20 |
| | 8 | | | 14 | 26 | 11 | 2 | 53 |
| | 9 | | | 10 | 44 | 45 | 8 | 107 |
| | 10 | | | 1 | 3 | 14 | 11 | 29 |
| | 11 | | | 1 | 3 | 12 | 15 | 31 |
| | 합계 | | | 42 | 80 | 82 | 36 | 240 |
| 대 | 8 | 44 | | | | | | 44 |
| | 합계 | 44 | | | | | | 44 |

비고: 지목이 변경된 104필지는 분석에서 제외함.

적 농법 구사 등으로 인해 텃밭의 토지 이용율이 높아졌기 때문이었음을 보여준다.

이와 달리 1719년 양전 때는 일반 농지였으나 1868년 양전 때 대로 변한 곳의 등급은 그 이전에 비해 높게 책정되었다.([표 7] 참조) [표 7]에서 대각선으로 진하게 표시된 사각형의 윗부분에 위치한 필지는 1719년 양전 때에 비해 1868년 양전 때 등급이 높아진 곳이다. 1719년 일반 농지일 때는 대부분 4등(39필지) 혹은 5등(78필지)을 받았으나 대로 바뀐 1868년에는 대부분 1등(115필지) 혹은 2등(49필지)을 받았다.

[표 6]과 [표 7]에서 보듯이 영광군 서부면에서는 1719~1868년 사이에 대

였다가 일반 농지로 변한 곳(39필지)보다 그 반대로 바뀐 곳(171필지)이 훨씬 더 많았다. 이는 이 시기 동안 이 지역에서 인구가 적지 않게 증가하였음을 의미한다. 조선후기에는 인구가 증가함에 따라 19세기 밭농사의 다각화와 집약화가 한층 심화되어 그 이전에 비해 더 많은 곡물이 생산되었다.14) 이같이 19세기 조선농촌은 균세 실현을 위해 새로운 양전을 실시하라고 요구하고 있었던 것이다. 농법변화는 19세기 읍양전과 대한제국기 광무양전을 추동한 주요한 요인 가운데 하나였다고 할 수 있다.

양안의 전품은 토지조사사업 때 여러 등급으로 나뉘어졌다.([표 8] 참조) 양안 답 3등급은 토지조사사업 때 평균 11.5등급을, 4등급은 평균 11.7등급을 받았다. 토지대장 등급으로 미루어 볼 때 양안 3·4등급의 비옥도는 큰 차이가 없었다고 할 수 있다. 양안 전 4등급은 토지조사사업 때 평균 8.7등급을, 5등급은 평균 9.3등급을 받았다. 토지대장 등급으로 미루어 볼 때 양안 4·5등급은 양전 때 동일한 전품으로 책정해도 무방했다고 볼 수 있다. 한편 대는 양전 때 모두 1등급, 사업 때 전부 8등급을 받았다. 이같이 양안 전품과 토지대장 등급 사이에 질서정연한 상관관계를 찾기 쉽지 않다. 양전 때 확정된 전품이 부지리 전답 비척도를 제대로 반영하지 못했다고 할 수 있다.

## (2) 시주 파악

양지아문은 실지 조사를 하면서 야초에 시주와 시작을 모두 기재하였을 것이다. 즉 지계아문에서 야초를 토대로 중초본을 작성하면서 시주만 옮겨 적었다. 시주 성격을 살펴보기 위해 양안 시주명과 토지대장 지주명을 비

---

14) 김건태, 2012, 「19세기 집약적 농법의 확산과 작물의 다각화」, 『역사비평』 101.

[표 9] 양안 시주와 토지대장 지주의 관계　　　　　　(단위: 필지)

| 姓名同 | | 姓同名不同 | | 姓名不同 | | 합계 | (%) |
|---|---|---|---|---|---|---|---|
| 92 | (11.5) | 374 | (46.8) | 333 | (41.7) | 799 | (100) |

교해보자. 시주는 206명이고 지주는 207명이다. 이 중 두 장부에 모두 등장하는 사람은 32명(시주의 15.5%)이다.[15] 연결된 필지의 시주명과 지주명이 동일한 비율은 더 낮다. 두 필지 이름이 같은 경우, 즉 성명동(姓名同)이 전체의 11.5%에 불과하다.([표 9] 참조) 두 장부에 기재된 이름이 일치하는 비율이 높다고 평가하기 어렵다.

　성동명부동(姓同名不同) 필지는 무려 46.8%다. 그런데 시주명과 지주명에서 흥미로운 점이 발견된다. 양안과 토지대장에 등장하는 최씨 이름에 항렬자가 많이 포함되어있다.([표 10] 참조) 최씨 시주는 91명 가운데 62명이 항렬자를 사용했다. 이는 시주명으로 실명을 많이 사용했음을 의미한다. 한편 항렬자가 없는 이름과 항렬자가 포함된 이름에서 풍기는 분위기는 사뭇 다르다. 호명(戶名)을 시주명으로 등재한 경우도 있었음을 알 수 있다.

　성명부동(姓名不同) 필지도 41.7%나 된다. 두 장부가 10여년 간격을 두고 작성되었기 때문에 그 기간 동안 전답이 매매된 사례도 있었을 것이다. 하지만 매매만으로 성명부동 사례가 발생한 원인을 모두 설명하기에는 그 비율이 너무 높다고 할 수 있다. 이유가 더 있었다. 연결된 필지의 시주와 지주를 자세히 들여다보면 그 이유를 추론할 수 있다. 시주와 지주가 대응하는 사례는 매우 다양하다.([표 11] 참조) 우리는 지주 1인에 시주 32인이 대

---

15) 권필중, 김공진, 김상호, 김상희, 박득이, 박만복, 박시진, 박시행, 유상엽, 이석해, 이선이, 최경곤, 최경권, 최경립, 최경목, 최경성, 최경완, 최경원, 최경조, 최경직, 최경호, 최기수, 최도일, 최두린, 최두철, 최명수, 최봉해, 최상호, 최세관, 최세록, 최장수, 황치호.

[표 10] 부지리 양안과 토지대장에 등장하는 최씨

| 자료 항렬 | 양안 | 토지대장 |
|---|---|---|
| 壽 | 崔九壽, 崔瑾壽, 崔基壽, 崔杞壽, 崔德壽, 崔萬壽, 崔敏壽, 崔明壽, 崔松壽, 崔安壽, 崔仁壽, 崔日壽, 崔璋壽, 崔天壽, 崔瑩壽 | 崔謙壽, 崔寬壽, 崔基壽, 崔吉壽, 崔邁壽, 崔石壽, 崔明壽, 崔柄壽, 崔璋壽, 崔璉壽, 崔五壽, 崔元壽, 崔林壽, 崔在壽, 崔澤壽 |
| 鉉 | 崔鉉克, 崔鉉山, 崔鉉尙, 崔鉉洙, 崔鉉玉, 崔鉉特 | 崔鉉擧, 崔鉉銅, 崔鉉栢, 崔鉉復, 崔鉉軾, 崔鉉羽, 崔鉉益, 崔鉉周, 崔鉉直, 崔鉉泰 |
| 海 | 崔海龜, 崔鵬海, 崔海瑢, 崔海日, 崔海鍾, 崔海七 | 崔泳海, 崔元海, 崔重海, 崔鵬海, 崔海晩, 崔海元, 崔海潤, 崔海璋, 崔海鎭, 崔浚 |
| 景 | 崔景坤, 崔景權, 崔景獜, 崔景立, 崔景穆, 崔景先, 崔景成, 崔景述, 崔景完, 崔景元, 崔景祚, 崔景鐘, 崔景稷, 崔景天, 崔景宅, 崔景昊, 崔景興 | 崔景桂, 崔景坤, 崔景權, 崔景大, 崔景得, 崔景立, 崔景穆, 崔景玟, 崔景錫, 崔景成, 崔景洙, 崔景陽, 崔景完, 崔景元, 崔景源, 崔景祚, 崔景俊, 崔景稷, 崔景進, 崔景哲, 崔景春, 崔景昊, 崔景洪, 崔景化 |
| 斗 | 崔斗獜, 崔斗壽, 崔斗玉, 崔斗遠, 崔斗瑨, 崔斗千, 崔斗哲, 崔斗七, 崔斗鉉, 崔斗弘, 崔斗璜 | 崔斗南, 崔斗麟, 崔斗玟, 崔斗喆 |
| 尙 | 崔尙浩 | 崔尙樂, 崔尙文, 崔尙福, 崔尙峻, 崔尙浩, 崔尙熺 |
| 世 | 崔世觀, 崔世彔, 崔世穆, 崔世旺, 崔世遠, 崔世允 | 崔世寬, 崔世祿, 崔世謨, 崔世正 |
| 기타 | 崔坤伊, 崔觀述, 崔今坤, 崔今白, 崔金山, 崔乃西, 崔達牙, 崔道一, 崔道貞, 崔命丹, 崔武祚, 崔奉先, 崔分心, 崔石大, 崔於得, 崔元大, 崔乙相, 崔在龍, 崔再述, 崔正述, 崔丁云, 崔正月, 崔支東, 崔且先, 崔平水, 崔學守, 崔漢吉, 崔欠特, 崔興石 | 崔憲植, 崔道一, 崔秉權, 崔秉俊, 崔泳紹, 崔龍奭, 崔種守, 崔奇生 |

[표 11] 부지리 시주와 지주 연결 유형 (단위: 명)

| 시주 | ↔ | 지주 | 사례 | 지주 | ↔ | 시주 | 사례 |
|---|---|---|---|---|---|---|---|
| 1 | ↔ | 1 | 103 | 1 | ↔ | 1 | 94 |
| 1 | ↔ | 2 | 32 | 1 | ↔ | 2 | 51 |
| 1 | ↔ | 3 | 21 | 1 | ↔ | 3 | 20 |
| 1 | ↔ | 4 | 15 | 1 | ↔ | 4 | 17 |
| 1 | ↔ | 5 | 10 | 1 | ↔ | 5 | 8 |
| 1 | ↔ | 6 | 8 | 1 | ↔ | 6 | 5 |
| 1 | ↔ | 7 | 6 | 1 | ↔ | 7 | 3 |
| 1 | ↔ | 8 | 4 | 1 | ↔ | 8 | 3 |
| 1 | ↔ | 9 | 2 | 1 | ↔ | 9 | 3 |
| 1 | ↔ | 11 | 4 | 1 | ↔ | 11 | 1 |
| | | | | 1 | ↔ | 15 | 1 |
| | | | | 1 | ↔ | 32 | 1 |
| 합계 | | | 205 | 합계 | | | 207 |

응하는 사례를 주목할 필요가 있다. 그 지주는 부지리 땅을 가장 많이 가진 최현식(崔鉉軾, 1845~1928)으로 토지조사사업 당시 27필지 25,521평을 소유하고 있었다. 최현식은 적지 않은 땅을 아들 이름으로 토지대장에 등재했다. 아들 최준(崔浚, 1897~1944)도 9필지 4,994평을 소유한 지주였다. 이들은 부지리와 경계를 접하고 있는 이조리 땅도 토지대장에 분록했다. 이조리 대장에서 최현식은 5필지 3,155평, 최준은 40필지 18,277평을 가진 지주로 등장한다.

이들은 토지조사사업 당시 경주 부내면 교리에 거주하던 '경주 최부자집' 주손(主孫)들인데, 이 가계가 교리로 들어온 때는 현식의 7대조 의기(義基, 1653~1722)대로 전해진다. 이러한 사실은 부지리와 이조리 토지대장에 등재된 땅 대부분은 광무양전 때도 최부자집 소유지였음을 의미한다. 즉

이들 부자가 광무양전 이후 부지리 땅을 대거 매득했을 가능성은 매우 희
박하다. 다시 말해 최현식과 대응되는 시주 32인[16]과 최준과 대응되는 시
주 7인[17]은 양전 당시 부재지주였던 최부자집 땅을 빌려 경작하던 작인이
었던 것이다. 광무양전 당시 경주에서는 경작인[自耕人+借耕人]을 시주로
등재하는 경우가 많았다. 경작인을 시주로 올린 모습을 경주 내동면 구정
동에서도 볼 수 있다.[18]

부지리에서는 시주를 경작인으로 보기 어려운 사례도 보인다. 양안에서
24필지(10,156평)의 시주로 등장하는 박시행(朴時幸)의 경우가 그러하다.
([표 12] 참조) 이 땅은 토지대장의 지주 5명과 연결된다. 시주가 경작인이
라면 5,340평(토지대장 박시행과 연결)을 소유한 그가 4,816평(토지대장 4
명과 연결)을 차경한 셈이 된다. 한편 그는 토지대장에서 23필지(11,989평)
를 소유한 지주로 등장한다. 양안에 등재된 모든 시주를 차경인으로 보기
에는 무리가 있음을 알 수 있다. 즉 그가 적극적인 영농[自作+借耕]을 통해
10여년 사이에 차경인에서 부지리 거주자 중에서 가장 많은 땅을 소유한
지주로 성장했다고 보는 것은 무리다.

박시행 사례는 부지리 양안 시주를 납세자로 판단하면 쉽게 수긍이 간

---

16) 최세관(4), 최두수(4), 최두칠(3), 최금백(3), 황치삼(2), 최송수(2), 최세윤(2), 최경홍
(2), 조석구(2), 장용득(2), 이성재(2), 이관이(2), 양수개(2), 김일례(2), 한어득(1), 최
장수(1), 최인수(1), 최명단(1), 최두옥(1), 최두린(1), 최경천(1), 최경완(1), 최경술
(1), 최경선(1), 최경립(1), 최경린(1), 조대복(1), 장황룡(1), 이기백(1), 박화단(1), 김
천심(1), 강명조(1). (  ) 안은 필지수.

17) 김무술(1), 양춘섭(1), 이선이(4), 최달아(1), 최두황(1), 최세록(1), 황치삼(1). (  ) 안
은 필지수.

18) 김소라, 2014, 「광무양안과 토지대장을 통해 본 광무양전의 성격-忠南 韓山郡 昌
外里와 慶北 慶州郡 九政洞 사례 중심으로」, 서울대학교 석사학위논문. 이 논문
의 수정본이 『韓國史論』 60에 게재되었다.

[표 12] 부지리 양안과 토지대장에 등재된 박시행 토지 연결 상황

| 시주(박시행) → 지주 | | | 시주 → 지주(박시행) | | |
|---|---|---|---|---|---|
| 지주 | 필지 | 평 | 시주 | 필지 | 평 |
| 김상희 | 3 | 1,237 | 박득이 | 1 | 61 |
| 박순진 | 7 | 2,869 | 박시식 | 3 | 1,752 |
| 박시행 | 10 | 5,340 | 박시행 | 10 | 5,340 |
| 박현진 | 3 | 644 | 박영복 | 1 | 787 |
| 박화복 | 1 | 66 | 박훈복 | 2 | 1,249 |
| | | | 신석만 | 1 | 501 |
| | | | 조대복 | 1 | 474 |
| | | | 최경천 | 1 | 513 |
| | | | 최석대 | 1 | 414 |
| | | | 최장수 | 1 | 103 |
| | | | 황치호 | 1 | 795 |
| 합계 | 24 | 10,156 | 합계 | 23 | 11,989 |

다. 박시행이 시주로 등재된 24필지는 그의 이름으로 납세하던 땅[단독 소유 혹은 공동 소유]이었을 것이다. 그리고 토지대장에 등재된 박시행 땅과 연결된 양안의 토지는 박시행 개인 소유지였는데, 박시행이 10필지 전세를 납부하고 작인[양안 시주]이 13필지 전세를 납부하였다고 할 수 있다. 박시행 사례는 광무양전 당시 경주지역 납세 관행을 살펴보면 쉽게 납득이 간다. 19세기 후반 경주에서는 병작지 전세를 지주 이름으로 납부하기도 하고 작인 이름으로 납부하기도 했다. 경주에 거주하던 여주 이씨가에서 19세기 후반 작성한 추수기는 당시 상황을 잘 보여준다. 이 집은 매우 독특한 형식으로 추수기를 작성하였는데, 1897년 사례[19] 일부를 소개하면 다음과 같다.

_____

19) 韓國精神文化硏究院, 2003, 『古文書集成』 66.

① 山今　三斗落　五石　　　　卜七斗　半二石二斗　┐合二石十二斗
　　　　　　　　　　　　　　　種三斗　斗二斗　　　│
　　　　　　　　　　　　　　　　　　　草一斗　　　│
　　　　　　　　　　　　　　　　　　　卜七斗　　　┘

② 得今　二斗落　三石十二斗　卜五斗　半一石十斗　┐合一石十二斗
　　　　　　　　　　　　　　　種二斗　草一斗　　　│
　　　　　　　　　　　　　　　　　　　斗一斗　　　┘

　　위에서 보듯이 이씨가 추수기는 다양한 정보를 담고 있다. ①번 사례가
전하는 내용을 정리하면 다음과 같다. 병작인 산금이 경작한 논 3두락에서
벼 5석[75두][20]이 생산되었다. 생산량에서 전세[卜] 7두와 종자 3두를 제하
고 남은 65두를 산금과 이씨가에서 반분하니, 이씨가 몫은 32두가 되었다.
이씨가는 자신의 몫에, 산금으로부터 받은 두세(斗稅)[21] 2두, 반분하여야
할 볏짚 값 1두, 전체 생산량에서 미리 떼어둔 전세 7두를 합하여 2석 12두
를 가졌다. 이 필지 전세는 이씨가와 작인이 각각 반씩 부담하고 납부는
이씨가에서 했음을 알 수 있다. ②번 사례에는 이씨가 몫에 전세분이 포함
되어 있지 않다. 이 필지 전세는 이씨가와 작인이 각각 반씩 부담하고 납
부는 작인이 하였음을 의미한다.
　　이씨가 병작지 전세는 모든 필지에서 이씨가[지주]와 작인이 반씩 부담
하였다. 그에 비해 납세 주체[납세자 이름-지주 이름 혹은 작인 이름]는 필
지에 따라 상이했다.([표 13] 참조) 작인 이름으로 전세를 납부하는 관행이
정착되어 있었지만 지주 이름으로 납세하는 경우도 적지 않았다. 부지리
양안 시주가 납세자였다는 사실은 경주양안 중초본을 작성할 때 행심책

---

20) 이씨가는 15斗를 1石으로 환산하였다.
21) 斗稅의 정확한 뜻은 알 수 없다. 3두락에서 생산된 벼 양을 확인할 때 이씨가의
　　斗로 말질하고, 斗 사용료 명목으로 두세를 받았을 가능성이 있다.

[표 13] 경주 여주 이씨가 병작지 전세 납부 주체          (단위: 필지)

| 납부자 \ 연도 | 1887 | 1888 | 1898 | 1890 | 1891 | 1892 |
|---|---|---|---|---|---|---|
| 作人名 (%) | 12 (63) | 12 (60) | 18 (69) | 34 (76) | 25 (78) | 26 (78) |
| 地主名 | 7 | 8 | 8 | 11 | 7 | 7 |
| 합계 | 19 | 20 | 26 | 45 | 32 | 33 |

을 참고하였음을 의미한다. 즉 외지에서 온 양전 실무자들이 행심책을 보지 않고서는 개별 필지의 납세자명을 알 수 없다.

## 3) 관계(官契)의 성격

양전 실무자들은 시주명을 파악할 때 행심책과 지심인들에게 크게 의존했다고 판단된다. 따라서 양전 실무자들은 시주명과 호적에 등재된 이름을 연동시켜야 될 필요성을 느끼지 못했을 것이다. 설령 그렇게 느꼈다고 하더라도 가능하지 않은 일이다. 왜냐하면 대한제국기 호적은 모든 사람을 파악하는 장부가 아니기 때문이다. 즉 호적에 등재되지 않은 지주도 얼마든지 있을 수 있었다. 용인군 모현면(慕賢面) 지계양안(1903년)과 호적(1905년),[22] 용인군 지내면(枝內面) 지계양안(1903년)과 호적(1905), 광주부 북방면(北方面) 양지양안(1900년)[23]과 호적(1903년)을 통해 양전 실무자들이 선택한 이름을 살펴보자.([표 14] 참조)

---

22) 대한제국기 호적은 한국학중앙연구원 국학진흥사업 성과 포털에 올라있는 자료다.
http://waks.aks.ac.kr/dir/achieveItem.aspx?secType=고서·고문서&dirCate
=&sType=&sWord=&fq=통합과제ID_ext:AKS-2009-JB-2001_T
23) 『京畿廣州府量案』 33·34책 (奎 17641).

[표 14] 양안 시주명과 호적 인명 비교 　　　　(단위: 명)

| 자료\지역 | 양안 시주(A) | 호적 | | | 인명 동일(C) | | C/A ×100 | C/B ×100 |
|---|---|---|---|---|---|---|---|---|
| | | 호(B) | 남성1 | 남성2 | 전체 | 비고 | | |
| 모현면 | 842 | 606 | 1080 | 1013 | 106 | 子 20, 기타 3 | (12.6) | (17.5) |
| 지내면 | 608 | 344 | 545 | 529 | 28 | 子 8 | (4.6) | (8.1) |
| 북방면 | 724 | 277 | 601 | 590 | 34 | 子 2, 기타 1 | (4.7) | (12.3) |

비고: 남성1은 남성 전체, 남성2는 동명을 1로 처리한 결과.

　두 장부에 기재된 인명(한글 발음)이 동일한 사례가 별로 없다. 시주명의 4.6~12.6% 정도가 호적에서 확인된다. 그리고 시주명과 동일한 인명을 포함하고 있는 호 또한 8.1~17.5%에 지나지 않는다. 이러한 현상이 일어난 주된 원인은 3개면 양안의 시주명이 호명이기 때문이다.[24] 3개 면 양안 시주와 달리 경자양안 기주(起主)는 동 시기 호적에서 상당수 찾아진다. 1720년에 작성된 대구부 조암면(租岩面) 양안에 등재된 기주 795명 가운데 비슷한 시기에 작성된 조암면 호적에서 271명(전체의 34.1%), 그 주변 면(面) 호적에서 247명(전체의 31.4%)이 확인된다.[25] 그리고 1714년 조암면 호적에 등재된 186호 가운데 150호(전체의 80.6%) 구성원이 양안에서 보인다.[26] 따라서 조선후기 양안에 등재된 인명(人名)은 실명[경자양안]에서 호명[광무양안]으로 변화했다고 할 수 있다.

　3개 면 양안 시주 가운데 부재지주[타면 거주자]가 상당수 존재한다는 사실을 감안하더라도 두 장부의 인명 일치율이 매우 낮다. 인명이 동일한 사례 가운데 동명이인(同名異人) 사례를 제외하면 두 장부의 인명 일치율은 더욱 낮아진다. 동음동자(同音同字) 사례 가운데도 동명이인이 있었다. 김

24) 용인군 모현면 양안 시주명은 대체로 호명이었다. 자세한 내용은 본서 2장 2절 참조.
25) 金容燮, 1993, 「朝鮮後期 身分構成의 變動과 農地所有」, 『東方學志』 82.
26) 정진영, 2001, 「18세기 호적대장 '호'와 그 경제적 기반」, 『역사와 현실』 39.

재근이 그러한 예에 속한다. 모현면 석담평(石潭坪) 루(樓) 52번 필지 시주
는 김재근(金在根)이고, 모현면 우명동(牛鳴洞) 2통 6호 호주는 김재근(金在
根, 58세)이다. 그런데 거주지와 토지가 멀리 떨어져 있다. 김재근은 오직
1필지에서 시주로 등장하는데, 석담평과 우명동은 직선거리로 대략 7km
정도 떨어져 있다. 직선도로가 없던 당시 사정을 감안하면 자경(自耕)이 어
려운 거리라고 볼 수 있다.[27]

　동음이자(同音異字) 사례 가운데 사람이 다른 경우도 있다. 김기연이 그
런 예에 속한다. 모현면 지석평(支石坪) 로(洛) 18번 필지 시주는 김기연(金
基然)이고, 모현면 초하동(草下洞) 3통 3호 호주는 김기연(金夔淵, 47세)이다.
그런데 거주지와 양안 토지가 멀리 떨어져 있다. 김기연은 오직 1필지에서
시주로 등장하는데, 그곳과 초하동은 대략 4km 정도 떨어져 있었다.[28] 양
안과 호적의 김기연은 다름 사람임을 알 수 있다.

　시주가 호주 이외 인물[子, 弟, 姪 등]로 확인되는 사례([표 14]의 비고)
가운데도 동명이인이 있었다. 이들이 속한 호의 호주가 양안에서 확인되는
사례가 전혀 없다. 그리고 거주지와 토지가 상당히 멀리 떨어진 경우가 있
다. 박귀동이 그러한 사례다. 모현면 지현평(至峴坪) 미(麋) 9번 필지 시주
는 박귀동(朴貴同)이고, 모현면 능동(陵洞) 1통 9호 박용운(朴用云, 41)의 아
들로 박귀동 (朴貴同, 7세)이 올라있다. 박귀동의 나이가 지나치게 어리고
거주지와 토지가 멀리 떨어져 있다. 박귀동은 오직 1필지에서 시주로 등장

---

27) 牛鳴洞과 院村을 병합하여 陵院里를 만들었다. 石潭坪 樓 52번 필지는 葛月坪
　　이 끝나고 130번째 필지이다. 토지가 있던 곳은 葛月里와 上馬里를 병합하여 만든
　　葛潭里 일대임을 알 수 있다. 즉 원촌리와 갈담리 사이의 거리는 대략 7km 정도다.
28) 草下里와 芙谷을 병합하여 草芙里로 만들었다. 支石坪 洛 18번 필지에서 49번
　　째 되는 필지에서 旺谷前坪이 시작된다. 토지가 있던 곳은 旺谷, 官廳里, 茅山
　　里를 병합하여 만든 旺山里 일대이다.

하는데, 지현평과 능동은 직선거리로 대략 5km 정도 떨어져 있다.[29] 양안
과 호적의 박귀동은 다른 사람임을 알 수 있다. 이상의 상황을 종합해보면
양전 실무자들이 시주명을 기재할 때 호적을 전혀 참고하지 않았음을 알
수 있다. 광무양전 기획자들은 양안 시주명과 호적 이름을 연계시켜야 한
다는 생각을 하지 않았다. 당시에 그런 생각을 한다는 것은 쉬운 일이 아
니었다. 왜냐하면 조선시대에는 그 누구도 두 장부를 연계시켜야 한다고
주장한 사람이 없었기 때문이다.

　양안이 호적과 연계되지 않았기 때문에 관계(官契) 또한 호적과 거의 무
관한 장부가 되었다. 대한제국은 광무양안에 등재된 모든 필지에 대해 관
계를 발급할 계획을 세웠다. 그리고 소유주가 바뀌면 그 때마다 새로운 관
계를 발급받도록 했다. 대한제국은 일부 지역에서 관계를 발급했고 관계에
기재되는 내용은 양안 기록과 동일했다.[30] 사실 관계 발급은 그리 획기적
인 사업이 아니었다. 관계와 유사한 기능을 하는 문서는 조선시대에도 이
미 있었다. 입안(立案)이 그것이다. 조선시대에는 전답매매를 하고 나서
100일 이내에 관에 보고하고 입안을 받도록 하였다.[31] 관계의 성격을 이해
하기 위해 두 장부 내용을 비교해 보기로 하자.

　[그림 4]는 대한제국 때 발급된 관계이고, [그림 5]는 변태희(卞泰禧) 토
지매매(土地賣買) 사급입안(斜給立案)이다.[32] 일반적으로 입안과 관련된 모

---

29) 陵洞은 陵院里에 속한 지명이다. 冬至峴坪 麋 9번 필지는 古梅坪이 끝나고 78
　　번째 필지이다. 토지가 있던 곳은 古梅谷과 上馬里를 병합하여 만든 梅山里 일
　　대임을 알 수 있다.

30) 최원규, 1995, 「대한제국기 量田과 官契發給事業」, 『대한제국의 토지조사사업』
　　(한국역사연구회 근대사분과 토지대장연구반 편), 민음사 ; 왕현종, 2017, 『대한제
　　국의 토지조사와 토지법제』, 혜안.

31) 『經國大典』 戶典 買賣限, "田地家舍買賣限十五日勿改 並於百日內 告官受
　　立案 奴婢同 牛馬則限五日勿改."

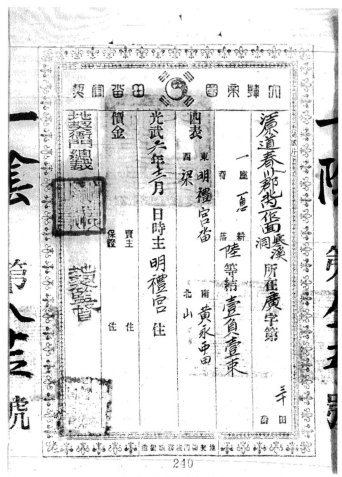

[그림 4] 대한제국 관계
자료: 규장각한국학연구원 소장 『江原道庄土文籍』13, (奎 19304)

든 문서는 연접되어 있고 접합 부분에 관인이 찍혀있기 때문에 입안 내용
에 매매명문 내용도 포함된다고 할 수 있다. 입안 발급 경위는 다음과 같

---

32) 「崔承伝宅奴山伊土地賣買斜給立案」, 京都大學附屬図書館. https://rmda.kulib.
yoto.ac.jp/collection/kawai

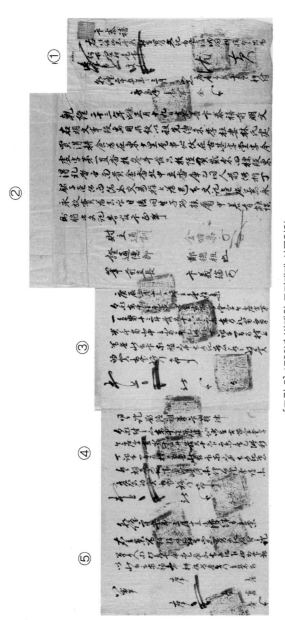

[그림 5] 1760년 변태희 토지매매 사급입안

자료: 京都大学附属図書館 소장 崔承伝宅奴山伊土地売買斜給立案

다. 변태희(卞泰禧)가 1758년 1월 19일 김시집(金始集)의 땅을 매입하고 나서(②번 자료)33) 1760년 3월 한성부에 입안 발급을 요청하는 소지(所志)를 올렸다.(①번 자료)34) 이에 한성부는 토지를 방매한 김시집,(③번 자료)35) 매매 때 증인을 섰던 정덕조(鄭德祖)와 매매명문을 작성한 변의서(卞義瑞, ④번 자료)36)를 불러 토지매매명문에 기재된 사실의 진위 여부를 확인하였다. 그리고 나서 동년 3월 13일 거래가 정상적으로 이루어졌음을 확인하는 입안(⑤번 자료)을 발급했다.37)

매매명문과 입안 작성 배경을 염두에 두면서 이들 문서와 관계의 내용

---

33) "乾隆二十三年戊寅正月十九日 嘉善卞泰禧前明文. 右明文事段 要用所致以 祖先傳來 李柱妻林氏處 買得耕食爲在 東十里豆串地伏在 古甚字堂字 今虛字第一直畓 拾參斗落只 拾陸負貳束 四標段 東得禮畓 西南貴金畓 北中立畓庫乙 同人前 價折丁銀子壹佰兩 依數交易捧上爲遣 本文記壹張並以 永永放賣爲去乎 日後同生子孫族屬中 若有雜談 則將此文記告官卞正事 財主 通訓 金始集[手決] 證 通德郎 鄭德祖[手決]. 筆 前直長 卞義瑞[手決]."

34) "卞泰禧 右謹陳所志矣段 粘連買得文記相考後 依例斜給爲白只爲 行下向敎是事 漢城府 處分 乾隆二十五年三月 日 所志 依 黃 堂上[手決] 庚辰三月十三日 斜付 房掌 參軍 金[手決]."

35) "庚辰三月十三日 財主金始集 白等 東十里豆串之伏在 古甚字堂字 今虛字第一直畓 十三斗落只 十六卜二束 東得禮畓 西南貴金畓 北中立畓庫乙 價折丁銀子一百兩捧上爲遣 狀者卞泰禧亦中 本文記幷以 永永放賣的實 相考施行敎事 白 堂上[手決] 郎廳[手決]."

36) "同日 證 鄭德祖 筆 卞義瑞 白等 財主亦 東十里豆串地伏在 古甚字堂字 今虛字直畓十三斗落只 十六卜二束庫乙 價折丁銀子一百兩捧上爲遣 狀者卞泰禧亦中 本文記幷以 永永放賣 文記成置時 矣徒等 俱以證筆隨參 各着名的實 相考施行敎事 白 白 堂上[手決] 郎廳[手決]."

37) "乾隆二十五年三月十三日 漢城府立案. 右立案爲斜給事 粘連所志買得文記及財主證筆各人等招辭是乎等乙用良 本文記推納相考 幷以狀者卞泰禧亦中 斜給爲遣 合行立案者 行判尹 左尹 右尹[手決] 庶尹 主簿 判官 參軍[手決]."

[표 15] 대한제국기 관계와 조선시대 입안 비교

| 문서<br>항목 | 官契 | 賣買明文 | 立案 |
|---|---|---|---|
| ① 문서번호 | 一陰 第八十五 | | |
| ② 所在 | 江原道春川郡<br>北內一作面寒溪洞 | 東十里艺串地 | |
| ③ 字號地番 | 廣 三十 | 虛字 第一 | |
| ④ 地目 | 田 | 畓 | |
| ⑤ 面積 | 一座 一息耕 | 拾參斗落 | |
| ⑥ 等級 | 六 | | |
| ⑦ 結負 | 壹負壹束 | 拾陸負貳束 | |
| ⑧ 四表 | 東 明禮宮畓　西 梁<br>南 黃永西田　北 山 | | |
| ⑨ 發給日 | 光武六年三月　日 | 乾隆二十三年戊寅<br>正月十九日 | |
| ⑩ (時)主 | 明禮宮 | 卞泰禧 | |
| ⑪ 住 | 공란 | | |
| ⑫ 價金 | 공란 | 銀子壹佰兩 | |
| ⑬ 賣主 住 | 공란 | 金始集 | |
| ⑭ 證保 住 | 공란 | 鄭德祖 | |
| ⑮ 確認 | 地契衙門總裁[印]<br>地契監督[印] | 金始集[手決] | 右尹[手決]<br>參軍[手決] |

을 정리한 [표 15]를 보도록 하자.

① 문서번호 : 관계에만 있다. 관계를 작성할 때 한 장의 종이 양쪽에 동일한 내용을 적어 넣은 다음 종이중앙에 문서 번호를 적는다. 그리고 나서 종이를 반으로 잘라 절반은 관에서 보관하고 나머지 절반은 시주에게 발급한다. 전답매매가 이루어져 관계를 재발급 받을 때는 구관계를 관에 제출해야한다. 이 때 문서번호는 관계 위조 여부를 판단하는 데 중요한 근거가 된다. 관계 두 장을 맞붙였을 때 절취된 일련번호 부분이 정확히 일치해야 한다. 소개된 관계에 적힌 일련번호는 '일음 제팔십오(一陰 第八十五)'의 일

부분이다. 이 일련번호의 다른 부분은 관에 보관된 관계에 적혀있다.

② 소재 : 두 문서에서 모두 확인된다. 관계는 도(道) 이하 행정구역명을 모두 기재했고 명문은 지역명[東十里瓦串]만 썼다. 그런데 조선시대에 널리 알려져 있던 문서 서식집 『유서필지(儒胥必知)』에는 전답매매명문을 작성할 때 읍·면·리·지역명(谷, 員, 坪 등)을 기재하도록 되어있다.38) 한편 관에서 발급한 입안에도 지역 행정구역명과 들판명을 기재하는 경우도 있다.39)

③ 자호지번 : 두 문서 모두 기재했다.

④ 지목 : 두 문서 모두 기재했다.

⑤ 면적 : 두 문서 모두 기재했다. 관계의 식경은 양안 적척(績尺)에서 기계적으로 산출한 면적이고, 입안의 두락은 현지에서 통용되던 면적이다.

⑥ 등급 : 관계에만 있다. 조선후기에는 매매명문을 작성할 때 대체로 등급을 기재하지 않았다.

⑦ 결부 : 두 문서 모두 기재했다.

⑧ 사표 : 두 문서 모두 기재했다.

⑨ 발급일 : 두 문서 모두 기재했다.

⑩ (시)주 : 두 문서 모두 기재했다.

⑪ 주(住) : 관계에는 항목이 있지만 비어있다.40) 입안에는 항목조차 없고 『유서필지(儒胥必知)』에도 없다. 무슨 이유 때문에 관계에는 공란으로 비워두었을까? 관계에 시주의 주(住)를 기록하는 것이 생각처럼 쉽지 않기 때문이다. 우선 양안 정서본에 시주 주(住)와 관련된 정보가 전혀 없다. 그

---

38) 『儒胥必知』에 소개된 전답매매명문 양식에 대해서는 다음 글 참조. 전경목, 2010, 「조선과 명·청시기의 토지 매매문서 비교 연구」, 『국학연구』 17.

39) 여기서 분석하는 문서와 연접되어 있는 1657년 한성부 입안이 그러하다.

40) 『江原道庄土文績』 13 (奎 19304). 본 문서철에 들어있는 관계 192장 가운데 住에 관한 정보가 들어있는 사례는 없다.

[표 16] 제주도 대정현 덕수리 1898~1908년 호적 통호 비교

| 1898년 | → | 1908년 | 통호 비교 | 호주 비교 | | 호(%) |
|---|---|---|---|---|---|---|
| 독립호 | → | 독립호 | 동일 | 동일 | | 4(2.4) |
| | | | 변화 | 동일 | | 113 |
| | | | | 호주교체(1898년 戶主의 妻) | | 2 |
| | | | | 호주교체(1898년 戶主의 子) | | 21 |
| | | | | 호주교체(1898년 戶主의 孫) | | 2 |
| | | | | 소계 | | 138(84.1) |
| | | 합호 | | | | 5(3.0) |
| | | 탈락 | | | | 17(10.4) |
| 합계 | | | | | | 164(100) |

리고 시주 주(住)와 관련된 정보를 호적과 연계시키는 것도 쉽지 않은 일이다. 호적에 등재되지 않은 시주가 있을 수 있다. 그리고 시주가 호적에 등재되어 있다 할지라도 시주가 속한 호적 통호(統戶)가 수시로 바뀐다. 제주도 대정현 덕수리 호적에서 통호 변화상을 구체적으로 확인할 수 있다.([표 16] 참조) 1898년 호적에 등재된 164호의 통호가 1908년 호적까지 바뀌지 않고 유지되는 사례는 4호로, 전체의 2.4%에 불과하다. 호적이 새로 작성될 때 기존 호의 통호가 변화하는 사례는 평안북도 정주군 해산면에서도 확인된다. 해산면 1899년 호적에 등재된 350호의 71%(249호)는 1900년 호적에서 새로운 통호를 부여받았다.[41]

⑫ 가금(價金) : 관계는 공란으로 남겨두었고 입안은 기재했다. 이 사례는 처음부터 관계 발급 규정이 제대로 지켜지지 않았음을 보여준다. 이 관계와 관련된 명례궁장토는 1856년, 1857년, 1891년의 대규모 전답 매득에 의해 성립되었다. 그리고 관계가 발급될 당시 명례궁은 토지를 매입할 때

---

41) 이유진, 2016, 「광무호적의 호구변동 사례 연구」, 『역사민속학』 51.

받은 매매명문을 보관하고 있었다.42) 마음만 먹으면 해당 필지 매매대금을 확인할 수 있었던 것이다. 그럼에도 관계에 해당 내용을 기록하지 않았다.

⑬ 매주(賣主) 주(住) : 관계는 공란으로 남겨두었고 입안은 매주 성명을 기재했다. 처음부터 관계 발급 규정이 제대로 지켜지지 않았음을 알 수 있다.

⑭ 보증(保證) 주(住) : 관계는 공란으로 남겨두었고 입안은 증인 성명을 기재했다. 이 역시 처음부터 관계 발급 규정이 제대로 지켜지지 않았음을 보여준다.

⑮ 확인 : 관계는 국가[관인]에서, 입안도 국가(右尹[手決] 參軍[手決])에서 했다.

이렇듯 관계와 입안 기재 내용은 매우 유사했다. 그리고 관계와 입안 모두 호적과 연계되지 않은 소유권 증빙문서였다. 이는 관계와 입안이 동일한 계통의 문서임을 의미한다.

---

42) 『江原道庄土文績』 13 (奎 19304). 본 문서철에는 전답매매명문 119장이 들어있다.

## 2. 조선시대 전세정책 계승

### 1) 대상 지역

　1904년에 작성된『경상남도산청군양안(慶尙南道山淸郡量案)』[43]은 지계아문에서 실지 조사를 실시한 다음 작성한 중초본이다.[44]([그림 6] 참조) 지계아문 양안(이하 지계양안으로 약함)에는 양지아문 양안의 개별 필지 모형과 시작명이 빠지고, 이전에 없던 두락(斗落, 畓) 혹은 일경(日耕, 田)이 추가되었다. 지계양안에 기재된 두락과 일경은 현지에서 통용되던 것이 아니고, 양안에 기재된 평방척수를 기계적으로 환산한 수치이다. 다시 말해 당시에 통용되던 두락과 일경의 면적은 토지비옥도와 농법에 따라 차이나는 상대면적이었으나, 지계양안에 기재된 두락과 일경의 면적은 모든 곳에서 동일한 절대면적이었다. 지계아문양안의 두락[畓]은 '500평방척 = 1두락'이라는 환산식을 기계적으로 적용하여 산출한 수치이다. 즉 대포리 모든 답(80필지), 우사리 답 182필지 가운데 180필지의 평방척수를 500척으로 나누면 양안에 기재된 두락수가 산출된다.[45] 양안의 일경은 '125평방척 = 1각

---

43)『慶尙南道山淸郡量案』(奎 17689).

44) 현존하는 경상남도 동래·산청·진남·합천군 지계아문 양안은 다음과 같은 특징이 있다. 첫째, 산청·합천군 양안은 1책에 面積과 結負에 관한 郡總이 나오는 데 비해 진남군 양안은 1책에 군총이 없다. 동래군 양안은 1책이 전하지 않아 기재양식을 알 수 없다. 또한 線裝 방법도 다르다. 산청군 양안은 7針眼을 하였으나 동래·진남·합천군 양안은 5침안을 했다. 이렇듯 4군 양안은 기재양식과 외형이 조금씩 다른데, 이는 이 양안들이 해당 군에서 작성된 중초본임을 의미한다.

45) 평방척을 500척으로 나누면, 畓 53번 필지는 2.9두락이 되어야 하나 양안에 2.8두락

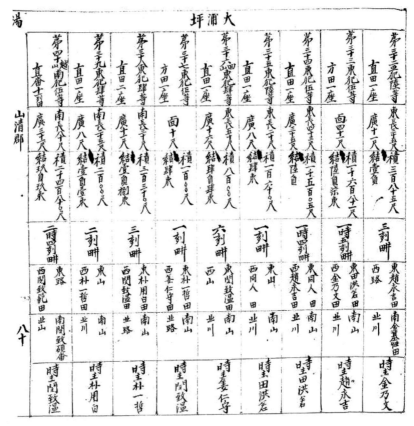

[그림 6] 산청군 모호면 지계아문 양안
자료: 규장각한국학연구원 소장 『慶尙南道山淸郡量案』4, (奎 17689)

경(1日耕 = 4時耕 = 32刻耕)'이라는 환산식을 적용하여 산출한 수치이다. 즉 대포리 전 162필지 가운데 159필지,[46] 우사리 전 148필지 가운데 145필

---

으로, 陰 5번 필지는 3.2두락이 되어야 하나 양안에 3두락으로 기재되어 있다. 양안에 기재된 두 필지의 두락수는 계산상 오류이거나 혹은 기재상의 착오라고 생각된다.
46) 평방척을 125척으로 나누면, 朝 43·77번 필지는 2각경이 되어야 하나 1각경으로,

지47)의 평방척수를 125척으로 나누면 양안에 기재된 경수가 산출된다.48)

굳이 척(尺)을 기계적으로 환산하여 두락 혹은 일경으로 다시 기재한 이유는 무엇일까? 첫째, 면적을 쉽게 인지할 수 있도록 하려고 했다. 예컨대, 대포평 탕(湯) 47번 답은 1,020척(尺), 2두락이다. 보통 한 자리 숫자[2]를 네 자리 숫자[1,020]보다 쉽게 인식할 수 있다. 둘째, 농민들에게 익숙한 단위로 표시하려고 했다. 당시 농민들은 면적단위로 척을 사용하지 않은 듯하다. 전라남도 구례군 오미동에 거주하던 류형업이 남긴 아래 일기는 당시에 통용되던 면적단위의 일례를 보여주고 있다.

> (1900년 3월 1일) 오후에 양지인(量地人)들이 들어와 바깥 서쪽 담장 산수유나무 아래에서 땅을 측량하니 길이가 46자, 너비는 50자 이었고, 칸[間] 수는 23칸 이었다.49)

류형업은 면적단위로 칸[間]을 사용하고 있었다. 참고로 구례지방의 1칸은 100평방척이었다. 한편 위 자료에서 읽을 수 있는 또 다른 사실은 당시 사람들이 평소 전답면적에 대해 대체로 무관심했다는 사실이다. 류형업은 광무양전 때 비로소 면적을 알게 되었다. 류형업이 면적에 대한 관심이 많았다면 광무양전 이전에 어떤 방법으로든 면적을 알아보려고 하였을 것이다.

---

朝 25번 필지는 4각경이 되어야 하나 3각경으로 기재되어 있다. 대포리 양안에 기재된 3필지의 각경수는 계산상 오류이거나 혹은 기재상의 착오라고 판단된다.

47) 평방척을 125척으로 나누면, 是 33번 필지는 1각경이 되어야 하나 2각경으로, 是 24·41번 필지는 3각경이 되어야 하나 2각경으로 기재되어 있다. 우사리 양안에 기재된 3필지의 각경수는 계산상 오류이거나 혹은 기재상의 착오라고 생각된다.

48) 면적이 1각경 미만이면 양안에 耕數가 기재되지 않는데, 대포리 1필지, 우사리 5필지가 그러한 경우에 해당한다.

49) 이종범 1995, 「한말·일제초 土地調查와 地稅問題」, 앞의 『대한제국의 토지조사사업』, 546쪽에서 재인용.

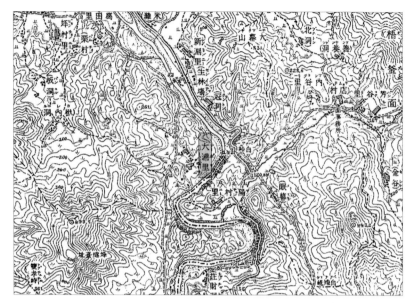

[그림 7] 20세기 초 대포리 전경

자료: 『近世韓國五萬分之一地形圖』, 1914~18年 朝鮮臨時土地調査局測量.

여기서는 1914년 행정구역 개편으로 산청군 생초면(生草面) 대포리(大浦里)로 편제된 곳과 차황면(車黃面) 우사리(愚仕里)로 편제된 지역을 살펴보기로 한다. 대포리는 광무양전 때는 모호면(毛好面)에 속했다. 지리산 천왕봉에서 흘러내린 산줄기가 동북쪽으로 달려 경호강과 마주하는 곳에 대포리가 위치하고 있다.([그림 7] 참조) 마을 형세는 지리산에서 달려오던 산줄기가 웅크려 만들어낸 봉화산(527m)이 서남쪽에 자리하고, 활처럼 굽이쳐 흐르는 경호강이 북쪽에서 동쪽을 휘감아 남쪽으로 빠져나가는 배산임수(背山臨水) 형국을 하고 있다. 사람들은 봉화산 자락에서 시작해서 연중 쉼 없이 경호강으로 흘러 들어가는 작은 개울물을 이용하여 농사를 짓고 살았다. 이같이 산과 시내가 잘 어우러져 있는 대포리에는 논밭이 비슷하게 분포했다. 1913년 작성된 대포리 토지대장에 등재된 농지(垈 포함)는 13

만 평에 조금 못 미쳤으며, 농지의 50.3%가 논이었다.

광무양전 당시 사람들 대부분은 마을 동북쪽에 모여 살았다. 대포리에는 조선후기 산청군을 대표하는 사족 가운데 하나였던 여흥민씨(麗興閔氏)들이 오래전부터 터를 잡고 살아왔다. 조선후기 대포리에 기반을 둔 여흥민씨의 위상은 그들이 남긴 문집(文集)에서 확인된다. 19세기에 활동했던 인물 가운데 문집을 남긴 사람이 무려 15명이나 된다.[50] 대포리 민씨 위상은 토지대장에서도 확인된다. 1913년 작성된 대포리 토지대장[51]에 등재된 전답 289필지 가운데 민씨 소유지가 자그마치 253필지나 된다. 그리고 그 대부분은 대포리 거주자 소유지였다. 부재지주는 단 15필지에 지나지 않았다.[52]

우사리는 1914년 행정구역 개편 때 우사동(愚仕洞), 묵계동(默溪洞), 진기동(陳基洞)이 합쳐져서 생긴 마을이고, 이 지역은 광무양전 때는 차현면(車峴面)에 속했다. 우사리는 서쪽에 정수산(829.8m)에서 흘러내린 산줄기가 달리고 있고, 동쪽에 황매산(1,113m)에서 뻗어 나온 산줄기가 병풍처럼 서 있고, 그 사이로 맑은 계곡물이 흘러가는 전형적인 산골마을이다.([그림 8] 참조) 마을 곳곳에 작은 개천이 흐르고, 그 주변에 농지가 자리한 관계로 밭에 비해 논이 월등히 많았다. 1914년 작성된 우사리 토지대장[53]에 등재된 농지(垈 포함)는 13만평 정도였는데, 그 가운에 논이 무려 72.1%를 점했다.

광무양전 당시 우사동은 이씨 동성촌락이고,[54] 진기동은 박씨가 마을여론을 주도했고,[55] 묵계동은 이씨와 박씨가 마을 대소사를 함께 처리했던

---

50) 경상대학교 경남문화연구원, 2008, 『경남 서부지역의 고문헌』.

51) 산청군청 소장.

52) 그 가운데 4필지는 종중소유지로 등록되었다.

53) 산청군청 소장.

54) 1914년 작성된 우사리 토지대장에 등재된 垈 가운데 18필지가 광무양안의 愚仕坪 [愚仕洞]에 해당하는 곳에 위치한다. 이 가운데 15필지를 李氏가 소유하고 있었다.

55) 1914년 작성된 우사리 토지대장에 등재된 垈 가운데 21필지가 광무양안의 陳基坪

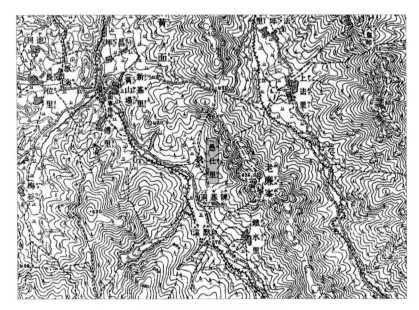

[그림 8] 20세기 초 우사리 전경
자료: 『近世韓國五萬分之一地形圖』, 1914~18年 朝鮮臨時土地調査局測量.

것으로 보인다.56) 여러 성씨가 모여 살던 세 마을이 하나로 합쳐져 우사리
가 생겨난 만큼 우사리 토지대장에 등재된 전답을 소유한 우사리 주민 107
명의 성씨 또한 다양했다. 그들 성씨는 17종이다.57)

산청군 양안에서 대포리 부근 지역을 비교적 쉽게 찾을 수 있다. 모호면
양안에서 대포평(大浦坪)이 확인되는데, 해당 토지는 탕(湯) 36번부터 양안

---

[陳基洞]에 해당하는 곳에 위치한다. 이 대 소유주는 박씨(11명), 신씨(3명), 김씨(2
명), 강씨(1명), 이씨(1명), 정씨(1명), 홍씨(1명) 등이다.

56) 1914년 작성된 우사리 토지대장에 등재된 垈 가운데 5필지가 광무양안의 默溪坪
[默溪洞]에 해당하는 곳에 위치한다. 이 대 소유주는 이씨(3명)와 박씨(2명)다.

57) 이(36명), 박(27명), 김(15명), 신(6명), 권(4명), 정(3명), 오(2명), 유(2명), 배(2명), 윤
(2명), 최(2명), 강(1명), 서(1명), 송(1명), 우(1명), 원(1명), 홍(1명).

[표 17] 대포리 양안과 토지대장의 지목 현황     (단위: 평)

| 지목＼자료 | 광무양안 | | | | 토지대장 | | | |
|---|---|---|---|---|---|---|---|---|
| | 필지 | (%) | 면적 | (%) | 필지 | (%) | 면적 | (%) |
| 답 | 80 | (32.9) | 37,571 | (59.1) | 80 | (27.7) | 63,930 | (50.2) |
| 전 | 143 | (58.8) | 23,848 | (37.4) | 162 | (56.1) | 54,555 | (42.9) |
| 대 | 20 | (8.2) | 2,190 | (3.4) | 47 | (16.3) | 8,771 | (6.9) |
| 소계 | 243 | (100) | 63,527 | (100) | 289 | (100) | 127,256 | (100) |
| 잡종지 | | | | | 1 | | 233 | |
| 분묘지 | | | | | 1 | | 83 | |
| 임야 | | | | | 12 | | 16,711 | |
| 합계 | | | | | 303 | | 144,283 | |

[표 18] 우사리 양안과 토지대장의 지목 현황     (단위: 평)

| 지목＼자료 | 광무양안 | | | | 토지대장 | | | |
|---|---|---|---|---|---|---|---|---|
| | 필지 | (%) | 면적 | (%) | 필지 | (%) | 면적 | (%) |
| 답 | 188 | (55.0) | 71,094 | (80.7) | 225 | (50.8) | 93,935 | (72.1) |
| 전 | 126 | (36.8) | 15,318 | (17.4) | 172 | (38.8) | 32,156 | (24.7) |
| 대 | 28 | (8.2) | 1,687 | (1.9) | 46 | (10.4) | 4,105 | (3.2) |
| 소계 | 342 | (100) | 88,099 | (100) | 443 | (100) | 130,196 | (100) |
| 잡종지 | | | | | 1 | | 23 | |
| 분묘지 | | | | | 7 | | 2,094 | |
| 임야 | | | | | 9 | | 12,275 | |
| 합계 | | | | | 460 | | 144,599 | |

마지막 필지까지다. 우사리 부근 지역 또한 차현면 양안에서 어렵지 않게 찾을 수 있다. 차현면 양안에서 우사리와 관련된 지명으로 우사평(愚仕坪), 묵계평(默溪坪), 진기평(陳基坪)이 확인된다. 비(非) 6번부터 우사평이 시작되며, 양안 마지막 필지는 진기평에 속한다.

두 마을 양안과 토지대장 전답을 필지별로 연결한 결과 모호면 양안 탕

36~조(朝) 128번(양안 마지막 필지)까지 243필지가(이하 대포리 양안으로 칭함) 대포리로, 그리고 차현면 양안 비 8~시(柴) 80번(양안 마지막 필지)까지 347필지가(이하 우사리 양안으로 칭함) 우사리로 편제되었음이 확인되었다. 여기서는 토지대장에 올라있는 토지 가운데 전·답·대만 분석 대상으로 삼는다. 즉 대포리 토지대장 289필지([표 17] 참조)와 우사리 토지대장 443필지가 분석대상이다.([표 18] 참조)

## 2) 실지 조사 현황

### (1) 양전 과정

모호면 양전을 담당한 실무자들은 갈전평(葛田坪) 양전을 마치고 산을 돌아[回山] 남쪽으로 내려와 대포리 북쪽에서 양전을 시작하여 마을 동쪽 지점에서 모호면 양전을 모두 마쳤다. 동선이 겹치지 않도록 하기 위해 매우 복잡한 경로를 택했는데, 그러다 보니 가끔 개울을 건너기도[越川] 하고, 때로는 산을 넘기도[越山] 하였다.

양전 실무자들은 대포리 숙전(熟田)을 대부분 조사했다. 양안에 등재된

[표 19] 대포리 토지대장 토지의 양안 등재 현황 (단위: 평)

| 자료\지목 | 양안 | | 토지대장 | | | | | |
|---|---|---|---|---|---|---|---|---|
| | | | 양안 등재 | | 양안 미등재 | | | |
| | 필지 | (%) | 필지 | 면적 | 필지 | (%) | 면적 | (%) |
| 답 | 80 | (32.9) | 68 | 61,963 | 12 | (15.0) | 1,967 | (3.1) |
| 전 | 143 | (58.8) | 113 | 47,482 | 49 | (30.2) | 7,073 | (13.0) |
| 대 | 20 | (8.2) | 43 | 8,053 | 4 | (8.5) | 718 | (8.2) |
| 합계 | 243 | (100) | 224 | 117,498 | 65 | (22.5) | 9,758 | (7.7) |

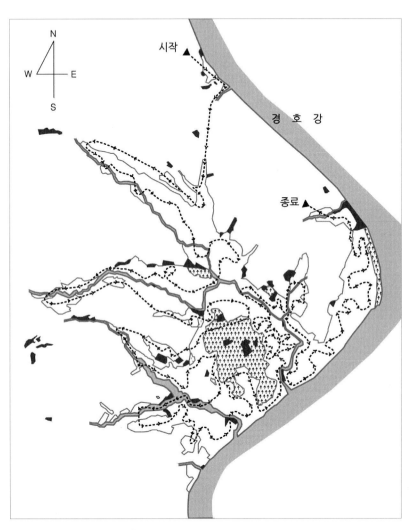

[그림 9] 대포리 양전경로 및 양안 미등재지 현황

비고: 점선-양전 경로, 검은색 부분-양안 미등재지, ↑ 무늬 부분-임야.

[표 20] 우사리 토지대장 토지의 양안 등재 현황          (단위: 평)

| 자료<br>지목 | 양안 | | 토지대장 | | | | | |
|---|---|---|---|---|---|---|---|---|
| | | | 양안 등재 | | 양안 미등재 | | | |
| | 필지 | (%) | 필지 | 면적 | 필지 | (%) | 면적 | (%) |
| 답 | 188 | (55.0) | 189 | 89,062 | 36 | (16.0) | 4,873 | (5.2) |
| 전 | 28 | (8.2) | 37 | 3,373 | 9 | (19.6) | 742 | (18.0) |
| 대 | 126 | (36.8) | 111 | 28,164 | 61 | (35.5) | 3,992 | (12.4) |
| 합계 | 342 | (100) | 337 | 120,599 | 106 | (23.9) | 9,607 | (7.4) |

토지는 토지대장에서 모두 확인된다. 그에 비해 토지대장에 등재된 농지 가운데 적지 않은 부분이 양안에서 확인되지 않는다.([표 19] 참조) 토지대장 65필지(전체의 22.5%), 9,758평(전체의 7.7%)이 양안에서 찾아지지 않는다. 특히 많은 전이 양안에서 보이지 않는다. 전은 면적기준으로 전체의 13%에 해당하는 토지가 양안에서 확인되지 않는다. 그 땅들이 산중턱, 산기슭, 개울가 등에 위치하는 사실로 미루어 볼 때 광무양전 당시 미간지(未墾地)였거나 숙전화(熟田化) 되지 않았던 곳으로 보인다.([그림 9] 참조) 그러한 사실은 양안에서 확인되지 않은 전답 일부가 오래지 않아 임야[6필지]와 하천[1필지]으로 변경된 데서도 확인된다.

차현면 양전을 담당한 실무자들은 종지평(宗旨坪) 조사를 마치고 개울을 건너 우사평(遇仕坪)으로 왔다. 차현면 양안에서 우사평은 비(非) 6번에서 시작되지만 1914년 행정구역 개편 때 비 8번부터 우사리로 편제되었다. 양전 실무자들은 때로는 개울을 건너고, 가끔은 산비탈을 오르내리면서 몇 곳의 깊은 골짜기 주변에 놓인 전답을 조사했다. 이같이 매우 복잡한 경로를 거쳐 마을 동쪽 지점에 이르러 차현면 양전을 마감하였다.

양전 실무자들은 될 수 있는 한 많은 전답을 양안에 등재하려고 했던 것으로 보인다. 우사리 양안에 등재된 토지 가운데 5필지(非 106번, 寶1~4번)

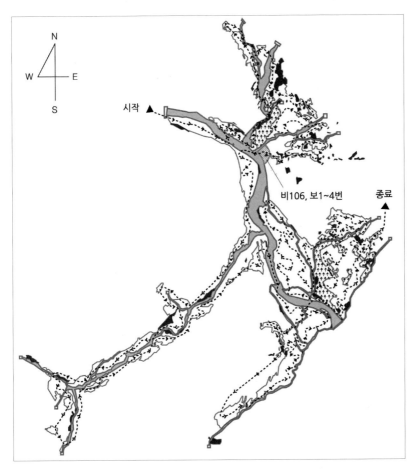

시작 ▲

비106, 보1~4번

종료 ▲

[그림 10] 우사리 양전경로 및 양안 미등재지 현황
비고: 점선-양전 경로, 검은색 부분-양안 미등재지, ↑ 무늬 부분-임야.

가 토지대장에서 확인되지 않는다. 이들 필지 사표에 길[路]과 개울[川]이
보이는 사실, 비 106번을 양전하기 위해 산을 내려온[下山] 사실, 보(寶) 4번
에서 5번으로 가기 위해 개울을 건넌[越川] 사실 등으로 미루어 볼 때 그 토
지는 [그림 10]의 빗금친 부분에 있었던 것으로 추정된다. 이들 토지가 개울

근처에 위치했던 사실로 보아 광무양전 이후 진전이 된 것으로 보인다.

토지대장에 등재된 농지 가운데 적지 않은 부분이 양안에서 확인되지 않는다.([표 20] 참조) 토지대장 106필지(전체의 23.9%, 답 36필지, 대 9필지, 전 61필지), 9,607평(전체의 7.4%)도 양안에서 보이지 않는다. 특히 많은 전이 양안에서 보이지 않는다. 전은 면적기준으로 전체의 18%에 해당하는 토지가 양안에서 찾아지지 않는다. 양안에서 확인되지 않은 전답은 대부분 작은 땅이었다.([그림 10] 참조) 우사리 토지대장에 등재된 전답 1필지 면적은 평균 293.9평이고, 양안에 등재되지 않은 토지 1필지 면적은 평균 90.6평이다. 그리고 그 대부분은 산기슭이나 개울가에 위치하였다. 이러한 사실로 볼 때 양안에서 확인되지 않은 토지는 광무양전 당시 숙전이 아니었거나 광무양전 이후 개간된 곳으로 추정된다. 우사리 자료는 한쪽에서 개간이 진행되고, 다른 한쪽에서 진전화가 진행되던 20세기 초 산골지역 모습을 보여주고 있다.

## (2) 면적 파악

대포리와 우사리 양전 실무자들이 판단한 전형은 아래에서 보듯이 매우 단순했다.

대포리 : 直 210(86.4%), 方 32, 圭 1
우사리 : 直 325(95.0%), 方 17

중장비를 동원하여 경지 정리를 하지 않고서는 골짜기와 개울을 끼고 있는 마을의 전답모양이 이처럼 반듯할 수 없다. 즉 광무양안에 기재된 전답모양은 농지의 객관적 모습을 그리려고 한 것이 아니라 개별 필지 면적

[표 21] 대포리 양안과 토지대장의 면적 비교   (단위: 평)

| 자료<br>지목 | 필지 | 양안(A) | 토지대장(B) | 파악율<br>A/B×100 |
|---|---|---|---|---|
| 답 | 85 | 37,571 | 61,823 | (60.8) |
| 전 | 168 | 23,848 | 50,570 | (47.2) |
| 대 | 28 | 2,190 | 5,105 | (42.9) |
| 합계 | 281 | 63,609 | 117,498 | (54.1) |

[표 22] 우사리 양안과 토지대장의 면적 비교   (단위: 평)

| 자료<br>지목 | 필지 | 양안(A) | 대장(B) | 파악율<br>A/B×100 |
|---|---|---|---|---|
| 답 | 213 | 68,976 | 88,631 | (77.8) |
| 전 | 139 | 15,318 | 29,277 | (52.3) |
| 대 | 34 | 1,687 | 2,682 | (62.9) |
| 합계 | 386 | 85,981 | 120,590 | (71.3) |

산출과 관련된 모형임을 여기서도 확인할 수 있다.

대포리와 우사리 광무양전 실상은 토지대장 정보를 활용하면 좀더 분명해진다. 광무양안과 토지대장을 연결하는 과정에서 분석대상이 되는 필지가 증가했다. 양안과 토지대장의 토지가 1(필지)↔1(필지), 다[多, 2필지 이상]↔1, 다↔다, 1↔다 등 여러가지 유형으로 연결되었기 때문이다. 그 결과 분석대상이 대포리 243(양안)·245(토지대장)필지에서 281필지로, 우사리 337(양안, 토지대장)필지에서 386필지로 늘어났다.

양안 지목은 당시 실상을 비교적 잘 반영했다. 대포리 양안 지목이 토지대장에서 바뀐 곳은 31필지(전체의 11%)였다. 숫자상으로 보면 적지 않은 곳에서 지목 변화가 있었던 것으로 보이지만 실상을 들여다 보면 10년 동안 대포리 농지 구성은 큰 변화가 없었음을 알 수 있다. 31필지 중 전(田)에서 대(垈)로 바뀐 곳이 30필지, 전에서 답으로 바뀐 곳이 1필지였다. 전과 대는 조사자의 주관에 따라 지목이 결정될 수 있는 곳임을 감안하면 광무 양전 당시 대포리 지목을 제대로 파악했다고 볼 수 있다. 우사리 두 장부에서 확인되는 지목구성도 크게 다르지 않다. 22필지(전체의 5.7%)의 지목이 상이한데, 그 절반 이상이 전↔대(전→대 10필지, 대→전 2필지)에 해당한다. 실제로 지목이 바뀐 것으로 볼 수 있는 곳, 즉 전↔답에 해당하는 곳은 10필지(전→답 8필지, 답→전 2필지)에 불과하다. 한편 대포리와 우사리 양안 또한 지계아문이 양지아문에 비해 부세 문제에 더 많은 관심을 가졌음을 보여준다. 대를 전으로 파악했다는 사실은 건물이 있는 집터[면세지]보다 곡식이 자라는 텃밭[수세지]을 더 강조했음을 의미한다.

광무양전 실무자들은 지목에 따라 면적 파악율(토지대장 면적 대비 광무양안 면적)을 달리했다. 당시 두 마을 면적 파악율은 지목별로 크게 달랐다. 실상을 살펴보면 대포리는 답 60.8%, 대 42.9%, 전 47.2%, 평균 54.1%이고,([표 21] 참조) 우사리는 답 77.8%, 대 62.9%, 전 52.3%, 평균 71.3%이다.([표 22] 참조) 면적 파악율은 두 마을 모두 답에서 제일 높고, 전에서 가장 낮다.

대포리 면적 파악율이 우사리에 비해 크게 낮다. 그러한 현상이 발생한 이유는 두 마을의 위상이 상이했기 때문이라고 생각된다. 광무양전 당시 대포리는 산청군을 대표하는 양반 동성촌락이었고, 우사리는 내세울 조상이 크게 없는 평범한 사람들이 모여 사는 각성바지 마을이었다. 민씨 소유지가 많은 곳의 부세를 상대적으로 헐하게 부과하기 위해 대포리 면적 파악율을 더 낮추었다고 할 수 있다. 이같이 광무양안은 양반들에게 부세를 상대적으로 헐하게 부과하던 조선시대 부세정책의 실상을 잘 보여주고 있다.

마을 위상과 면적 파악율 사이에 밀접한 관련성이 있다는 사실은 광무

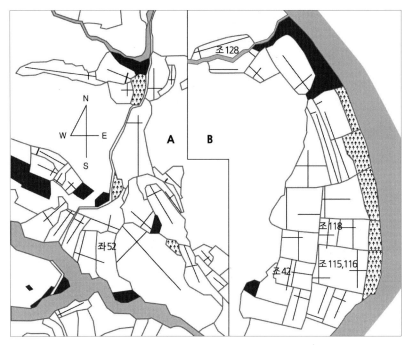

[그림 11] 대포리 양안에 기재된 장광척 현황
비고: 검은색 부분-양안 미등재지, ↑ 무늬 부분-임야.

양전 실무자들이 실측 과정을 거쳐 두 마을 전답 면적을 산출했음을 뜻한다. 대포리 양안의 장광척수를 지적도 상에 표시한 [그림 11]을 통해 양전 장면을 추론해 보기로 하자. 양안과 토지대장 토지가 1 대 1로 연결되는 필지 위주로 장광척수를 그림에 표시했다. [그림 11]의 진한 검은색 직선이 양안에 기재된 장광척수를 양전척 1척(尺) = 1m로 환산하여 그린 선이다. 그림에서 보듯이 개별 필지의 검은색 직선이 지적도 상의 개별 필지 경계에 모두 닿는 사례는 단 1필지, B면의 조(朝) 128번 필지뿐이다. 나머지 필지는 한 직선만이 필지 경계에 닿거나 두 직선 모두 필지 경계에 못 미친다. 그러한 가운데 B면의 조 42, 조 118번 필지의 검은 직선은 필지 경계선

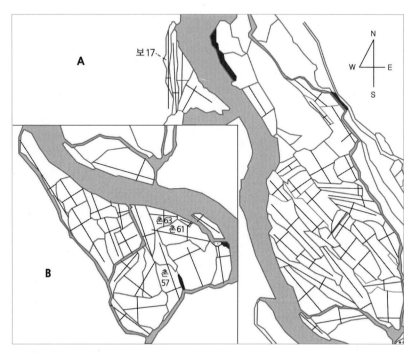

[그림 12] 우사리 양안에 기재된 장광척 현황
비고: 검은색 부분-양안 미등재지.

밖으로 벗어난다. 검은 직선이 필지 경계에 닿지 않은 사례가 지나치게 많기 때문에 실측여부를 판단하기 쉽지 않다.

우사리 양안의 장광척수를 지적도 상에 표시한 [그림 12]를 통해 양전 장면을 추론해 보기로 하자. 그림을 그린 방법은 대포리와 동일하다. A면에 양안 29필지, B면에 양안 22필지, 합계 51필지의 장광척수를 검은색 직선으로 그림에 표시했다. 51필지 모두 검은색 직선이 하나 이상 필지 경계와 닿는다. 30필지에서는 모든 검은색 직선이 필지 경계에 닿고, 21필지에서는 한 직선만 필지 경계에 닿는다. 21필지 가운데 A면의 보(洑) 17번, B면의 촌(寸) 61번 필지만 검은색 직선이 필지 경계 밖으로 벗어나고, 나머지 19필지의 검은색 직선은 필지 경계에 닿지 않는다. 우사리의 경우 모든 필지에서 검은색 직선이 하나 이상 필지 경계에 닿았다는 사실은 우사리 양전 실무자들이 실측을 한 다음 장광척수를 양안에 기재했음을 의미한다. 즉 양안의 장광척수가 목측한 결과였다면, 검은색 직선이 필지 경계에 전혀 닿지 않은 사례가 훨씬 더 많아야 한다.

우사리 양전 실무자들이 장광척수를 구하기 위해 실측을 한 사실로 미루어 볼 때 대포리 양전 실무자들도 장광척수를 구하기 위해 실측했을 가능성이 매우 높다. 대포리와 우사리 양전 실무자들은 면적을 산출하기 위해 실측을 한 다음 필요에 따라 장광척수를 적절하게 조절하여 양안에 기재했던 것으로 보인다. 다시 말해 대포리의 경우 면적을 실제보다 매우 적게 기재하였기 때문에 양안에 기재된 장광척이 지적도상에서 확인되지 않은 경우가 많았던 것으로 보인다.

우사리 면적 파악율은 대포리에 비해서는 높지만 충청도 여러 마을에 비해서는 현저히 낮다.[58] 광무양전 때 경상도 면적 파악율을 충청도에 비해 크게 낮춘 이유는 조선시대 부세정책 때문이다. 조선시대에는 납부자가 전세[벼]와 그것을 서울까지 운송하는 데 드는 비용을 모두 부담했다. 그런데 경상도는 여타 지방에 비해 곡물을 서울까지 운반하는 데 많은 비용을 들였다. 아래 자료를 통해 실상을 보도록 하자.

(성종 19년 윤 1월 13일) 한언이 또 아뢰기를, "경상도 백성들이 말하기를, 草岾 밑에 있는 큰 내 둘이 合流하여 낙동강이 되는데, 예전 祖宗朝에서

---

58) 본서 2장 1절 ; 宮嶋博史, 1997, 「光武量案과 土地臺帳의 比較研究」, 『조선토지조사사업의 연구』(金鴻植 외), 민음사 ; 김소라, 2013, 「광무양안과 토지대장 비교연구」, 『조선후기 재정제도의 지속과 변동』, 한국역사연구회/성균관대학교 동아시아학술원 공동주최 학술회의, 4월 20일.

는 그 도의 田稅를 낙동강 가에다 창고를 설치하고 수납하여 漕轉하게 하
였으며, 전세를 거둘 적에는 각각 1倍를 내게 하니 근방 사람이 그 1배를
利롭게 여겨서 앞을 다투어 실어다가 可興倉에 운반하므로 백성들이 매
우 편리하였는데, 이제는 그 법을 폐하고 가흥창에 바로 운반하게 하니,
비록 4배를 낸다 하더라도 사람들이 운반하기를 즐겨하지 아니하므로 그
폐단이 작지 아니합니다. 다시 이 법을 세워서 民願에 따르는 것이 어떠
하겠습니까?"[59]

경상도 인민들이 전세 운반비용 때문에 심한 고통을 겪는다는 이야기는
15세기부터 나오고 있었다. 그런데 이 문제는 조선후기까지도 해결되지 않
았다. 경상도 세미 1석 운반비용이 수(數) 석(石)이라고도 하고,[60] 1석을 충
주 가흥창(可興倉)까지 운반하는 데 드는 비용이 2석이라고도 했다.[61] 세미
운송비용이 많이 드는 상황에서 전답면적을 실제대로 양안에 기재하게 되
면 경상도 땅이라는 이유만으로 여타 도에 비해 동일한 면적[結負]에서 더
많은 부담(전세 + 운반비용)을 지게 된다. 이 문제를 해결하기 위해 경상도
지역 전답면적을 실제보다 축소해서 양안에 등재했던 것이다.[62] 그렇게 함
으로써 경상도 지역 전세가 줄어들게 되고, 그 결과 동일한 면적의 실제

---

59) 『成宗實錄』 19년 閏 1월 13일.
60) 『備邊司謄錄』 효종 즉위년 11월 22일, "今月二十日引見時 戶曹判書李基祚榻
    前所啓 …… 對曰 嶺南運米之役 極爲浩大 一石輸運 必費數石 若每石計捧
    木匹 則民必樂趨 可慰各邑人心 而此是偶一爲之之事 不可逐年遵行 限今年
    收布上送 後勿爲例 則大臣啓請之事 得見施行 亦有國家一分惠鮮之澤矣."
61) 『備邊司謄錄』 숙종 45년 5월 18일, "右議政李所達 此慶尙監司吳命恒狀達也
    嶺底七邑稅米 自經理廳草記相換發送差人 使之作錢以納 而差人輩勒定價
    直米一石 定以七兩五錢云 蓋嶺底七邑 去可興船所頗遠 一石輸納之際 可
    費二石."
62) 경상도 전세 운반비용과 양전의 관련성에 대해서는 전적으로 다음 글을 참고하였
    다. 김소라, 앞의 「광무양안과 토지대장을 통해 본 광무양전의 성격」.

[표 23] 대포리 양안의 면적 파악율   (단위: 필지)

| 파악율 \ 지목 | 답 | 대 | 전 | 합계 | (%) |
|---|---|---|---|---|---|
| 120% 이상 | | | 1 | 1 | (0.4) |
| 100~120% | 2 | | 2 | 4 | (1.4) |
| 80~100% | 6 | 2 | 2 | 10 | (3.6) |
| 60~80% | 29 | 1 | 41 | 71 | (25.3) |
| 40~60% | 29 | 16 | 74 | 119 | (42.3) |
| 40% 미만 | 19 | 9 | 48 | 76 | (27.0) |
| 합 | 85 | 28 | 168 | 281 | (100) |

[표 24] 우사리 양안의 면적 파악율   (단위: 필지)

| 파악율 \ 지목 | 답 | 대 | 전 | 합계 | (%) |
|---|---|---|---|---|---|
| 120% 이상 | 10 | | 1 | 11 | (2.8) |
| 100~120% | 16 | 2 | 3 | 21 | (5.4) |
| 80~100% | 69 | 9 | 16 | 94 | (24.4) |
| 60~80% | 77 | 11 | 38 | 126 | (32.6) |
| 40~60% | 31 | 6 | 45 | 82 | (21.2) |
| 40% 미만 | 10 | 6 | 36 | 52 | (13.5) |
| 합 | 213 | 34 | 139 | 386 | (100) |

부담액(전세+운반비)이 전국적으로 엇비슷하게 된다.

양전 실무자들이 직접 측량을 했음에도 불구하고, 개별 필지의 면적 파악율은 매우 다양하게 나타난다. 대포리 경우 가장 많은 필지가 분포하는 곳은 40~60% 구간이고, 두 번째 많은 필지가 분포하고 곳이 40% 미만 구간이다.([표 23] 참조) 우사리 경우 전체 필지의 1/3 정도가 파악율 60~80% 구간에 위치하는 가운데 파악율 100% 이상 구간에도 적지 않은 필지가 위치한다.([표 24] 참조)

## (3) 등급 파악

광무양전 당시 책정된 두 마을 전품에 내재된 특징은 토지조사사업 때 결정된 등급과 비교해 보면 선명하게 드러난다. 광무양전에서 전품은 구래와 마찬가지로 상경전(常耕田) 6종류(1등급에서 6등급까지)와 불상경전(不常耕田 - 1易, 2易, 續 등)으로 구분했다. 토지조사사업 때는 등급을 더욱 세분화했다. 답은 수확량은 기준으로 특4급에서 22급까지 26등급으로, 전도 수확량을 기준으로 특4급에서 14급까지 18등급으로 세분화하였다. 그리고 대지는 임대가격을 기준으로 등외4급에서 125급 이상까지로 나누었다.

광무양전 때 결정된 답 등급은 대포리에서 3→4→5→6등급 순으로, 우사리에서 3→2→1→4등급 순으로 많다.([표 25] 참조) 토지조사사업 당시 답 등급은 대포리에서 17→18→16→13·14→15·19→12등급 순으로, 우사리에서 18→17→13→14→15→12→16→19→20등급 순으로 많다. 평균 등급은 광무양전 때 대포리 4.0등급, 우사리 2.7등급이고, 토지조사사업 때 대포리 16.4등급, 우사리 16.1등급이었다. 광무양전에서는 우사리 답이 대포리 답보다 더 비옥한 것으로 파악하고, 토지조사사업에서는 두 마을 답이 비슷한 비옥도를 가진 것으로 결정했다. 토지조사사업의 결과를 기준으로 보면 광무양전 때 우사리 답 등급이 과도하게 높게 책정되었음을 알 수 있다.

한편 광무양전 때 책정된 전 등급은 대포리에서 4→5→2→3→1→6등급 순으로, 우사리에서 3→4→5→1→2등급 순으로 많다. 토지조사사업 때 결정된 전 등급은 대포리에서 8→7→9→10→11등급 순으로, 우사리에서 10→11→9등급 순으로 많다. 평균 등급은 광무양전 때 대포리 3.5등급, 우사리 3.7등급이고, 토지조사사업 때 대포리 7.9등급, 우사리 10.0등급이다. 광무양전에서는 두 마을 전이 비슷한 비옥도를 가진 것으로 파악했고, 토지조

[표 25] 양안 전품과 토지대장 등급 사이의 관계            (단위: 필지)

| 지목 | 전품등급 | 대포리 | | | | | | | 우사리 | | | | | |
|---|---|---|---|---|---|---|---|---|---|---|---|---|---|---|
| | | 1 | 2 | 3 | 4 | 5 | 6 | 합계 | 1 | 2 | 3 | 4 | 5 | 합계 |
| 답 | 12 | | | 1 | | | | 1 | 10 | 3 | | | | 13 |
| | 13 | | | 6 | 2 | | | 8 | 12 | 10 | 3 | | | 26 |
| | 14 | | | 5 | 3 | | | 8 | 10 | 12 | 1 | | | 23 |
| | 15 | | | 3 | 4 | | | 7 | 3 | 12 | 3 | | | 18 |
| | 16 | | | 7 | 3 | | | 10 | | 7 | 5 | | | 12 |
| | 17 | | | 9 | 11 | 8 | | 28 | 1 | 12 | 34 | 5 | 1 | 53 |
| | 18 | | | | 3 | 11 | 2 | 16 | 1 | | 40 | 12 | 1 | 54 |
| | 19 | | | | 2 | 5 | | 7 | | | 2 | 6 | 3 | 11 |
| | 20 | | | | | | | | | | | 2 | | 2 |
| | 합계 | | | 31 | 28 | 24 | 2 | 85 | 37 | 56 | 88 | 23 | 7 | 211 |
| 전 | 7 | 18 | 27 | 6 | 9 | 2 | 1 | 63 | | | | | | |
| | 8 | | 1 | 13 | 39 | 10 | 1 | 64 | | | | | | |
| | 9 | | | 4 | 11 | 14 | 3 | 32 | | 1 | 5 | | | 6 |
| | 10 | | | | 1 | 4 | 2 | 7 | 3 | 1 | 45 | 36 | 23 | 108 |
| | 11 | | | 1 | | | | 1 | | | 1 | 6 | | 7 |
| | 합계 | 18 | 28 | 24 | 60 | 30 | 7 | 167 | 3 | 2 | 50 | 37 | 29 | 121 |
| 대 | 7 | 26 | 2 | | | | | 28 | 29 | 3 | | | | 32 |
| | 합계 | 26 | 2 | | | | | 28 | 29 | 3 | | | | 32 |

비고: * 대포리 지목이 전에서 답으로 변한 1필지 제외.
　　　 ** 우사리 지목이 전에서 답, 답에서 전으로 변한 22필지 제외.

사사업에서는 대포리 전이 우사리 답보다 더 비옥한 것으로 결정했다. 우사리 양안의 전 등급은 토지조사사업 때에 비해 과도하게 높게 책정되었음을 알 수 있다.

　면적과 등급이 결정되면 부세량[결-부-속]을 산출할 수 있다. 광무양전 때 책정된 부세량에 내재된 특성은 광무양안과 토지대장에서 확인되는 부세 규모를 비교해보면 선명하게 드러난다.([표 26] 참조) 토지조사사업 때

[표 26] 대포리와 우사리 부세량

| 단위 \ 마을 \ 지목 | 답 | 대 | 전 | 합계 |
|---|---|---|---|---|
| 토지대장 면적(평) 대포리(A) | 61,963 | 8,053 | 47,482 | 117,498 |
| 토지대장 면적(평) 우사리(B) | 89,062 | 3,363 | 28,164 | 120,589 |
| 토지대장 면적(평) A/B×100 | (69.6) | (239.5) | (168.6) | (97.4) |
| 결-부-속 대포리(A1) | 7-42-1 | 72-1 | 4-56-8 | 12-71-0 |
| 결-부-속 우사리(B1) | 18-19-4 | 54-5 | 3-18-1 | 21-92-0 |
| 결-부-속 A1/B1×100 | (40.8) | (132.3) | (143.6) | (58.0) |
| 지가(圓) 대포리(A2) | 7,594.95 | 966.36 | 4,527.58 | 13,088.89 |
| 지가(圓) 우사리(B2) | 11,112.42 | 403.56 | 1,164.59 | 12,680.57 |
| 지가(圓) A2/B2×100 | (68.3) | (239.5) | (388.8) | (103.2) |

조사된 전·답·대 면적은 대포리가 우사리의 97.4%로 서로 비슷하다. 면적 규모는 비슷하지만 광무양전 때 결정된 부세 기준량[결-부-속]은 대포리가 우사리의 58.0%에 불과하다. 광무양안을 기준으로 부세를 부과하면 대포리 부세량은 우사리의 50% 정도가 된다.[63] 한편 토지조사사업으로 결정된 세금 기준량[지가]은 대포리가 우사리의 103.2%나 된다. 광무양전 때 책정된 대포리 부세 기준량이 우사리에 비해 매우 낮았음을 알 수 있다. 이러한 현상은 광무양전 당시 대포리 전답면적을 실제보다 지나치게 좁게 파악하고, 전답등급을 상대적으로 낮게 책정한 결과로 빚어졌다. 광무양전 당시 산청을 대표하는 동성촌락 인민들의 세금을 낮추어 주기위해 의도적으로 그렇게 했다고 볼 수 있다. 즉 신분제적 질서가 광무양전 때까지도 반영되었던 것이다.

---

63) 대한제국 때 전세로 답에는 租, 전에는 太를 부과했는데, 조선후기 양자의 교환비는 1 : 2~3 정도였다. 이를 근거로 垈와 田의 부세기준을 답의 부세 기준으로 통일시키면 대포리 부세기준량은 우사리의 50% 내외다.

### (4) 시주 파악

대포리와 우사리 양안에 등장하는 시주는 60명과 105명이고, 토지대장에 등장하는 지주는 55명과 109명이다. 시주와 지주의 한글 이름이 같은 사례가 적지 않게 보인다. 대포리는 시주 60명 가운데 25%에 해당하는 15명64)이 토지대장에서, 우사리는 시주 105명 가운데 15%에 해당하는 16명65)이 토지대장에서 확인된다. 한편 필지 기준으로 보면 양안과 대장의 이름이 일치하는 비율이 대폭 낮아진다. 대포리 16.4%, 우사리 7.0%이다. ([표 27] 참조) 필지 기준으로 보면 시주명과 지주명이 일치하는 비율이 높다고 할 수 없다.

두 마을 양안에 기재된 시주명은 대부분 실명이었다. 그러한 사실은 민(閔)씨 시주 이름에서 확인된다. 대포리 양안과 토지대장에 등장하는 민씨들은 대부분 이름에 여흥민씨 항렬자(行列字)를 사용하고 있다. 이름에 항렬자를 사용한 민씨는 시주 38명 가운데 35명, 지주 33명 가운데 30명이다.([표 28] 참조) 이들 대부분은 여흥민씨족보에서 찾아진다. 항렬자를 사용한 인물 54명 가운데 49명이 족보에서 확인된다.66) 양안과 토지대장 이름이 대부분 실명인데, 무슨 이유로 두 장부에서 동시에 확인되는 인물은 14명(진하게 표시된 인물)에 불과할까?

그 이유로 몇 가지를 들 수 있다. ①광무양전 이전에 사망한 사람이 시

---

64) 민경현, 민달호, 민사혁, 민상호, 민영혁, 민인혁, 민재호, 민종혁, 민준식, 민채호, 민치수, 민치일, 민치후, 민흥혁, 박용백.

65) 권태용, 김수현, 박원양, 신세균, 신정균, 오영준, 이규두, 이규병, 이규성, 이규일, 이규현, 이규환, 이두영, 이시우, 이희우, 최학현.

66) 閔熊爀, 閔致履, 閔致琇, 閔致右, 閔致弤 등이 『驪興閔氏農隱公派譜』(2011년)에서 확인되지 않는다.

[표 27] 양안 시주와 토지대장 지주의 관계     (단위: 필지)

| 관련성<br>마을 | 姓名同 | | 姓同名不同 | | 姓名不同 | | 합계 | (%) |
|---|---|---|---|---|---|---|---|---|
| 대포리 | 46 | (16.4) | 184 | (65.5) | 51 | (18.1) | 281 | (100) |
| 우사리 | 27 | (7.0) | 209 | (54.1) | 150 | (38.9) | 386 | (100) |

[표 28] 대포리 시주와 지주로 등장하는 민씨

| 資料<br>行列 | 1904년 광무양안 時主 | 1913년 토지대장 地主 |
|---|---|---|
| 爀<br>(25세) | 閔士爀, 閔泳爀, 閔仁爀, 閔鍾爀,<br>閔輿爀, 閔璀爀, 閔友爀, 閔熊爀,<br>閔載爀, 閔台爀 | 閔仕爀, 閔泳爀, 閔寅爀, 閔鍾爀,<br>閔輿爀, 閔光爀, 閔尙爀, 閔祚爀,<br>閔忠爀 |
| 致<br>(26세) | 閔致壽, 閔致一, 閔致厚, 閔致基,<br>閔致達, 閔致履, 閔致範, 閔致福,<br>閔致碩, 閔致溫, 閔致右, 閔致雲,<br>閔致祚, 閔致弥, 閔致燻 | 閔致琇, 閔致一, 閔致厚, 閔致根,<br>閔致龍, 閔致義 |
| 鎬<br>(27세) | 閔達鎬, 閔相鎬, 閔在鎬, 閔采鎬,<br>閔重鎬 | 閔達鎬, 閔翔鎬, 閔在鎬, 閔采鎬,<br>閔箕鎬, 閔柄鎬, 閔泳鎬, 閔龍鎬,<br>閔宗鎬, 閔鎭鎬 |
| 泳 | 閔泳德, 閔泳贊 | 閔泳淳, 閔泳直, 閔泳璋 |
| 植 | 閔準植 | 閔準植, 閔敬植 |
| 기타 | 閔敬賢, 閔啓丈, 閔啓天, 閔相見<br>閔子善 | 閔璟顯, 閔斗埃, 閔應瑞 |

비고: 진하게 표시된 인물은 두 장부에 모두 등장.

주로 오른 예가 있다. 민인혁(閔仁爀, 1856~1892)과 민치달(閔致達, 致建으로 개명. 1823~1899)은 광무양전 이전에 사망했다. 광무양전 당시 민인혁 아들 민치수(閔致秀, 1884~1950. 토지대장에 등장하는 閔致琇와 동일인일 가능성이 있음)가 생존해 있었는데, 왜 사망한 사람을 시주로 등재했는지 알 수 없다. 민치달은 양자로 가계를 잇는데, 양자 민용흠(閔容欽)은 민치달 사후 입양되었을 가능성이 있다. ②개명(改名)한 사례가 있다. 시주 민영덕(閔泳

德, 1879~1952)과 지주 민영택(閔泳택)은 동일인이다. ③상속한 사례가 있다. 시주 민치기(閔致基, 철종 1853~1935)와 민종호(閔宗鎬, 1884~1945), 민치수(閔致壽, 1854~1913)와 민진호(閔鎭鎬, 1881~1953)는 부자간이다. ④대록(代錄)한 예가 있다. 시주 민영찬(閔泳贊, 1871~1950)은 지주 민기호(閔箕鎬, 1852~1917) 아들이다. 하지만 이 사례를 더하더라도 두 장부 인명 일치율이 크게 높아지지 않는다. 이는 두 장부 간 인명 일치율이 낮은 주된 원인을 다른 곳에서 찾아야 함을 의미한다.

대포리 양안에 등재된 공동소유지를 주목할 필요가 있다. 대포리 양안에는 민성종중(閔姓宗中, 3필지), 우성종중(禹姓宗中, 2필지), 정성종중(鄭姓宗中, 2필지), 박성종중(朴姓宗中, 1필지), 대포동중(大浦洞中, 1필지) 등이 시주로 나타난다. 양안 민성종중 땅 3필지는 토지대장 민광혁 땅과 연결된다. 민성종중은 산청군 오곡면(梧谷面) 내곡동(內谷洞)에 거주하던 민광혁(閔光赫) 명의로 토지대장에 등재하면서 그곳이 민성종중 재산임을 밝혀두었다. 우성종중은 산청군 서하면(西下面) 신아동(新鵝洞)에 거주하던 우희선(禹希善) 명의로 토지대장에 등재하면서 그곳이 종중재산임을 밝히지 않았다. 정성종중은 함양군(咸陽郡) 유등면(柳等面) 서주동(西洲洞)에 거주하던 정기홍(鄭基洪) 명의로 토지대장에 등재하면서 종중재산임을 밝히지 않았다. 박성종중 땅은 토지대장 민광혁 땅과 연결되는데, 토지대장에 그곳이 종중재산이라고 기재되어 있다. 박성종중 땅이 양전 이후 민성종중에 매각되었던 것으로 보인다.

한편 토지대장에 민광혁 명의로 등재된 민성종중 땅이 1필지 더 있다. 이 필지는 양안 조(朝) 10번 민치조(閔致祚) 땅과 연결된다. 그리고 토지대장 민광혁 땅(183번 필지)은 양안 민성종중(조 13)·민영혁(閔泳爀, 조 12번) 땅과 연결된다. 양안보다 토지대장에 민성종중 땅이 더 많이 등재된 원인

[표 29] 대포리 시주와 지주 연결 유형　　　　　　　　　(단위: 명)

| 시주 | ↔ | 지주 | 사례 | 지주 | ↔ | 시주 | 사례 |
|---|---|---|---|---|---|---|---|
| 1 | ↔ | 1 | 26 | 1 | ↔ | 1 | 20 |
| 1 | ↔ | 2 | 14 | 1 | ↔ | 2 | 11 |
| 1 | ↔ | 3 | 7 | 1 | ↔ | 3 | 2 |
| 1 | ↔ | 4 | 4 | 1 | ↔ | 4 | 4 |
| 1 | ↔ | 5 | 2 | 1 | ↔ | 6 | 2 |
| 1 | ↔ | 7 | 2 | 1 | ↔ | 7 | 3 |
| 1 | ↔ | 8 | 1 | 1 | ↔ | 8 | 1 |
| 1 | ↔ | 9 | 1 | 1 | ↔ | 9 | 1 |
| 1 | ↔ | 10 | 2 | 1 | ↔ | 10 | 2 |
| | | | | 1 | ↔ | 24 | 1 |
| 합계 | | | 59 | 합계 | | | 47 |

으로 두 가지 가능성을 상정해 볼 수 있다. 첫째, 양전 이후 민치조와 민영혁이 해당 토지를 민성종중에 매각했을 수 있다. 둘째, 민성종종 땅을 민치조·민영혁 이름으로 양안에 등재했을 가능성이 있다.

　양안 시주와 토지대장 지주가 연결되는 상황을 미루어 때 민성종중 땅이 종중원 이름으로 양안에 등재되었던 것으로 보인다. 시주 1인에 대응하는 지주는 1~10인까지 다양하고, 지주 1인에 대응하는 시주는 최소 1인에서 최대 24인까지다.([표 29] 참조) 시주 1인[閔泳贊]에 지주 10인이 대응하는 사례와 지주 1인[閔箕鎬]에 시주 24인이 대응하는 사례를 눈여겨 볼 필요가 있다. 앞에서 보았듯이 이들은 부자간이다. 이들은 양안과 토지대장 최대 지주[67]였을 뿐만 아니라 모두 관직을 지냈다. 민기호는 동래부사(東萊府使)를, 민영찬은 곡릉참봉(穀陵參奉)을 역임했다. 여흥민씨에다 관직까지 지냈으니, 광무양전 당시 이들 부자의 위세는 하늘을 찌를 듯했을 것이다.

---

67) 민영찬은 27필지 31,124尺 시주, 민기호는 39필지 29,748평 지주로 등장한다.

[표 30] 민기호 부자가 산청군 양안과 토지대장에 등재된 현황  (단위: 필지)

| 자료<br>면　　성명 | 양안 | | | 토지대장 | | |
|---|---|---|---|---|---|---|
| | 민영찬 | 민기호 | 합계 | 민영찬 | 민기호 | 합계 |
| 생초면 | 127 | 23 | 150 | 11 | 248 | 259 |
| 오부면 | 13 | 14 | 27 | 1 | 74 | 75 |
| 산청면 | 10 | 2 | 12 | | 58 | 58 |
| 금서면 | 1 | | 1 | | 26 | 26 |
| 차황면 | | 5 | 5 | | | |
| 합계 | 138 | 28 | 195 | 12 | 406 | 418 |

이들의 위세를 염두에 두고 민영찬·민기호 땅의 연결 내용을 살펴보면 쉽게 납득되지 않는 점이 있다. 시주 민영찬 땅과 지주 민기호 땅이 서로 연결되는 곳은 18필지에 불과하다. 그리고 시주 민영찬 땅 11필지는 지주 9인[68) 땅과, 지주 민기호 땅 38필지는 시주 23인[69) 땅과 연결된다. 대포리 양안 시주가 소유주였다면 민기호가 양안에 민영찬 이름으로 대록한 곳 상당 부분을 양전 이후 방매하고, 다른 땅을 대거 매득한 셈이 된다. 쉽게 납득되지 않는다. 민영찬과 민기호가 당시 지방사회에서는 보기 드물게 관직자였던 사실을 감안하면 민영찬은 아버지 땅뿐만 아니라 다른 사람 땅[공동소유 포함]도 대록했고, 민기호 땅은 아들뿐만 아니라 여러 사람 이름으로 양안에 등재되었다고 보는 것이 순리적이다. 이러한 추론은 민기호(閔箕鎬, 閔其鎬, 閔基鎬)와 민영찬(閔泳贊, 閔永贊)이 산청군 양안과 토지대장에

---

68) 시주 민영찬 연결되는 지주. 민기호(18), 민경현(1), 민영순(1), 민영직(1), 민종호(3), 민준식(1), 민치의(1), 민치일(1), 이우백(1), 정팔선(1). ( ) 안 숫자는 필지수임.

69) 지주 민기호와 연결되는 지주. 민영찬(18), 남유복(1), 문덕원(1), 민계천(1), 민관혁(1), 민상호(1), 민영덕(2), 민우혁(1), 민웅혁(4), 민인혁(1), 민자선(1), 민재혁(5), 민재호(3), 민종혁(1), 민준식(4), 민치달(1), 민치복(1), 민치석(2), 민치우(2), 민치운(1), 민치조(2), 민치협(1), 최영득(1), 추기성(1). ( ) 안 숫자는 필지수임.

등재된 현황을 살펴보면 설득력이 매우 높아진다.

민기호 땅 대부분은 산청군 양안에는 민영찬 이름으로, 토지대장에는 민기호 이름으로 등재되었다.([표 30] 참조) 광무양전 당시 산청군은 15개 면으로 구성되었는데, 이들 부자는 10개 면 양안에서 등장한다.[70] 더욱 놀라운 사실은 광무양전 이후 약 10년 사이에 소유규모가 2배 이상 증가했다는 것이다. 토지대장의 민기호 땅은 대부분 그의 단독 소유지였던 것으로 보인다. 민기호 땅은 1918~1919년 사이에 아들 민영찬에게 모두 이전되는데, 그 땅은 사정 당시에도 모두 단독 소유지였고, 이전 될 때도 공동명의로 등재된 곳이 전혀 없다. 20세기 초 민기호 부자가 아무리 부자였다고 하더라도 짧은 기간 동안 넓은 지역에 흩어져 있는 전답을 대거 매득했다고 보기 어렵다. 민기호 땅이 광무양안에 여러 사람 이름으로 대록되었다고 보는 것이 더 자연스럽다.

무슨 이유 때문에 산청군 지계양안은 땅 소유주가 아닌 사람을 시주로 등재했을까? 산청군 양전 실무자들이 납세자를 시주로 파악했기 때문에 대록현상이 널리 나타났다고 판단된다. 이러한 추론은 산청군 수곡면(水谷面) 양전 실무사들의 시작(時作) 파악 현황을 살펴보면 쉽게 수긍 된다. 지계아문 양안은 일반적으로 관둔전(官屯田)과 역둔토(驛屯土)에 대해서만 시작을 파악했다. 즉 민간[개인, 문중, 동중, 사찰 등] 소유지에 대해서는 시작을 파악하지 않았다. 그런데 수곡면 양안에 등재된 민간 소유지 3,064필지[71] 가운데 90필지에는 능(能) 31번처럼 시주[閔永漢]와 시작[吳年石]이 모두 등재되어 있다. 개인 단독 소유지에 시주와 시작이 모두 등재된 곳은

---

70) 고읍면, 금석면, 모호면, 부곡면, 생림면, 수곡면, 오곡면, 월동면, 초곡면, 황산면.
71) 수곡면 양안에는 3179필지가 등재되어 있다. 그 중 관둔전과 역둔토가 115필지(正谷驛 98필지, 校宮 15필지, 官屯 2필지)이다.

68필지이다.[72] 사찰 소유지에도 시주와 시작이 모두 등재된 곳이 있다. 심적사(深寂寺) 땅에는 시주[深寂寺]와 시작[朴起浩 등]이 모두 등재된 곳과 시주[深寂寺]만 기재된 곳이 병존한다.[73] 종중소유 땅에도 시작이 기재된 곳이 있다. 오성종중(吳姓宗中) 전답에는 시주[吳姓宗]와 시작이 모두 기재된 곳과 시주[吳姓宗]만 기재된 곳이 혼재한다.[74] 병정재(並亭齋) 전답에도 시주와 시작이 모두 기재된 곳과 시주만 기재된 곳이 섞여 있다.[75] 동답(洞畓)에도 시주와 시작이 모두 기재된 곳과 시주만 기재된 곳이 병존한다.[76] 수곡면 양전 실무자들은 실지 조사 당시 누가[지주 혹은 작인] 납세하는지를 분명히 파악할 수 없어 시주와 시작을 모두 기재해 두었던 것으로 보인다. 산청군 양안 중초본을 근거로 지계아문에서 정서본 양안을 작성했다면 시주와 시작 가운데 1명을 시주로 등재하고, 나머지 1명은 기록하지 않았을 것이다.

---

72) 過 2필지, 能 1필지, 己 4필지, 張 5필지, 信 3필지, 使 4필지, 可 1필지, 覆 2필지, 器 1필지, 羔 15필지, 羊 1필지, 景 1필지, 行 3필지, 剋 3필지, 作 14필지, 聖 1필지, 德 6필지, 建 1필지.

73) 시주와 시작이 모두 기재된 곳 - 忘 1필지, 悲 1필지, 讚 1필지 : 시주만 기재된 곳 - 詩 2필지, 羔 2필지.

74) 시주와 시작이 모두 기재된 곳 - 羔 3필지, 詩 2필지, 維 1필지, 賢 1필지 : 시주만 기재된 곳 - 羔 2필지, 詩 2필지.

75) 시주와 시작이 모두 기재된 곳 - 羔 2필지 : 시주만 기재된 필지 羔 1필지.

76) 시주와 시작이 모두 기재된 곳 - 行 2필지, 賢 1필지, 剋 1필지, 念 1필지 : 시주만 기재된 곳 - 必 2필지, 能 1필지, 靡 1필지, 詩 1필지, 剋 1필지, 念 2필지.

# 소결

　지계아문은 양안을 작성할 때 양지아문 야초나 중초본을 활용하기도 하고 자신들이 실지 조사를 실시하기도 했다. 두 아문에서 작성한 양안의 내용은 대체로 비슷했지만 대와 시주 관련 부분은 상이했다. 지계아문은 대를 전으로 파악한 곳이 많았다. 이는 지계아문이 양지아문에 비해 부세 문제에 더 많은 관심을 가졌음을 의미한다. 전세를 부과하는 곳은 건물이 들어선 집터가 아니라 곡식이 자라는 텃밭이다. 그리고 대 등급 또한 양지아문 때보다 높았다. 이러한 사실은 두 아문에 실시한 실지 조사의 성격이 상당히 달랐음을 의미한다.

　시주의 성격도 그러한 사실을 잘 보여준다. 지계아문은 지주가 납세하는 전답은 지주를, 작인(作人)이 납세하는 땅은 작인을 시주로 등재했다. 지계아문 양안의 시주는 납세자였던 것이다. 이같이 시주명에서도 지계아문이 양지아문에 비해 부세 문제에 더 많은 관심을 가졌음이 드러난다. 한편 양지아문에서는 땅 주인을 시주로, 작인을 시작으로 파악하려 했지만 양전 과정에서 행해진 분록(分錄), 대록(代錄)으로 말미암아 제3자 혹은 가공의 인물이 양안에 등록되기도 했다. 양지아문은 시주와 시작을 모두 파악했기 때문에 이 또한 납세자를 파악한 셈이 된다. 이는 광무양전의 목표가 부세량[결부]과 납세자를 정확히 파악하는 데 있었음을 의미한다.

　지계아문 시주의 실체는 관계의 성격을 이해하는 데 큰 도움을 준다. 관계는 작인에게 발급될 수도 있었던 것이다. 한편 양지아문 양안을 근거로 관계를 발급해도 시주의 실체를 다른 사람이 확인하기 어렵다. 양지아문 양안 시주명의 성격은 지역에 따라 상이했다. 호명을 주로 기재한 군현도 있고 실명을 많이 등재한 지역도 있었지만 호명 사용이 대세였다. 그런데 이러한 시주명은 대한제국 호적에서 거의 확인되지 않는다. 대한제국은 양안과 호적을 연동시키려는 계획이 없었던 것이다. 따라서 양안에 근거해서 발행되는 관계는 조선시대 입안과 같은 계통의 문서라고 할 수 있다. 두 문서에 기재된 항목이 비슷할 뿐만 아니라 발급 대상자의 성격도 대동소이하다. 이는 대한제국 관료나 일반 인민들은 사회적으로 인정받는 개인의 소유권이 국가적으로 공인받는 것 못지않게 효력을 지닌다고 생각했음을 의미한다.

　대한제국의 전세정책은 조선시대 전통을 적지 않게 계승했다. 조선시대에는 같은 땅이라도 소유자의 신분에 따라 전세량이 상이했다. 소유자가 양반이면 세금을 적게 내고 상민이면 많이 납부했던 것이다. 광무양전 때 책정된 부세량 또한 상민들의 땅이 많은 곳보다 양반들의 전답이 많은 곳에서 상대적으로 헐했다. 이같이 광무양안 속에서 신분제가 살아 움직이고 있었던 것이다. 한편 비옥도와 면적이 동일한 전답이라도 지역에 따라 부세량이 상이했다. 같은 땅의 전세는 충청도보다 경상도에서 상대적으로 헐했는데, 전세 운송 비용을 고려했기 때문이다. 이같이 광무양안에는 현물[租]납의 잔영도 남아있었다.

# 결 론

대한제국기 인민들은 오늘날 우리가 이해하기 힘든 사유체계를 가지고 있었다. 그들은 씨앗을 뿌릴 때 비옥한 곳에는 드물게, 척박한 곳에는 촘촘하게 뿌렸다. 그리고 논 1두락은 벼 1두를 파종하는 면적이고 밭 1두락은 대두(大豆) 1두를 파종하는 면적이라고 말했다. 우리의 사유체계로 그들의 행동과 말을 종합하면 1두락의 면적, 곧 씨앗 1말을 뿌리는 면적은 척박[촘촘하게 파종]한 곳보다 비옥[드물게 파종]한 곳에서 더 넓어야 한다. 우리는 크기가 동일한 말, 예컨대 9리터짜리 말에 씨앗을 담아서 파종하는 모습을 떠올린다. 단위로서 1말의 부피가 고정되어 있다고 생각하기 때문이다.

그런데 광무양전 때 1두락의 실제 면적은, 우리가 유추한 것과 달리 비옥한 곳보다 척박한 곳에서 더 넓었다. 우리의 사유체계로 광무양전 당시의 두락 개념을 설명하자면 두락은 동일한 양의 씨앗을 파종하는 면적이 아니라 결부처럼 동일한 양의 곡물을 생산할 수 있는 면적이 된다. 따라서 1두락에 파종되는 씨앗 양은 매우 다양하게 된다. 실제로 당시 농부들도 비옥한 곳 1두락보다 척박한 곳 1두락에 훨씬 더 많은 씨앗을 파종했다. 그러면서도 그들은 1두락에 똑같이 씨앗 1두를 뿌렸다고 말했던 것이다. 이같이 대한제국기 농부들은 말의 크기는 씨앗을 뿌리고 나서야 결정된다고 생각했다. 상황에 따라 말의 크기는 얼마든지 바뀔 수 있다고 여겼던 것이다.

광무양전 때 일부 관료들은 동도서기(東道西器=東理西氣)적 방법을 취하면 서구 근대사회처럼 될 수 있다고 생각했다. 그러나 근대화는 그들의 생각대로 실현되지 않았다. 우리가 경험한 근대는 전통적인 제도와 사상[道=

理]에 서구 근대적인 기술[器=氣]이 더해진 것이 아니다. 우리의 역사적 경험[器=氣]에 서구적 원리=생각[道=理]이 더해져서, 즉 동기서도(東器西道=東氣西理)적 방법으로 오늘날의 근대가 만들어진 것이다. 광무양안(이하 양안)과 토지대장(지적도 포함)은 '전통성'과 '근대성'에 대해 다시금 생각해 볼 필요가 있음을 알려주고 있다.

양안과 토지대장(이하 대장)을 활용하여 경계선을 그을 수 있다. 경계는 양안에서 자호(字號)→면 순서로 넓어지고, 대장에서는 리(里)→면 순서로 확대된다. 양안의 자호는 1자(字) 5결의 원칙을 따르기 때문에 자호의 경계는 지번을 부여하고 나서 결정된다. 따라서 실지 조사를 누가 혹은 어떻게 하느냐에 따라 경계선이 달라진다. 즉 개별 필지의 면적과 등급이 바뀌면 결부 또한 변화하기 때문에 1자호[5결]에 포함되는 필지가 달라지고, 그 결과 경계도 바뀌게 된다. 양안과 달리 대장의 경계는 실지 조사 이전에 이미 결정된다. 그렇기 때문에 누가 조사하더라도 리의 경계는 동일하다. 자호와 리는 경계선을 가지고[氣] 있지만 경계를 구획하는 원리[理]를 달리했다. 경계만 놓고 볼 때 양안에서 대장으로의 전환은 서구적 원리의 도입, 즉 '동기서도'적이라고 할 수 있다.

양안과 지적도는 전답모양을 싣고 있다. 양안의 전형[田形=그림]은 전답모양을 객관적으로 묘사한 것이 아니라 면적 산출 방법을 의미한다. 광무양전 때는 어떤 방법(사각형, 삼각형, 사다리꼴 등)으로 면적을 산출할지 결정하고 나서, 즉 몇 개 변(두 변 혹은 세 변)을 실측할지 결정한 다음 길이를 측정한다. 한편 지적도는 전답모양을 객관적으로 그리고 있다. 토지조사사업(이하 사업) 때는 지적도를 그리고 나서 지적도의 선을 활용해 면적을 산출했다. 양안의 전형과 지적도는 모두 그림[氣]이지만 그 개념[理]을 달리했다. 전형을 기준으로 볼 때 양안에서 대장으로의 전환은 '동기서도'적이라 할 수 있다.

양안과 대장은 지목을 나누고 있다. 두 장부 모두 벼가 자라는 곳을 답, 잡곡이 자라는 곳을 전, 집터와 텃밭을 대라고 했다. 그런데 양전 때는 대를 전으로 많이 파악했고, 사업 때는 집터와 그 주변을 대로 파악했다. 양전 때는 집이 들어선 자리보다 곡물이 자라는 텃밭을 더 중요시했고 사업 때는 집이 들어선 자리와 텃밭을 동일시했다. 이러한 사실은 양전 때 대의 면적 파악율에서 잘 드러난다. 양전 때는 텃밭의 면적만 측량한 결과 대의 면적 파악율은 답이나 전에 비해 현저히 낮았다. 그런데 사업 때는 집터까지 포함해서 대의 면적을 산출했다. 이같이 양안과 대장 모두 지목을 구분[氣]했지만, 중요하게 여기는[理] 부분이 달랐다. 지목으로 판단할 때 양안에서 대장으로의 전환은 '동기서도'적이라 할 수 있다.

양안과 대장은 면적을 기록하고 있다. 광무양전 때는 지표면의 굴곡이 면적에 반영되었다. 즉 양안의 적척(積尺)은 지표면적을 의미한다. 그런데 사업 때는 농지의 굴곡을 제거한 가상의 수평면을 상정하여 측량했다. 예컨대 비탈진 곳에 농지가 있다고 가정하자. 광무양전 때는 한 사람은 높은 곳에 서고, 다른 한 사람은 낮은 곳에 서서 경사면의 면적을 구했다. 그런데 사업 때는 두 사람이 서있는 곳의 높이가 동일하게 되도록 하여, 즉 이론적으로 수평면을 만들어서 그곳의 면적을 계산한다. 이같이 대장의 면적은 추상화(가공의 수평면)된 넓이이다.

비탈진 곳이 삼각뿔의 빗면이라고 가정하면 광무양전 때는 빗면의 면적을 구하는 셈이고, 근대에는 아랫면의 넓이를 재는 셈이다. 삼각뿔 아랫면의 면적을 구하는 것보다 빗면의 면적을 산출하는 것이 광무양전 때의 전세제도에 더 부합하는 방법이라고 할 수 있다. 대한제국은 곡물 생산량을 근거로 산출한 결부수를 기준으로 전세를 수취했다. 즉 결부법에 근거해서 전세를 수취하는 한 곡물이 자라는 곳[삼각형의 빗면]의 면적이 중요하고 곡물이 자랄 수 없는 공간[삼각형의 아랫면]의 면적은 큰 의미가 없다. 그렇기 때문에 광무양전 때는 지표면적을 중요시했던 것이다. 양안과 대장 모두 면적을 기재[氣]했지만 그 개념[理]을 달리했다. 면적을 기준으로 볼 때 양안에서 대장으로의 전환은 '동기서도'적이라 할 수 있다.

양안과 대장은 토지등급을 구분했다. 두 장부 모두 토지 비옥도를 기준으로 토지등급을 판정했다. 양전 때는 등급을 이전과 같이 6등분 했고, 사업 때는 그보다 더 자세하게 나누었다. 이같이 양안과 대장의 등급 판정 원리[理]는 같고, 사업이 양전에 비해 구간을 더 세밀[氣]하게 나누었다. 등급만 놓고 볼 때 양안에서 대장으로의 전환은 '동도서기'적이라 할 수 있다.

양안과 대장은 과세지표, 즉 결부(結負)와 지가(地價)를 싣고 있다. 두 대장 모두 면적과 등급을 조합하여 과세지표를 산출했다. 그런데 면적과 등급을 파악하는 방식은 장부에 따라 달랐다. 광무양전 때는 요역 부담량, 전세 운송비, 소유자의 사회적 위상 등을 참작하여 면적과 비옥도를 결정했다. 그 결과 면적과 비옥도가 동일한 전답이라 할지라도 그곳의 결부는 지역에 따라 다를 수 있었다. 이와 달리 토지소사사업 때는 면적과 비옥도를 결정할 때 모든 전답에 동일한 방법을 적용했다. 그 결과 면적과 비옥도가 같으면 그곳의 지가는 전국 어디서나 동일했다. 이같이 양안과 대장은 모두 면적과 등급을 파악[氣]했으나 각기 다른 방식[理]을 택했다. 과세지표를 결정하는 과정을 기준으로 볼 때 양안에서 대장으로의 전환은 '동기서도'적이라 할 수 있다.

양안과 대장은 주명(主名)을 기재했다. 양안에는 땅 주인, 마름, 작인, 가공의 인물이 주(主)로 등재될 수 있었으나 대장에는 땅 주인만 주(主)로 등재될 수 있었다. 그리고 양안에는 실명(實名), 호명(戶名), 자(字), 가공의 이

름 등이 사용되었으나 대장에는 실명만 사용되었다. 이러한 사실은 광무양
전 때와 근대의 공사(公私)에 대한 인식이 상이했음을 의미한다. 개인의 신
원과 관련하여 광무양전 당시에는 국가뿐만 아니라 민간에서도 공적영역
(公的領域)을 만들어 낼 수 있었으나 근대에는 국가만 그렇게 할 수 있다.
광무양전 때는 실명, 호명, 자 등과 같은 다양한 개인의 신원도 사회적으로
인정받으면 공적인 것이 된다. 그에 비해 근대국가는 다양한 개인의 신원
가운데 특정한 것만 국가장부에 등록하도록 허용하고, 국가장부에 등록된
개인의 신원만 공적인 것으로 인정한다. 이렇듯 양안과 대장 모두 주명(主
名)을 파악[氣]했으나 그 개념[理]을 달리했다. 주의 성격만 놓고 볼 때 양
안에서 대장으로의 전환은 '동기서도'적이라 할 수 있다.

　양전과 사업은 소유권 증명제도를 도입했다. 광무양전 때의 관계(官契)
는 조선시대 입안과 성격이 동일한 문서였다. 다만 입안이 양전 이후 토지
매매 때 신청하는 문서였다면 관계는 양전 때 발급했다는 차이가 있을 뿐
이다. 관계는 양안에 등재된 시주(時主)에게 발급되었기 때문에 땅 주인뿐
만 아니라 마름, 작인, 가공의 인물 등에게도 다수 발급되었다. 그에 비해
사업 때는 반드시 지주가 등기신청을 해야 했다. 이렇듯 양전과 사업 모두
소유권 증명제도를 실행[氣]했으나 그 개념[理]을 달리했다. 소유권 증명제
도를 기준으로 볼 때 양안에서 대장으로의 전환은 '동기서도'적이라 할 수
있다. 위의 내용을 종합하면 토지대장은 광무양안에서 '동기서도'적으로
바뀐 문서라고 할 수 있다. 이렇듯 근대화는 우리의 역사적 경험[氣]에다
서구의 '생각'[理]이 더해져 이루어진 것이다.

　위에서 살펴본 항목 가운데 기존 양안과 달리 광무양전 때 새로 도입한
것은 전답모양을 그림으로 묘사한 부분과 절대면적을 기재한 부분이다. 굳
이 더 추가하자면 양전 때 발급했다는 의미에서 관계도 넣을 수 있다. 광

무양안은 과거 양안과 같은 계통의 자료이지만 이전에 비해 한층 정교해졌다고 할 수 있다. 광무양안에 새로 추가된 이 세 가지는 서양에서 배워온 것이 아니라 중국제도를 참고한 것이다. 조선후기부터 다수의 경세가들은 부세문제를 해결하기 위해 조선의 양안에도 중국의 어린도(魚鱗圖)처럼 전답모양을 그려 넣고 절대면적을 기재해야 한다고 했다. 관계 또한 중국 계미(契尾)와 흡사하다. 광무양전 때 굳이 중국제도를 본뜬 이유가 궁금해진다. 황제국 대한제국 양안은 황제국 중국의 어린도와 같아야 한다는 생각이 반영된 것으로 보인다. 황제국에 걸맞은 양안을 광무양전 때 제작하려 했던 것이다.

광무양전을 기획한 대한제국 관료들은 실지 조사부터 양안작성에 이르는 양전 과정 전체를 중앙정부에서 주관하도록 계획했다. 황제권을 강화하려는 의도였을 것이다. 예부터 중국과 우리나라에서는 군주가 토지를 직접 장악하여 균세(均稅)를 실현하면 안민(安民)이 이루어지고, 그렇게 되면 군주의 권력이 강화된다고 생각했다. 그런 맥락에서 광무정권은 재정운영권(財政運營權)의 중앙집중화를 극도로 추구했던 것이다. 사실 재정운영권을 중앙 재성기구로 십중시키려는 정책은 새로운 것이 아니다. 조선은 15세기 이래 그런 정책을 꾸준히 추진해 왔다. 세종은 공법을 실시하여 각 기관에 분산되어 있던 전세 수취권을 호조로 집중시켰다. 17세기에는 대동법이 시행됨으로써 각 기관에 분산되어 있던 공물 수취권이 선혜청으로 집중되었다. 그리고 영조는 균역법을 실시하여 각 기관에 분산되어 있던 군포 수취권을 균역청으로 모았다. 광무정권은 여기에서 한 걸음 더 나아가 세원(稅源)을 파악하는 업무 자체를 중앙으로 일원화시키고자 했던 것이다.

대한제국은 광무양전 전 과정을 중앙에서 주관했을 뿐만 아니라 양안 한 질을 황제 곁[탁지부]에 두었다. 이같이 중앙정부가 토지를 직접 장악하게 되면 단기적으로는 효과를 볼 수 있다. 실제로 광무양전을 통해 적지 않은 은루결(隱漏結)을 찾아내는 성과를 거두었다. 그런데 중앙에서 토지를 직접 장악하면 시간이 흐를수록 국가의 토지장악력이 약해진다. 막대한 비용이 들어가는 양전을 자주 실시하지 않는 한 수시로 변화하는 농촌 현실을 중앙에 보관된 양안에 반영할 방법이 없기 때문이다. 농촌 변화상을 수시로 장부에 반영할 수 있도록 지방에서 양안을 관리하고 중앙정부는 그 결과, 즉 면적과 세금의 합계만 장악하면 국가의 토지장악력은 오히려 더 높아진다. 그러나 고종과 대한제국 관료들은 그렇게 생각하지 않았다. 그들은 조선시대 왕과 관료들처럼 황제가 양안을 곁에 두고 직접 살펴보아야만 균세를 실현할 수 있다고 생각했던 것이다.

# 참고문헌

## [사료]

### 1) 양안

『果川郡量案』
『京畿廣州府量案』
『京畿道龍仁郡量案』
『慶尙北道慶州郡量案』
『慶尙北道尙州郡北藪新開田畓量案』
『慶尙南道山淸郡量案』
『宣陵靖陵位土量案』
『全羅道靈光郡西部面改量案』
『全羅道長興府所在陸畓量案』
『全羅道長興府所在丙午陸畓行審謄書』
『龍宮縣庚子改量田案』
『龍仁郡量案抄』
『竹山郡量案』
『竹山川南一面二面新量案冊』
『忠淸南道牙山郡量案』
『華城府屯畓量案』

### 2) 호적

『廣州府北方面戶籍』
『龍仁郡枝內面戶籍』

### 3) 토지조사사업 관련 자료

山湖里課稅地見取圖
新旺里土地臺帳, 新旺里地籍圖

臥牛里土地臺帳, 臥牛里地籍圖
金山里土地調查簿, 金山里地籍圖
吳山里土地調查簿, 吳山里地籍圖
淸潭里土地調查簿, 淸潭里地籍圖
梟池里土地臺帳, 梟池里地籍圖
大浦里土地臺帳, 大浦里地籍圖
愚仕里土地臺帳, 愚仕里地籍圖


　4) 고문서
『古文書集成』
『內需司庄土文績』
『平安道庄土文績』
『黃海道庄土文績』
『江原道庄土文績』
「崔承伝宅奴山伊土地賣買斜給立案」


　5) 기타
『經國大典』
『官報』
『農事直設』
『公文編案』
『林園經濟志』
『牧民心書』
『備邊司謄錄』
『司法稟報』
『承政院日記』
『時事叢報』
『完北隨錄』
『儒胥必知』
『朝鮮王朝實錄』
『千一錄』

『勅令』
『通牒』
『韓國土地農産調査報告 - 京畿道 忠淸道 江原道』
『韓國土地農産調査報告 - 慶尙道 全羅道』
『海州吳氏大同譜』
『咸安尹氏世譜』
『驪興閔氏農隱公派譜』
『龍仁郡地圖』
『近世韓國五萬分之一地形圖』


## [저서]

金泰永, 1983,『朝鮮前期 土地制度史硏究』, 知識産業社

김혁, 2008,『특권문서로 본 조선사회 - 完文의 문서사회학적 탐색』, 지식산업사

宋亮燮, 2006,『朝鮮後期 屯田 硏究』, 경인문화사

신용하, 2001,『甲午改革과 獨立協會運動의 社會史』, 서울대학교출판부

이정철, 2010,『대동법 조선 최고의 개혁』, 역사비평사

鄭勝振, 2003,『韓國近世地域經濟史』, 景仁文化社

정연식, 2015,『영조 대의 양역정책과 균역법』한국학중앙연구원

조석곤, 2003,『한국 근대 토지제도의 형성』, 해남

왕현종, 2017,『대한제국의 토지조사와 토지법제』, 혜안

경상대학교 경남문화연구원, 2008,『경남 서부지역의 고문헌』

서울대학교 규장각한국학연구원, 2012,『조선후기~대한제국기 양안 해설3 - 일반양
            안·기타양안』, 민속원

한국역사연구회 근대사분과 토지대장연구반 엮음, 1995,『대한제국의 토지조사사
            업』, 민음사

한국역사연구회 토지대장연구반 편, 2011,『일제의 창원군 토지조사와 장부』, 선인

宮嶋博史, 1991,『朝鮮土地調査事業史の硏究』, 東京大學東洋文化硏究所

宮嶋博史, 2013,『나의 한국사 공부』, 너머북스

善生永助, 1935, 『朝鮮の聚落』, 朝鮮總督府

嚴桂夫·王國健, 2005, 『徽州文書檔案』, 安徽人民出版社

越智唯七, 1917, 『新舊對照朝鮮全道府郡面里洞名稱一覽』, 中央市場


## [논문]

김건태, 2009, 「戶名을 통해 본 19세기 職役과 率下奴婢」, 『韓國史研究』 144

김건태, 2011, 「19세기 어느 性理學者의 家作과 그 지향」, 『한국문화』 55

김건태, 2011, 「18세기 중엽 私奴婢의 사회·경제적 성격 - 慶尙道 安東 金溪里
　　　　義城金氏家 사례」, 『大東文化研究』 75

김건태, 2012, 「19세기 집약적 농법의 확산과 작물의 다각화」, 『역사비평』 101

김건태, 2013, 「광무양전의 토지파악 방식과 그 의미」, 『大東文化研究』 84

김소라, 2013, 「광무양안과 토지대장 비교연구」, 『조선후기 재정제도의 지속과 변
　　　　동』, 한국역사연구회/성균관대학교 동아시아학술원 공동주최 학술회의, 4월
　　　　20일.

김소라, 2014, 「광무양안과 토지대장을 통해 본 광무양전의 성격 - 忠南 韓山郡 昌
　　　　外里와 慶北 慶州郡 九政洞 사례 중심으로」, 서울대학교 석사학위논문

金容燮, 1960, 「量案의 研究」, 『史學研究』 7·8

金容燮, 1963·64, 「續·量案의 研究」, 『史學研究』 16·17

金容燮, 1968, 「光武年間의 量田事業에 關한 一研究」, 『亞細亞研究』 11(3)

金容燮, 1993, 「朝鮮後期 身分構成의 變動과 農地所有」, 『東方學志』 82

도면회, 2003, 「황제권 중심 국민국가체제의 수립과 좌절(1895~1904)」, 『역사와 현
　　　　실』 50

배항섭, 1997, 「전봉준과 대원군의 '밀약설' 고찰」, 『역사비평』 겨울호

배항섭, 2010, 「19세기 지배질서의 변화와 정치문화의 변용 - 仁政 願望의 향방을
　　　　중심으로 -」, 『韓國史學報』 39

배항섭, 2012, 「19세기를 바라보는 시각」, 『역사비평』 101

손병규, 2005, 「대한제국기의 호구정책」, 『대동문화연구』 49

왕현종, 2004, 「대한제국기 지계아문의 강원도 양전사업의 관계발급」, 『동방학지』
　　　　123

왕현종, 2006, 「광무양전사업과 용인·양지지역의 양전」, 『龍仁市史』 1, 용인시사
　　　편찬위원회

이세영, 1992, 「대한제국기의 호구변동과 계급구조」, 『역사와 현실』 7

李榮昊, 1990, 「대한제국시기의 토지제도와 농민층분화의 양상 - 京畿道 龍仁郡
　　　二東面 「光武量案」과 「土地調査簿」의 비교분석」, 『韓國史硏究』 69

李榮薰, 1990, 「광무양전에 있어서 〈時主〉 파악의 실상」, 『대한제국기의 토지제도』
　　　(金鴻植 외), 민음사

李榮薰, 1997, 「量案 上의 主 規定과 主名 記載方式의 推移」, 『조선토지조사사
　　　업의 연구』(金鴻植 외), 민음사.

이용훈, 2016, 「18~19세기 조선 토지가격의 변화와 그 의미」, 『韓國史論』 62

이유진, 2016, 「광무호적의 호구변동 사례 연구」, 『역사민속학』 51

張賢姬, 2013, 「古文書를 통해 본 朝鮮後期 京畿地域 兩班 家門 硏究 - 龍仁
　　　海州吳氏 楸灘公派를 중심으로 -」 한양대학교 박사학위논문

전경목, 2010, 「조선과 명·청시기의 토지 매매문서 비교 연구」, 『국학연구』 17

정진영, 2001, 「18세기 호적대장 '호'와 그 경제적 기반」, 『역사와 현실』 39


宮嶋博史, 1997, 「光武量案과 土地臺帳의 比較硏究」, 『조선토지조사사업의 연
　　　구』(金鴻植 외), 민음사

宮島博史, 1996, 「量案における主の性格」, 『論集朝鮮近現代史 : 姜在彦先生
　　　古稀記念論文集』, 明石書店

宮嶋博史, 2006, 「土地臺帳의 比較史」, 『동아시아 근세사회의 비교』(한국고문서
　　　학회 엮음), 혜안

# 찾아보기

# 김건태

성균관대학교 사학과를 졸업하고 동대학원에서 박사학위를 취득했다. 조선시대 농업사를 비롯한 사회경제사 연구와 호적에 근거한 역사인구학 연구를 병행하고 있다. 현재 서울대학교 국사학과 교수로 재직 중이다.

논문
「19세기 농민경영의 추이와 지향」, 『한국문화』 57, 2012
「19세기 집약적 농법의 확산과 작물의 다각화」, 『역사비평』 101, 2012
「19세기 공노비 후손들의 삶」 『민족문화연구』 69, 2015
저서
『조선시대 양반가의 농업경영』, 역사비평사, 2004
『한국 역사인구학의 가능성』(공저), 성균관대학교 출판부, 2016
A Global History of Historical Demography(공저), PETER LANG, 2016

## 대한제국의 양전

| | |
|---|---|
| **초판 1쇄 발행** | 2018년 09월 07일 |
| **초판 3쇄 발행** | 2019년 12월 02일 |
| **지은이** | 김건태 |
| **펴낸이** | 한정희 |
| **편집부** | 김지선 박지현 유지혜 한명진 한주연 |
| **마케팅** | 전병관 하재일 유인순 |
| **펴낸곳** | 경인문화사 |
| **출판신고** | 제406-1973-000003호 |
| **주소** | 경기도 파주시 회동길 445-1 경인빌딩 B동 4층 |
| **대표전화** | 031-955-9300 **팩스** 031-955-9310 |
| **홈페이지** | http://www.kyunginp.co.kr |
| **이메일** | kyungin@kyunginp.co.kr |
| **ISBN** | 978-89-499-4758-7 94910 |
| | 978-89-499-4739-6 (세트) |

값 20,000원
ⓒ 성균관대학교 동아시아학술원, 2019